# 成都公园城市建设的乡村表达

## ——以川西林盘为例

陈明坤 魏 成等 著

科学出版社

北 京

# 内 容 简 介

公园城市既包括城市也包括广大的乡村地区。川西林盘作为川西平原地区特有的乡土聚落,是公园城市建设的乡村表达。如何保护与利用川西林盘,正是成都市建设"公园城市、大美乡村"的关键所在。本书从公园城市的内涵和特征入手,引入作为公园城市建设乡村表达的川西林盘,梳理了成都市川西林盘的构成要素、基本特征、主要类型及文化生态价值,结合遥感影像解译分析20世纪80年代以来成都市川西林盘的时空演变与驱动机制,并结合现场调研与访谈,总结了农耕型、生态型、乡村旅游型、特色产业型、综合聚居型等不同类型的典型林盘保护修复与利用的实践探索,以期丰富和深化公园城市的相关研究,为我国乡村振兴与川西林盘的可持续发展提供借鉴与参考。

本书可供高校师生、乡村规划设计师、乡村建设实践者、农业农村管理部门工作人员等参考使用。

图书在版编目(CIP)数据

成都公园城市建设的乡村表达:以川西林盘为例 / 陈明坤等著. —北京:科学出版社,2024.6
ISBN 978-7-03-077333-3

Ⅰ. ①成… Ⅱ. ①陈… Ⅲ. ①城市建设-研究-成都 Ⅳ. ① F299.277.11

中国国家版本馆 CIP 数据核字(2023)第 242724 号

责任编辑:付 娇 / 责任校对:马英菊
责任印制:吕春珉 / 封面设计:宋 卉

科 学 出 版 社 出版
北京东黄城根北街 16 号
邮政编码:100717
http://www.sciencep.com

北京中科印刷有限公司印刷
科学出版社发行 各地新华书店经销

*

2024 年 6 月第 一 版 开本:787×1092 1/16
2024 年 6 月第一次印刷 印张:14 1/2
字数:344 000
定价:168.00 元

作为我国川西平原极具地域代表性的乡村聚落类型，川西林盘的起源可追溯至古蜀文明时期，至今已有数千年历史。在长期的发展和演变过程中，川西平原上星罗棋布的农家院落与周边的高大乔木、竹林、河流及耕地等环境要素自然共生，生态、生产、生活协调融合，林田相连、林宅相融、人文相通，塑造了独特的生态田园、生态聚居、悠闲生活形态，形成了"山水田林环其间，星罗棋布各林盘"的乡村人居图景。可以说，川西林盘是天府文化、川西平原农耕文明和川西聚落营建智慧的鲜活载体，具有巨大的生态价值、文化价值和社会经济价值。

2018年2月，习近平总书记在四川视察期间，提出成都市要建设公园城市，强调城市建设"要突出公园城市特点，把生态价值考虑进去"。自此，成都市开启了建设美丽宜居公园城市的重要探索。公园城市既包括城市也包括广大的乡村地区。川西林盘作为川西平原地区特有的乡土聚落，是成都市公园城市建设的乡村表达。如何保护与利用川西林盘，正是成都市建设"公园城市、大美乡村"的关键所在。

2018年以来，在"公园城市"建设理念指引下，成都市坚持生态优先、绿色发展，依托生态资源推动产业转型，以"整田、理水、护林、改院、植业"等理念引领川西林盘保护修复，深度挖掘川西林盘的资源禀赋、人文优势和基础条件，分类推进，精准施策，积极构建以绿道为纽带，林盘、精品民宿互为支撑的生活空间与旅游目的地，依托自然景观、田园风貌植入新经济业态和新消费场景。截至2022年11月，成都市先后分5批共创建了121个A级林盘景区，有力促进了林盘的农商文旅体融合发展、农民收入水平提升以及林盘环境品质的改善等。一批主导产业鲜明、功能配套完善、消费场景特色多元的川西林盘，正成为成都市乡村农商文旅体融合发展的排头兵与乡村旅游热点，公园城市建设目标下的川西林盘保护与利用取得了一系列具有重要创新价值的实践经验。

基于此，本书结合成都市开展"公园城市"建设的新时代背景和对川西平原地区10余年的研究以及近年的规划实践，从公园城市的内涵和特征入手，引入作为公园城市建设乡村表达的川西林盘，梳理了成都市川西林盘的构成要素、基本特征、主要类型及文化生态价值；结合遥感影像解译分析20世纪80年代以来成都市川西林盘的时空演变与驱动机制，以近年来川西林盘保护与修复的典型案例，结合现场调研与访谈，总结了农耕型、生态型、乡村旅游型、特色产业型、综合聚居型等不同类型的典型林盘保护修复与利用的实践探索，探寻建设公园城市目标下川西林盘的保护利用策略，创新公园城市建设的乡村表达理论成果，以期丰富和深化公园城市的相关研究，为我国乡村振兴与川西林盘的可持续发展提供借鉴与参考。

　　本书各章撰写分工为：第1章魏成、刘付强、徐礼洁，第2章陈明坤、魏成、刘付强、魏明娟，第3章魏成、彭茜君、成昱晓，第4章陈明坤、魏成、陈赛男、张桂波，第5章魏成、金歌、余曼玲、和悦，第6章陈明坤、邱可盈、崔宇艳，第7章魏成、刘付强、余曼玲、陈赛男、崔宇艳，第8章陈明坤、魏成、李乔锋、成昱晓、张桂波，第9章魏成、邱可盈、李乔锋、钟卓乾、徐礼洁，第10章魏成、陈明坤、张桂波、魏明娟。

　　本书撰写过程中得到了很多朋友和老师的协助和大力支持。感谢参与资料收集与章节撰写的华南理工大学建筑学院和安徽建筑大学建筑与规划学院的诸多博士研究生和硕士研究生。

　　受调研限制，书中错漏之处由笔者承担，恳请大家批评指正。

# 目　录
*Contents*

第 10 章　公园城市建设新时代川西林盘建设的若干思考

# 川西林盘，成都公园城市建设的乡村表达

　　林盘是川西平原农村住居及林木环境共同形成的盘状田间绿岛，是集生活、生产、生态和景观于一体的复合型农村散居式聚落单元[1]。作为我国川西平原极具地域代表性的乡村聚落类型，其起源可追溯至古蜀文明时期，延续至今已有数千年历史。就空间分布而言，林盘主要分布于岷江上游的川西平原（又称成都平原），以川西平原的林盘（以下简称川西林盘）最为典型。在长期的发展和演变过程中，形成了川西平原上星罗棋布的农家院落，这些院落和外围的高大乔木、竹林、河流及耕地等自然环境不断有机融合，最终形成了以"田、林、水、院"为主要构成要素的川西林盘[2]，构建了川西平原"山水田林环其间，星罗棋布各林盘"的特有乡村人居图景。可以说，川西林盘是天府文化、川西平原农耕文明和川西聚落营建智慧的鲜活载体，具有丰富的生态价值、文化价值和社会经济价值[3]，也是成都市当前贯彻落实乡村振兴战略和全面建设践行新发展理念的公园城市示范区的重要抓手。

　　然而，随着城镇化进程的不断加快与科学化的林盘保护利用指引不足，川西林盘数量不断锐减，一度出现"空心化导致的物质性衰败""千盘一面的同质化"等存续危机。据统计，2014～2018年，成都市平均每年消失的林盘数量达2000个之多[4]，大量的林盘聚落和传统民居因不适应现代生活的需求而被拆除或者改建。川西林盘所蕴含的丰富价值往往来不及传承就已

[1] 胡开全. 房屋与市场——川西林盘的日常生活[J]. 遗产，2022（1）：197-217.
[2] 孙大江，陈其兵，胡庭兴，等. 川西林盘群落类型及其多样性[J]. 四川农业大学学报，2011，29（1）：22-28.
[3] 方志戎，李先逵. 川西林盘文化价值探析[J]. 西华大学学报（哲学社会科学版），2011，30（5）：26-30.
[4] 根据《成都市川西林盘保护修复利用规划（2018—2035）》统计，2014年成都市全域林盘约为12.11万个，到2018年末为11.18万个，年平均消失数量达2300个以上。

经湮灭在一系列的更新、改造工程之中。面对川西林盘"物质性衰败"与"建设性破坏"的困境，亟须高度重视并拟定科学化的保护利用指引，以有力措施重塑林盘的自然生态与景观环境，以创新性模式融入多元功能和新型业态，激发与彰显川西林盘对于天府文化的重要价值，以实现川西林盘的保护修复和可持续发展。

2018年2月，习近平总书记在四川视察期间，提出成都市要建设公园城市，强调城市建设"要突出公园城市特点，把生态价值考虑进去"[1]。自此，成都市开启了建设美丽宜居公园城市的重要探索[2]。公园城市既包括城市也包括乡村，乡村地区是公园城市的重要组成部分。川西林盘作为其中极具代表性的乡村聚落，在公园城市语境下，突破了过往作为居住形态的价值内涵，被赋予了推动生态资源价值转化，架起"绿水青山"通往"金山银山"桥梁的重要使命[3]。

相较于过去零星、不成体系的林盘保护利用实践，2018年以来，成都市先后开展了《成都市川西林盘保护修复利用规划（2018—2035）》和《成都市川西林盘保护利用建设技术导则》等规划工作，把川西林盘的修复与保护工程列为成都市乡村振兴"十大重点工程"之一，积极探索公园城市建设的乡村表达[4]。近5年来，成都市先后启动了1005个川西林盘的保护修复，推进了100多个精品林盘建设，前后分5批塑造了121个A级林盘景区[5]。当前，成都市已涌现出诸多依托特色生态资源、文化资源和农业资源，借助闲置院落，通过兴办农家乐、特色民宿，以开展民俗研学、休闲观光、农事体验等模式实现林盘生态价值转化的典型案例，具有良好的示范效应。

基于此，本书结合成都市开展"公园城市"建设的新时代背景，全面梳理川西林盘的内涵特征以及数十年来的空间演化过程；以此为基础，厘清川西林盘的保护现状和保护问题，探寻建设公园城市目标下川西林盘的保护利用策略，并以近年来川西林盘保护与修复的典型案例，创新公园城市建设乡村化表达的理论研究成果，为更广大地区乃至全国的乡村规划与建设提供积极有益的参考和借鉴。

---

[1] 新华社. 习近平春节前夕赴四川看望慰问各族干部群众[EB/OL]. (2018-02-13)[2018-04-18]. http://www.gov.cn/xinwen/2018-02/13/content_5266673.htm#1.

[2] 陈明坤, 张清彦, 朱梅安. 成都美丽宜居公园城市建设目标下的风景园林实践策略探索[J]. 中国园林, 2018, 34（10）: 34-38.

[3] 贾晋, 刘嘉琪. 唤醒沉睡资源: 乡村生态资源价值实现机制——基于川西林盘跨案例研究[J]. 农业经济问题, 2022（11）: 131-144.

[4] 陈明坤, 张清彦, 朱梅安, 等. 成都公园城市三年创新探索与风景园林重点实践[J]. 中国园林, 2021, 37（8）: 18-23.

[5] 数据来源:《成都市川西林盘保护修复工程实施方案》《2023年成都市政府工作报告》。

# 第1章
# 川西林盘保护利用的新时代背景

　　川西林盘是天府农耕文明的重要产物，其聚落的形成反映了川西人民和自然环境千百年来彼此适应、互动共生的过程，不仅是天府文化、川西平原农耕文明和川西聚落营建智慧的鲜活载体，更是成都市推动农商文旅体融合与城乡融合发展的重要资源。由于川西林盘所蕴含的丰富价值，其保护和活化利用较早便得到重视。多年来成都市结合不同时期的发展要求，积极编制了一系列政策文件和发展指引，逐步探索了一种适配于川西林盘的有效发展模式，川西林盘已逐渐成为展现天府文化和打造成都市生态休闲产业特色的亮丽名片。

　　在建设"公园城市"新发展理念的指引下，成都市正全面建设践行新发展理念的公园城市示范区，探索山水人城和谐相融新实践和超大城市转型发展新路径。广阔的乡村地区是公园城市建设的重要组成部分，川西林盘作为川西平原特有的乡土聚落，其人类生产生活实践与"田、林、水、路、院"等物质要素长期有机融合所形成的和谐共生关系正与公园城市所追求的价值理念不谋而合，二者不仅有着纵向时间上的相继，逻辑脉络上的相承，更有着共生共荣的深刻关联。2018年以来，成都市秉持公园城市发展理念，遵循"整田、理水、护林、改院、植业"等建设要求，已启动上千个川西林盘保护修复工程，打造了上百个高品质精品林盘。当前，不少川西林盘的打造已初具成效，譬如蒲江县甘溪镇明月村、崇州市隆兴镇徐家渡林盘、都江堰市石羊镇川西音乐林盘已成为备受追捧的乡村发展与林盘保护利用的案例。在这种发展趋势下，尤其要强调对当下的新背景、新理念、新需求进行梳理，明确川西林盘保护利用与成都市公园城市建设推进的深刻关联，这对于推进成都市人居环境和自然山水的有机交融、把握乡村绿色消费场景的塑造、深化公园城市建设乡村表达的诠释、强化公园城市发展的生态底色具有不可替代的重要意义。

## 1.1　推进川西林盘的保护与可持续利用是城乡融合发展的必然要求

　　2017年10月，党的十九大正式提出实施乡村振兴战略，习近平总书记强调坚持农业农村优先发展，实施乡村振兴战略，历史性地把农业农村工作摆在党和国家工作全局的优先位置，为新时期的"三农"工作提供了明确指引[1]。在我国经济社会发展迈入新时期的大背景下，乡村振兴战略以"产业兴旺、生态宜居、乡风文明、治理有效、生活富裕"为总要求，是新时期指导我国统筹城乡融合发展，实现农业农村现代化的总纲领[2]。

作为国际门户城市和国家中心城市，成都市长期关注大都市周边的乡村发展，并突出其在成都城市发展中的重要角色。"十三五"时期以来，成都市勾画了5年"三农"发展蓝图，强调以"特色镇+林盘+农业景区""特色镇+林盘+景区""特色镇+林盘+产业园"三种模式构建富有成都特色的乡村振兴载体。其中，川西林盘凭借其优越的生态文化资源已成为乡村振兴的主战场，也是成都市联城带乡、推动农商文旅体融合发展的重要平台。推动川西林盘的保护与修复将极大助力川西农耕文明的延续和活化，为乡村发展聚纳更多的经济资源和优质人才，实现产业、文化、人才、生态、组织五大振兴协同推进，探索出一条以川西林盘保护修复并植入多元场景带动乡村振兴的创新路径。

除强调激发乡村丰富存量资源的价值转化，推动乡村全面振兴外，城乡发展的不平衡、不协调，也是现阶段中国经济和社会发展过程中最为突出的结构性矛盾[3]。改革开放以来，我国的城乡关系随着快速城镇化与农业现代化的不断发展产生了深刻的变化，城乡融合已成为推动现代化建设的重要引擎。党的十九大明确提出"建立健全城乡融合发展体制机制和政策体系"，意在更好地解决城乡发展不平衡，促进乡村振兴战略的实施。

作为城乡结构改革的先行探索区域，成都市在城乡统筹发展方面取得了一定成效。当前，成都市城镇化发展速度较快，2020年成都市城镇化率达到了78.77%，城镇人口增长迅速、集聚势头强劲，成都市已跻身全国7个超大城市之列。同时，成都市也日益重视乡村地区的发展，加大对于乡村的财政支持力度，城乡差别逐步缩小，城乡居民收入差距向着良性方向发展[4]。

2021年2月，成都市西部片区获批成为国家城乡融合发展试验区。成都市西部片区作为川西林盘分布密度最大的集聚区和发展先行区，在空间上与城乡融合发展试验区高度重叠。推进川西林盘的保护和利用有利于生态场景营造、生态产品供给，促进乡村业态创新、产业集聚以及功能提升，进而让川西林盘既能成为成都大都市的特色城市功能载体和乡村"微度假"目的地，又能成为乡村人口就地城镇化、享受城镇化发展红利的重要载体。此外，推动川西林盘的保护与利用能够更加突出对土地、资金、制度等要素的需求，倒逼集体经营性建设用地入市机制与农村产权抵押担保机制创新与完善，有利

[1] 叶兴庆. 新时代中国乡村振兴战略论纲[J]. 改革，2018（1）：65-73.
[2] 刘晓雪. 新时代乡村振兴战略的新要求——2018年中央一号文件解读[J]. 毛泽东邓小平理论研究，2018（3）：13-20，107.
[3] 刘彦随. 中国新时代城乡融合与乡村振兴[J]. 地理学报，2018，73（4）：637-650.
[4] 李永华. 乡村振兴背景下成都乡村发展路径探讨[D]. 北京：清华大学，2019.

于成都市西部片区国家城乡融合发展试验区创新性地探索改革发展路径[1]。

总体而言，川西林盘作为成都市极具代表性的乡土聚落，作为盘活成都市乡村闲置资源、提升产业发展能级的重要抓手，在成都市实施乡村振兴战略、建设城乡融合发展试验区的良好契机下，推动川西林盘的保护与利用是实施乡村振兴的重要抓手，是构建城乡融合发展新格局的必然之举。

## 1.2 川西林盘的保护利用亟须从理论和实践上给予积极回应

作为川西平原地区田园之美、农耕之底蕴、家园之情怀的集大成者，川西林盘自古以来在维持成都地区生态平衡、传承地域文化、维系社会纽带、促进经济发展等方面一直发挥着极为重要的作用，其保护和修复工作也较早得到了政府、业界和社会的认可。早在2006年，成都市便开始有意识地开展川西林盘的保护工作。2006~2009年，成都市先后印发了《成都市川西林盘保护整治建设技术导则》和《关于推进我市川西林盘保护的实施意见》，组织各个郊区区（市）县结合灾后农村住房重建、农村环境综合整治、土地综合整治等工程开展川西林盘的保护和修复工作，这一阶段川西林盘的保护与修复重点以林盘的人居环境整治、垃圾清理、违建清除、农房改造和基础设施完善为主，林盘的设施配套和环境质量由此获得了较大的提升。

随着川西林盘保护利用实践的逐步开展，2015年，结合成都市全域社会主义美丽乡村建设工作的开展，各个区（市）县积极推动川西林盘的保护利用工程，川西林盘的保护与利用工作得以进一步推进。然而，受成都市快速城镇化建设以及城乡统筹战略实施的影响，在城市快速扩张和乡村物质性衰败的内外作用力下，成都市外围二、三圈层的林盘聚落迅速发生演变，高度集约化发展、农村劳动力向外转移以及农村生产生活方式改变等因素，导致了林盘数量的不断锐减以及林盘内传统民俗文化的不断流失[2]。

特别是近20年来，伴随着川西地区各城市的持续拓展，川西林盘的聚落格局发生了剧烈的变迁。部分林盘外围的河流水系逐步被隔离或侵占、作为生态屏障的林木资源被砍伐、部分农村土地被纳入城市建设范围等，进一步割裂了川西林盘与其依存的生态基底环境的联系。川西林盘面临的保护困境，亟须在保护理论和管控实践上给予积极回应，尤其需要立足城乡融合发展的整体视角，充分结合当下的新理念和新需求，统筹山水林田湖整治，科学植入商务、会议、博览、度假、旅游等现代功能业态，探寻川西林盘丰富资源价值转化的科学路径。

[1] 张耀文，卿明樑，郭晓鸣. 川西林盘保护与利用：进展、挑战与突破选择[J]. 中国西部，2022（1）：56-65.
[2] 刘勤，王玉宽，郭滢蔓，等. 成都平原林盘的研究进展与展望[J]. 中国农学通报，2017，33（29）：150-156.

## 1.3　公园城市建设理念下川西林盘保护利用的新机遇

（1）公园城市理念的提出与内涵

2018年2月，习近平总书记在视察成都天府新区期间提出，要突出公园城市特点，把生态价值考虑进去[1]。2022年2月，经国家发改委请示，国务院同意成都建设践行新发展理念的公园城市示范区。近5年来，由公园城市"首提地"到自主探索公园城市示范区建设道路，再到国务院明确同意建设"公园城市示范区"，成都在生态、生产、生活、城市治理等诸多方面探索了公园城市建设的可行路径。国务院关于建设公园城市的一系列指示，表明公园城市是城市规划建设理念的升华，这既是新发展理念下城市发展的新目标，也是对我国城市生态和人居环境建设提出的更高要求[2]。

公园城市作为全面体现新发展理念的城市发展高级形态，其核心在于着重强调自然、人文、社会、经济的有机融合，是人、城、境、业高度和谐统一的现代化城市，也是新时代可持续发展城市建设的新模式[3]。对比过往的建设经验，公园城市理念下城市发展模式的转变（图1-1）包括：首先是城市发展逻辑的转变，传统的"产—城—人"逻辑转化为"人—城—产"逻辑，深刻地反映了以人民为中心，将满足人们对高品质城市环境和高质量城市生活的需求作为根本出发点；其次是城市发展架构的转变，强调整合碎片化的绿地资源，以不同类型的城市绿色公共空间为"铆钉"，遏制城市摊大饼式发

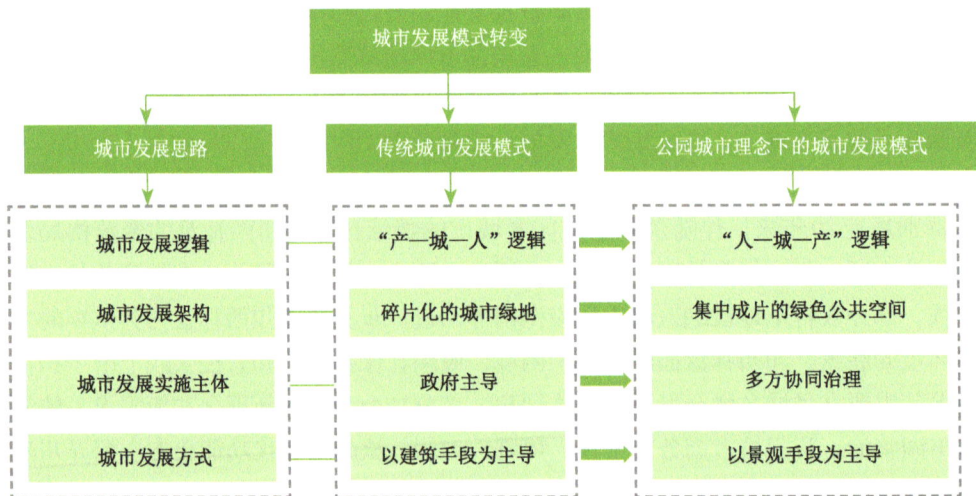

**图1-1**　公园城市理念下城市的发展模式转变示意

[1]　新华社. 习近平春节前夕赴四川看望慰问各族干部群众[EB/OL]. (2018-02-13)[2018-04-18]. http://www.gov.cn/xinwen/2018/02/13/content_5266673.htm#1.
[2]　李雄，张云路. 新时代城市绿色发展的新命题——公园城市建设的战略与响应[J]. 中国园林，2018，34（5）：38-43.
[3]　李晓江，吴承照，王红扬，等. 公园城市，城市建设的新模式[J]. 城市规划，2019，43（3）：50-58.

展，从而优化城市生态体系和空间布局[1]；再次是城市发展实施主体的转变，从政府主导城市发展模式到整合政府、群众、市场多方力量共同参与，强调共谋共建、共治共享，协同推进城市发展；最后是城市发展方式的转变，从过去以微观建筑手段为主导媒介升华到以中微观相结合的景观手段为主导媒介，让丰富的绿色空间成为补齐公共服务设施和承载新经济应用场景的底板[2]，使市民推窗见绿、出门见景，共享绿色发展福利，实现人与自然、城市的和谐共生。在这一背景下，川西林盘作为成都公园城市建设的基本乡村单元和川西地区自然生态资源与历史人文底蕴的集大成者，迎来了崭新的发展机遇，成为相关领域的研究热点。

（2）作为公园城市建设的乡村表达，川西林盘的多元价值得到充分认识

从建设公园城市到建设践行新发展理念的公园城市示范区，为成都市的城市品质提升和城乡融合发展提供了明确的方向。公园城市既包括城市也包括广大的乡村地区。公园城市追求绿水青山的生态价值、健康宜人的生活价值、以文化育人的人文价值、诗意栖居的美学价值、绿色低碳的经济价值以及和谐公平的社会价值六大价值[3]，与川西林盘的大地田园之美、传统农耕之乐、竹林隐逸之趣、家园乡愁之情巧妙呼应。如果说，公园城市理念是新时期城市发展的指导纲领，那么，川西林盘的保护修复和场景提升则是对公园城市建设乡村表达的创新性诠释，公园城市建设离不开川西林盘这一栖息土壤。

当前，成都市正按照"园中建城、城中有园、城园相融、人城相融"的公园城市理念引领城市建设。其建设思路在于，依托龙泉山、龙门山生态屏障和其中密布的水系廊道，以天府绿道为脉络，引绿入城，打破成都市原单中心圈层式发展模式，充分串联城市公园、川西林盘等绿色单元，构建"星罗棋布、类型多样、全民共享"的公园城市体系（图1-2）。在这一背景下，川西林盘作为公园城市极具特色的绿色资源，推进其保护与利用有助于保护乡村自然生态、山水生态和水系格局，为公园城市生态产品供给提供重要载体；有助于推进成都市人居环境与自然山水的有机交融，为公园城市大美城市空间塑造提供基础单元；有助于创新生态型产业发展模式，强化公园城市发展的生态底色[4]。只有系统地推进川西林盘保护和利用，增强川西林盘的功能性、文化性、游憩性及艺术性，因地制宜打造各美其美的林盘群落，助力成都公园城市筑牢高质量发展的生态基底、文化基因与家园本底，才能更加充分地发挥川西林盘的多元价值，并使其与公园城市进行链接与延伸，赋能成都市建设"公园城市、大美乡村"。

可见，川西林盘的保护与利用已进入了全新的阶段。在生态文明建设、绿色发展理念、公园城市理论的指引下，成都市重新审视川西林盘的保护意义和利用价值，赋予了川西林盘新的价值内涵和时代使命。2018年7月，中共成都市委十三届三次全会提出采取"特色镇＋林盘＋农业景区/农业园区"发展模式，打造精品林盘聚落体系。同年，成

[1] 王浩. "自然山水园中城，人工山水城中园" ——公园城市规划建设讨论[J]. 中国园林，2018，34（10）：16-21.
[2] 王香春，王瑞琦，蔡文婷. 公园城市建设探讨[J]. 城市发展研究，2020，27（9）：19-24.
[3] 罗梦丹. 360° 点亮成都公园[EB/OL]. (2020-04-26)[2024-01-30]. https://mp.weixin.qq.com/s/qKOgJx2LpWJ0sSqVWpROAQ.
[4] 张耀文，卿明梁，郭晓鸣. 川西林盘保护与利用：进展、挑战与突破选择[J]. 中国西部，2022（1）：56-65.

都市开展了《成都市川西林盘保护修复利用规划（2018—2035）》与《成都市川西林盘保护利用建设技术导则》编制工作。这一时期成都市城市总体规划强调以"东进、南拓、西控、北改、中优"分区格局为基础，引导各区发挥其功能与资源禀赋，整体形成特点鲜明、特质统一、体现新发展理念的"山水相融、田林交错、城园一体"的空间格局，实现差异化协调发展。在此形势下，川西林盘保护利用已具备从宏观层面的保护利用指引到微观层面的详细建设导则与实施路径（图1-3）。

图1-2　成都市公园城市美丽格局意象
资料来源：《成都市美丽宜居公园城市规划（2018—2035年）》。

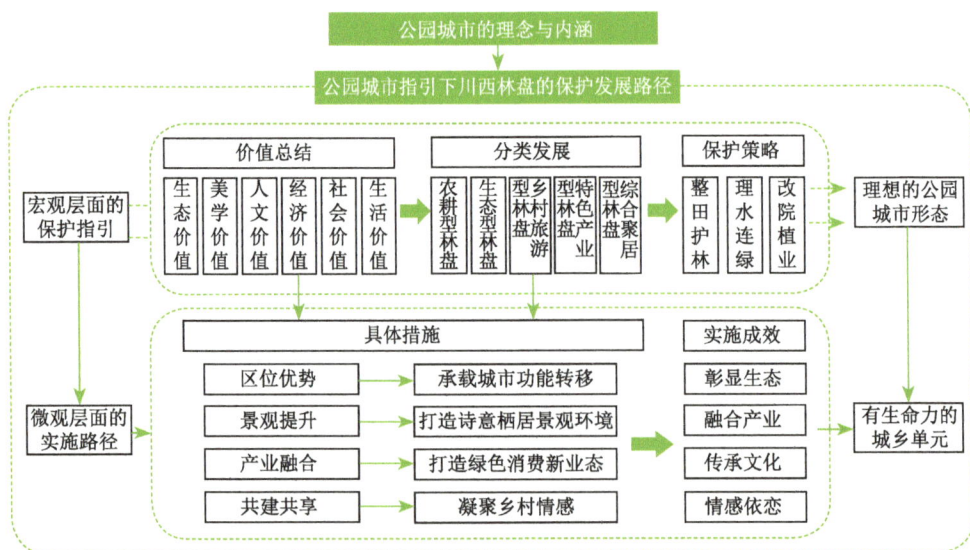

图1-3　公园城市建设乡村表达的实施路径

在成都市全面推进实施乡村振兴战略、深化城乡融合发展的良好契机下，基于公园城市理念进一步推进川西林盘的保护修复和可持续发展，既是创新诠释公园城市建设的乡村表达，也是促进生态价值转化、做精做细乡村旅游、推动城乡融合发展的必然之举，对于成都市实现城市品质的全面提升和全域乡村振兴具有不可替代的重要作用。

（3）公园城市相关规划与行动计划对川西林盘保护利用的指引

为进一步明确公园城市理念对川西林盘保护修复与发展的指引内容，本书对《成都市城市总体规划（2016—2035年）（送审稿）》《成都市美丽宜居公园城市规划（2018—2035年）》《成都市美丽宜居公园城市规划建设导则》《成都市川西林盘保护修复工程实施方案》《成都市特色镇（街区）建设和川西林盘保护修复2019年行动计划》等相关规划和文件进行了详细解析。经归纳总结，成都市川西林盘保护与修复的核心为：一是保护优先，强调保护林盘底色和特色，维持林盘的完整形态；二是结合发展需求，通过"整田、护林、理水、改院"，建设"宜居、宜业、宜游"的功能复合的现代林盘院落，实现林盘的价值转换。具体指引包括以下内容。

《成都市城市总体规划（2016—2035年）（送审稿）》：明确提出塑造"青山绿水抱林盘，大城新村嵌田园"的城乡形态，发挥成都市山水田林的生态环境优势，彰显青山、绿水、林盘渗透融合的独特气质。推动城镇、新型社区与现代田园融合发展，构建以特色镇为核心，以多个新型社区或林盘聚落为支撑，以环形绿道串联的"一核多点一环"的星座式布局的城乡统筹单元，形成"产田相融、城田相融、城乡一体、山水渗透"的新型城乡形态（图1-4）。加强林盘保护与开发利用，保护川西特色林盘，保护特色林盘的完整形态，包括其生态环境以及川西传统风貌建筑，充分挖掘林盘文化的乡土特色和人文价值。

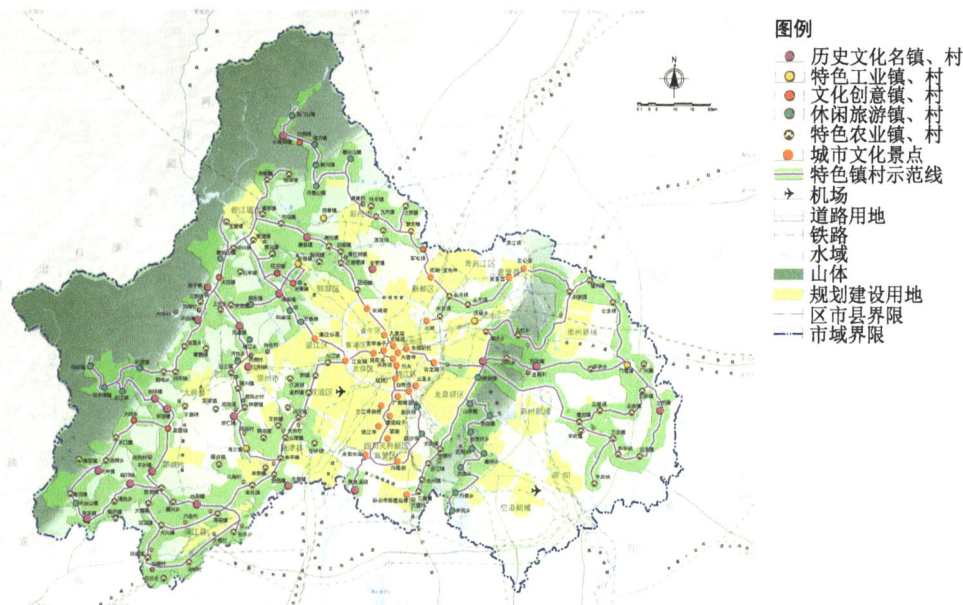

**图1-4** 成都市域城乡统筹发展示范线规划
资料来源：《成都市城市总体规划（2016—2035年）（送审稿）》。

《成都市美丽宜居公园城市规划（2018—2035年）》：提出保护核心生态资源，锚固绿色空间底线；将成都市整体建设成为一座"大公园"，以绿道为脉络、以山川为景胜、以农田为景观、以城镇为景区，实现全域公园化，绘就锦绣天府新画卷，诠释公园城市建设的乡村表达，呈现沃野千里的大美景象。推进都江堰精华灌区修复工程，筑牢成都市"米袋子""菜篮子"的良田基础，彰显川西农耕文明，形成渠网密布、美田弥望的灌区盛景（图1-5）。通过景观化打造，将乡村道路营造为风景长廊；实施景观化提升，将农户庭院、农事设施等塑造为特色景观节点。注重对传统文化村落的梳理和保护，坚持多改少拆，打造一批"国际范""天府味"的示范性精品林盘，形成林在田中、院在林中的新型林盘聚落体系；植入商务、会议、博览、度假、双创、社团组织等多种功能，实现林盘功能提升，承接城市功能植入，打造兼具传统林盘文化景观、高品质配套设施和现代服务功能的天府新林盘。

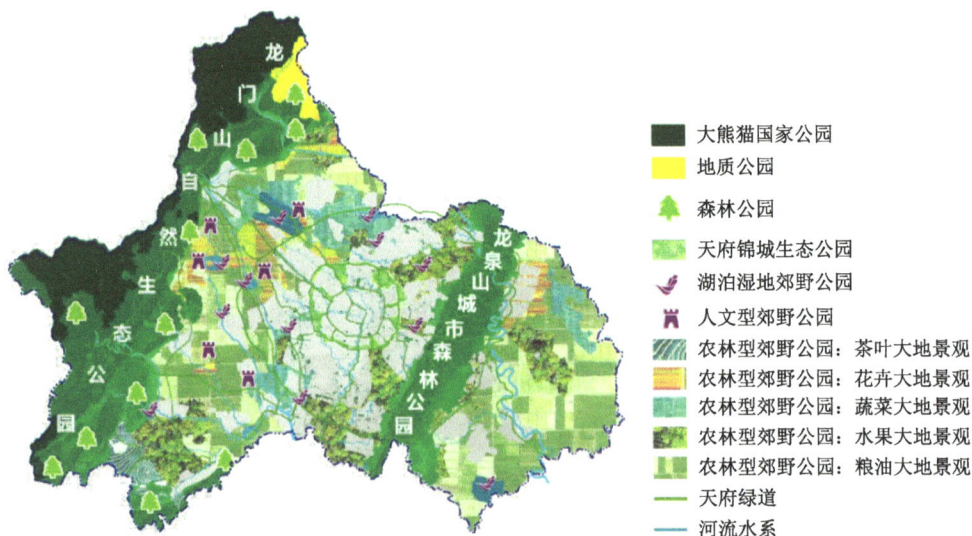

**图1-5** 成都市公园城市空间布局示意
资料来源：《成都市美丽宜居公园城市规划（2018—2035年）》。

《成都市美丽宜居公园城市规划建设导则》：提出在保障区域内农业生产基本功能的前提下，按照"景观化、景区化、可进入、可参与"的原则打造郊野公园，塑造大美田园风光；推动农商文旅体融合发展，实现乡村振兴。农村新型社区规模宜达到5000人以上；林盘聚落规模宜控制在100～500人。以特色镇为服务中心，农村新型社区和林盘聚落为服务节点，通过主要道路、旅游通道和绿道串联，形成"特色镇+农村新型社区/林盘聚落+农业景区/农业园区"的郊野公园基本单元。通过"整田、护林、理水"，重塑川西田园风光，让农田成景观、农居成景点、农村成景区，提高郊野公园的旅游吸引力。

《成都市川西林盘保护修复工程实施方案》：提出川西林盘是天府文化、川西平原农耕文明和川西民居建筑风格的重要载体，须保护和修复具有丰富美学价值的川西林盘，构建"林在院中、院在林中"的新型林盘聚落体系，努力使川西林盘成为成都市田园景观的璀璨明珠、天府文化的地理标识和休闲度假旅游的靓丽名片。充分依循传统川西林盘"田、林、水、院"的空间格局，统筹实施山水林田湖草整治，塑造"中国川西林盘聚落"，使川西坝子逐步呈现"岷江水润、茂林修竹、美田弥望、蜀风雅韵"的锦绣画卷。

该方案把林盘作为特色镇的延伸和组成部分，围绕特色镇布局林盘保护修复点位，采用"特色镇＋林盘＋产业园""特色镇＋林盘＋农业园区""特色镇＋林盘＋景区"三种建设模式推进林盘保护修复；依托天府绿道、环城生态区、龙泉山城市森林公园等特色资源，结合田园综合体建设等项目，统筹推进林盘保护修复。川西林盘保护修复遵循"保护优先"的原则，保持川西林盘建筑形态与地形、林木等环境元素自然相融的特色，充分遵循传统川西林盘"田、林、水、院"的空间格局，维持林盘周边环境景观要素完整；充分体现川西民居建筑风貌、历史遗迹、径、桥等特色要素，实现人文景观要素完整。

林盘保护利用实践中统筹川西林盘等基本要素，通过"整田、护林、理水、改院"，建设"宜居、宜业、宜游"的功能复合的现代林盘院落。"整田"就是发展现代农业，实施农田规模化、景区化改造；"护林"就是保护林盘生态，实施景观化改造提升；"理水"就是依托都江堰、玉溪河自流灌溉水系，彰显水文化，提升水景观；"改院"就是按照"乡土化、现代化、特色化"的原则改造和建设林盘院落建筑。截至2019年底，成都市启动了对321个川西林盘的保护修复，完成投资20.80亿元，实现税收0.86亿元。截至2022年底，成都市已保护修复1005个川西林盘，打造100多个精品林盘，形成了形态优美、特色鲜明、魅力独具的川西林盘聚落。

《成都市特色镇（街区）建设和川西林盘保护修复2019年行动计划》：提出川西林盘保护要以优化规划设计为引领，重塑特色镇和川西林盘发展格局；以提升产业能级为导向，突出特色镇和川西林盘主导产业；以强化功能配套为基础，增强特色镇和川西林盘承载能力；以创新乡村治理为重点，完善特色镇和川西林盘管理体制；以深化要素改革为突破，激发特色镇和川西林盘发展动力；以完善工作机制为保障，健全特色镇和川西林盘镇村体系。要求重新梳理并确定规划建设的100个特色镇（街区）和新启动建设的300个川西林盘，年内重点打造主导产业突出、辐射效应明显、规模适度合理的特色镇（街区）20个、高质量精品林盘100个，打造A级林盘景区20个；围绕串联特色镇（街区）和川西林盘建设绿道500km，力争特色镇（街区）和川西林盘项目招引社会资金400亿元以上。

依据该行动计划指导，2020年，成都市启动了200个林盘的建设；实行了新时代中国乡村规划师制度。2020～2021年，成都市举办了两届成都市特色镇（街区）建设和川西林盘保护修复规划设计方案全球征集活动，共为8个特色小镇、31个川西林盘征集到66个优胜、获奖方案。2021～2022年，成都市为打造更多生态文化自然资源本底良好、交通条件好、沿乡村振兴示范走廊、有实施主体的优质特色镇和川西林盘，进一步启动了300个林盘的规划建设。

## 1.4   川西林盘的既有研究尚需进一步总结和深化

在相关政策的指引下，近年来川西林盘的保护利用实践已成燎原之势，对既有的研究成果进行梳理有助于深化或匡正对川西林盘的价值认知。选取"林盘""川西林盘"为关键词在中国知网论文数据库进行检索，发现20年间（2002～2022年）川西林盘的相关文献有261篇，2018年以来有171篇，显示了近年来与林盘相关的研究有了较大的增长。以Citespace生成的关键词时区图、关键词时间线图、关键词聚类共现图、关键词突现图等知识图谱为佐证，从研究方法、研究对象、研究结论等层面对文献进行分析，明晰川西林盘的研究脉络、研究趋势和研究内容，可作为川西林盘保护利用与品质提升的重要支撑。

（1）川西林盘的研究历程

通过川西林盘既有研究的关键词时间线（图1-6）可发现，早在2007年便出现了以林盘"保护"和"规划设计"为代表的关键词，可见川西林盘的保护与科学利用较早便引起了学术界的重视。此外，对历年出现的关键词及其互相间的关联时间线进行分析，可发现川西林盘的研究历程与其相关保护政策的历史沿革在时间上相近，可总结为三个典型阶段。

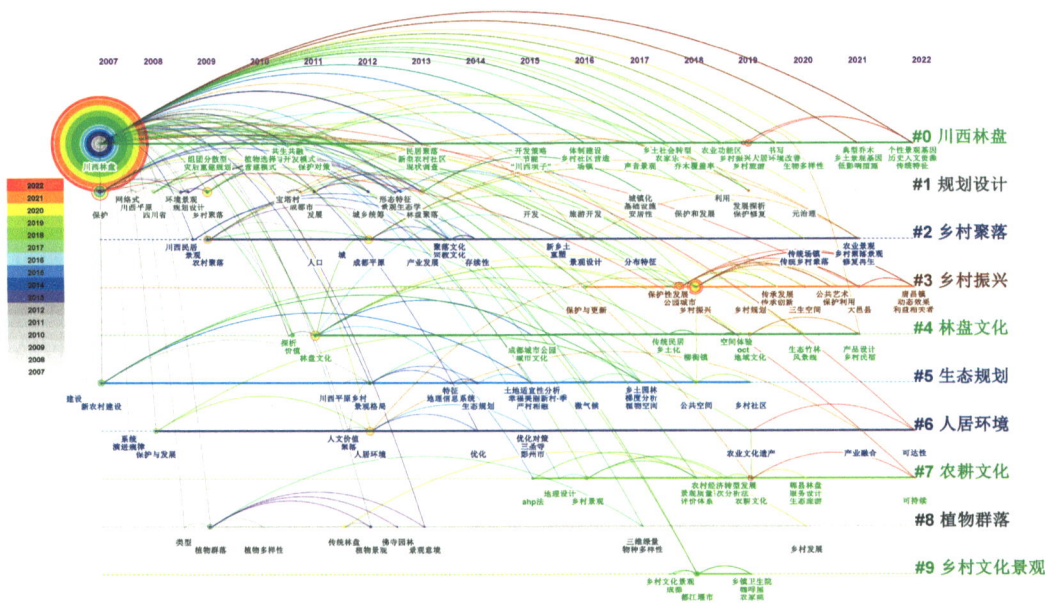

**图 1-6**   川西林盘既有研究的关键词时间线

　　第一阶段为2007～2014年，这一阶段主要围绕"灾后重建规划""新型农村社区""城乡统筹""新农村建设"等关键词展开，主要探讨现代化建设和城镇化建设背景下，新型川西林盘聚落的建设问题，研究重点则主要关注"植物群落""环境景观""景观格局"等方面，以生态与环境保护方向的研究为主体。第二阶段为2015～2017年，这一阶段可理解为第一阶段的深化，随着研究的深入，出现了如"农耕文明""林盘文化"等关键词。在对生态环境关注的基础之上，开始关注到林盘文化及川西林盘所蕴含的丰富传统文化的存续问题，在研究方法上则出现了以"AHP层次分析法"为代表的定量化研究方法。第三阶段为2018年至今，随着公园城市理念和乡村振兴发展战略的提出，涌现出一批如"传承发展""传承创新""保护性发展""修复再生""低影响措施"等体现新发展理念的与林盘保护与利用相关的关键词，反映出川西林盘相关研究的重要转型；此外，这一阶段还出现了以"景观基因"为代表的交叉学科关键词，反映出川西林盘研究的多学科交叉倾向和研究理论、研究方法的不断深化。

　　（2）川西林盘的既有研究主题

　　基于川西林盘既有研究的关键词共现（图1-7）可发现，图谱中关键词布局较为集中，网络连接紧密、相互交织构成了复杂的网络系统，延伸出了多条发展路径。其中，"川西林盘—农耕文化—林盘文化—地域文化"为关键词较为凸显的研究路径，这一方向的研究主要以对林盘文化、林盘特征、林盘价值等方面的梳理为主，是大多数川西林盘既有研究成果的集中方向，可概括总结为"川西林盘的特征梳理与价值挖掘研究"。"乡村振兴"与"公园城市"这两个关键词尽管出现时间较晚，但是已形成了相对紧密的联系，并与"保护与更新"紧密结合，可概括总结为"新时代背景下川西林盘的保护与发展策略研究"。下面拟从"川西林盘的特征梳理与价值挖掘研究""新时代背景下川

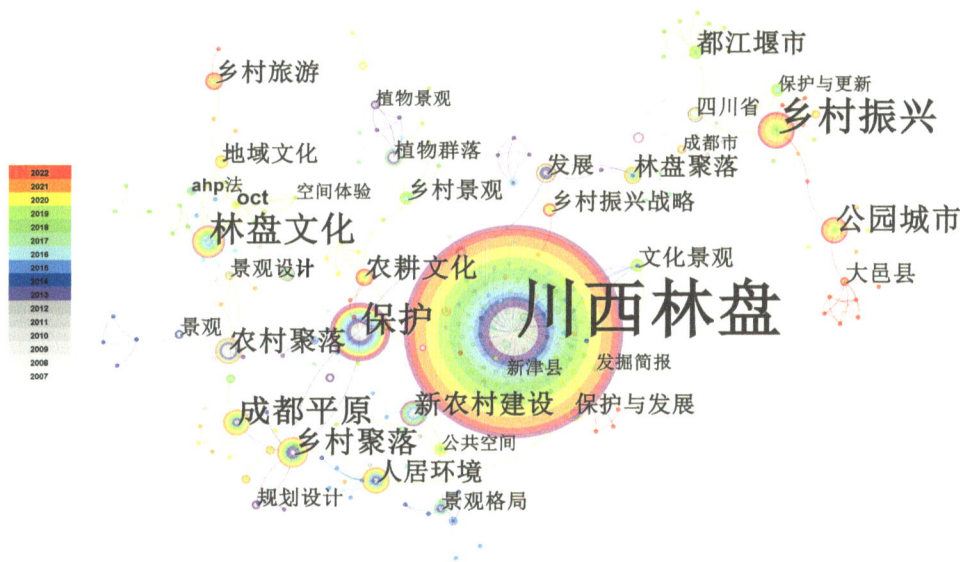

图1-7　川西林盘既有研究的关键词共现

西林盘的保护与发展策略研究"两个层面，遴选、梳理和总结川西林盘的研究内容。

川西林盘的特征梳理与价值挖掘研究：川西林盘特征认知较早便得到了重视，大量学者从多个角度出发对川西林盘的特征、特色和价值进行了梳理。其中最具代表性的有：孙大江等（2011）基于自然生态的角度，从林盘的植物类型、植物群落结构等角度总结了川西林盘的植物构成，指出了川西林盘具有的突出的生态价值[1]。方志戎等（2011）则基于历史人文的角度，从林盘的历史成因[2]、文化价值[3]方面对川西林盘进行辨析，指出川西林盘的生成受地理环境、经济条件、移民社会、文化习俗等多因素的影响，川西林盘在蜀文化载体、生态屏障、田园人居思想和文化景观等方面具有极为突出的价值。如薛飞等（2013）从整体视角探讨了川西林盘丰富的文化景观的保护[4]。陈明坤（2013）基于人居环境视域，从系统保护和持续发展的角度，探索了川西林盘的保护与发展战略[5]。姜涛等（2014）则强调川西林盘聚落营造在美学、景观生态、社会文化等诸多方面都蕴藏着重要的生存智慧，在当代尤其要注重加以传承[6]。濮德华等（2016）则借助多学科交叉理论知识，对川西林盘的冬季微气候变化进行解析，直观地反映了川西林盘的生态效益和应予以加强保护的生态环境要素[7]。徐萌（2016）基于社会关系重塑的视角，总结了川西林盘公共空间主要承载的活动类型，探索了邻里空间、精神空间、传统公共节点、现代服务空间等多种空间的修复方向[8]。

可见，关于川西林盘概念内涵的梳理及特征认知方面已积累了丰富的研究成果，对物质空间的研究已趋于完善。大量学者从多个角度论证了川西林盘的现状特征和存在的重要价值，研究视角从关注川西林盘的物质层面，逐渐转移到关注林盘居民的生产、生活实践的社会层面，为正确认识川西林盘打下了良好基础，也为推动川西林盘的保护和发展研究提供了扎实的支撑。

新时代背景下川西林盘的保护与发展策略研究：在建设公园城市背景下，遵循新发展理念，探讨川西林盘保护与发展方面的研究同样积累了丰富的研究成果。李媛媛等（2021）基于公园城市理念，从空间、生态、社会、产业角度梳理了公园城市理念对川西林盘保护与发展的新要求，并以郫都区王家院子、竹家院子为案例探索了川西林盘可行的发展模式[9]。张妍（2022）聚焦林盘中丰富的建筑遗产，探索了林盘院落向住宅空间

[1] 孙大江，陈其兵，胡庭兴，等.川西林盘群落类型及其多样性[J].四川农业大学学报，2011，29（1）：22-28.
[2] 方志戎，李先逵.川西林盘文化的历史成因[J].成都大学学报（社会科学版），2011（5）：45-49.
[3] 方志戎，李先逵.川西林盘文化价值探析[J].中华大学学报（哲学社会科学版），2011，30（5）：26-30.
[4] 薛飞，朱战强.川西林盘文化景观保护研究[J].中国园林，2013，29（11）：25-29.
[5] 陈明坤.人居环境科学视域下的川西林盘聚落保护与发展研究[D].北京：清华大学，2013.
[6] 姜涛，苏雪杨，陈其兵，等.川西林盘的生存智慧及其现代启示[C]//中国城市科学研究会.2014（第九届）城市发展与规划大会论文集——S14生态景观规划营建与城市设计.天津，2014：69-72.
[7] 濮德华，刘美伶，宗桦.川西林盘冬季微气候变化研究[J].西部人居环境学刊，2016，31（6）：107-111.
[8] 徐萌.基于社会重塑目标下的川西林盘社区营造研究[D].成都：西南交通大学，2016.
[9] 李媛媛，陈南西子.公园城市建设背景下的川西林盘发展模式探索——以郫都区王家院子、竹家院子林盘为例[C]//中国城市规划学会.面向高质量发展的空间治理——2021中国城市规划年会论文集（16乡村规划）.北京：中国建筑工业出版社，2021：46-57.

与商业空间转型的发展方向[1]。

　　总体而言，尽管川西林盘保护与发展方面的研究成果在数量上较为丰富，但在公园城市理念提出后，研究成果多为借鉴公园城市的相关理论，以某个或数个林盘为案例进行研究，或是从林盘的某单一研究要素出发对川西林盘进行研究，在林盘的系统性研究与林盘保护利用理论等方面仍有较大的提升空间。本书基于新的时代背景，从宏观与微观相结合的角度，科学梳理川西林盘的保护利用现状与问题，结合典型案例多角度、成体系地总结在川西林盘保护利用与品质提升指引方面的相关探索，为川西林盘的保护利用实践提供参考与借鉴。

---

[1]　张妍. 乡土建筑遗产视角下川西林盘的空间价值与活化利用[J]. 成都大学学报（自然科学版），2022，41（1）：97-102.

# 第 2 章
# 川西林盘的基本特征及其新时代的价值诠释

作为最能反映川西平原悠久农耕文明的地域性乡土聚落及川西平原生态肌理的重要构成部分,由"田、林、水、路、院"等要素构成的川西林盘,集生产、生活、生态和景观为一体,不仅体现了川西地区历史文化传统和自然风土人情,而且展现了天府之国的美丽和富饶、蜀地文化的发展和传承,在城市功能的延展以及现代产业的承载等方面也发挥着极为重要的作用。

改革开放以来,随着新型城镇化、新农村建设等的不断推进,对川西林盘的生态环境、空间格局和原村民的生产生活方式产生了不同程度的影响和冲击,尤其是在推行公园城市理念和乡村振兴战略的背景下,川西林盘的整治修复和场景提升实践获得了巨大成效。面对公园城市建设背景下川西林盘崭新的发展机遇,首先要对川西林盘的基本定义、构成要素和主要类型进行科学界定,辨析新背景、新理念、新需求下,川西林盘在自然生态、经济生产、文化传承等多方面的多样价值,为川西林盘的保护修复、品质提升和未来的可持续发展提供有力的支撑。

## 2.1 川西林盘的概念和定义

"川西林盘"是四川盆地西部一种极具代表性的乡村聚落,其称谓由来已久。因聚落周边树林环绕、聚落尺度小巧如盘而得名。早在清代道光年间,"林盘"一词便已正式出现于典籍,清代曾在新津县等四县担任知县的举人王培荀在《听雨楼随笔》一书中对"林盘"的特征作出了生动诠释[1],"川地多楚民,绵邑为最。地少村市,每一家即傍林盘一座,相隔或半里,或里许,谓之一坝",从中可以形象地把林盘理解为一块块由林木包围,随着水系自由分布、镶嵌在川西平原的田间绿岛。林盘通常以姓氏(宗族)为聚居单位,形式上属于典型的自然村落。小的林盘只有几户、十几户人家,大的林盘有上百户,呈现一种自由分散的分布方式。至今,在川西地区仍随处可见以"李

---

[1] 杨诗莹. 《听雨楼随笔》研究[D]. 成都: 四川师范大学, 2014.

林""徐林""刘家林""雷家林"命名的乡村聚落。

　　作为川西地区农耕文明的结晶，川西林盘不仅是蜀地乡村固有的一种生存居住模式，而且还承载着生态平衡、产业发展、文化传承、乡愁寄托等多种功能。川西平原地区平坦的地形条件、肥沃的冲积平原土壤、宜人的亚热带湿润气候、丰富的林木资源和水资源，不仅孕育了川西地区星罗棋布的林盘聚落，也催生出川西林盘以灌溉农业、林下采摘、竹艺编织为代表的小农户社会经济自循环发展模式[1]，形成生产自给自足、生态自主维护的特征。因此，广义的"川西林盘"概念不仅包括乡村院落、乔木竹林、河流道路和外围耕地等丰富的实体形式，还包括人类活动与自然环境长期有机融合所形成的自然系统、社会系统与经济系统[2]。作为集生活、生产、生态和景观为一体的农村散居式聚落单元，川西林盘是川西地区数千年来农耕文明、民风民俗、营建技艺最为鲜活的载体[3]，在当代仍具有极高的生态价值、文化价值和社会经济价值（图2-1）。

图2-1　川西林盘典型风貌

## 2.2　川西林盘的主要构成要素

　　川西林盘的空间结构主要由"农田、林木、水系、道路、宅院"等要素构成，是一种自然和人文相交织的聚落综合体。有别于其他地区的乡土聚落，川西林盘充分反

[1] 孙大江，陈其兵，胡庭兴，等. 川西林盘群落类型及其多样性[J]. 四川农业大学学报，2011，29（1）：22-28.
[2] 陈泓，黄劲松，黎燕琼，等. 川西林盘研究进展[J]. 四川林业科技，2016，37（3）：49-53.
[3] 方志戎，李先逵. 川西林盘文化价值探析[J]. 西华大学学报（哲学社会科学版），2011，30（5）：26-30.

映了川西平原的地形条件和水文特征，是川西先民在长期改造自然、与自然环境互相适应的过程中形成的自然、有机的聚落形态。就规模而言，川西林盘布局自由，无统一定式，或由单个宅院为主体构成独居林盘，或由多个宅院有机融合形成聚居型林盘聚落（图2-2）。

图2-2　川西林盘典型空间形态示例

在空间层次上，川西林盘各要素间也彼此调和、互相和谐。具有川西乡土特色的宅院一般隐于高大的乔木、竹林中，水渠或穿林盘而过，或环绕于林盘外围，共同构成沃野环抱、密林簇拥、小桥流水的田园画卷，形成川西平原最具代表性的乡土风光（图2-3）。

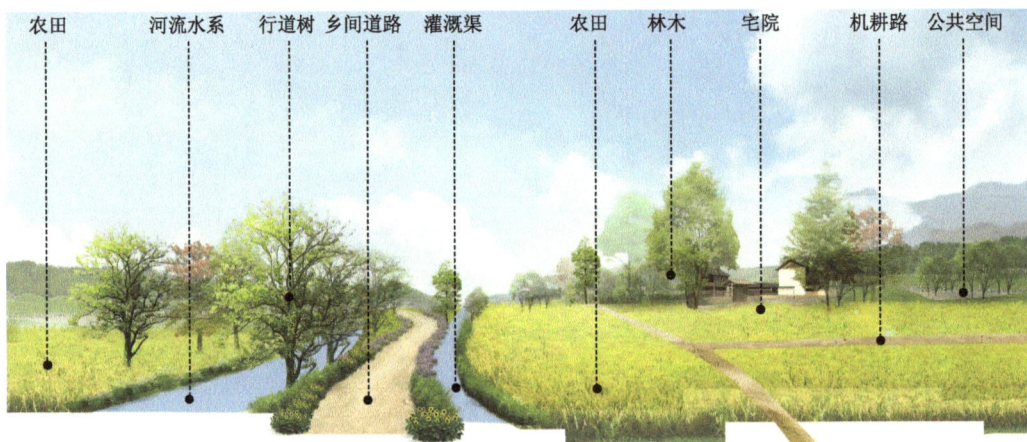

图2-3　川西林盘典型空间结构示意

（1）农田

农田是林盘聚落的形态基底，是川西林盘生态系统的重要组成部分，也是蜀地先民生产生活的核心资源，为林盘的存续提供了重要的物质支撑。得益于优厚的地形和水文条件，川西平原地区孕育了广袤且肥沃的耕地资源，蜀地先民为了缩短耕作的往返时间，往往选择住在田地间。这种就近而居的耕作习惯，促成了林盘参照100～200m的耕作半径以及50～150亩（1亩≈666.7平方米）的耕作面积形成均衡式布局，川西林盘因而形成了极具特色的"随田散居"式空间分布特征。

广袤的农田奠定了川西平原地区缤纷的田园底色，放眼川西平原，农田一片开阔无际，田间溪流环绕、水声潺潺，连片种植的水稻、小麦等农作物荟萃了缤纷的色彩。各式各样的传统建筑散布于树林和田野之间，农户在田地间耕种生产、劳作栖居，炊烟袅袅，映衬出一幅优美的诗意画卷（图2-4）。

图2-4　川西林盘中的农田要素

（2）林木

林木是林盘聚落的载体和标志，为原村民提供了生产生活所需的燃料、木材，也是聚落所依托的生态屏障。由于川西平原平坦的地形条件不利于抵御寒风的侵袭，为了形成更加宜居的小气候，蜀地先民往往在民居院落、聚落周边栽种阻风减尘的竹林或是其他乡土林木，将宅院和外界隔离开来，散居的林盘必以林木为伴（图2-5）。

图2-5　川西林盘中的林木要素

从平面布局上看，川西林盘的林木可分为外部、内部和宅旁三个层次：林盘外部多种植有高大茂密的林木，其生长周期较长、养护频率低，有利于形成结构稳定的生态屏障；内部林木多随着林盘内院落的形态而栽植，呈簇团状、带状、点状等多样的分布形式；宅旁林木则多遵循"前竹后林"的传统布局方式，乔木种植于宅院后侧，观赏用的矮小灌木、草本植物则种植于院内或房前竹林间，形成"院坝空阔、宅周密集，院前空阔、院后遮蔽"的特征，造就对外隐蔽、对内开敞的舒适环境[1]。值得一提的是，竹林等林木的成型往往与林盘内房屋的扩增同步，二者之间占地面积按3∶1的比例保持动态平衡。随着房屋面积的不断扩大，竹林也不断得到扩充和养护，发挥出最佳的生态效益，体现出古人的聚落营建智慧[2]。

（3）水系

人类自古以来便有着逐水而居的特点，川西平原最优越的地理条件之一就是拥有丰富而便利的水资源，不仅为蜀地先民提供了适宜的居住环境，也是农业生产的重要命脉。川西平原上共有40多条河流，主要属于岷江和沱江水系，河网密度达$1.22km/km^2$，水资源总量达264亿$m^3$。纵横交错的水系如同一个纺锤，自龙门山由西北向东南流经平原，最后分别汇聚于平原东北部的金堂和东南部的新津。40多条河流经过不断分叉，形成由成千上万条纵横交织的"干渠、支渠、斗渠、农渠、毛渠"构成的水系，孕育了数不胜数的林盘聚落（图2-6）。

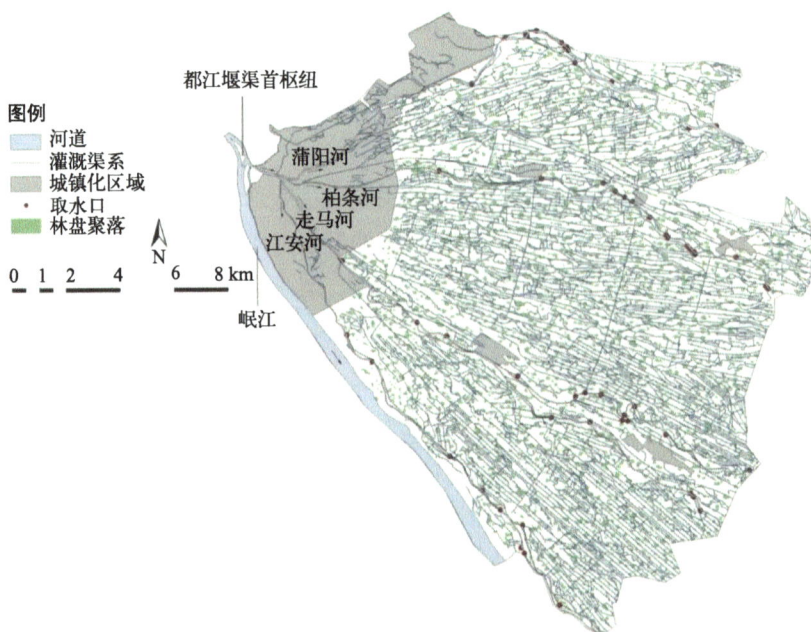

**图2-6**  都江堰灌区的水系与林盘聚落

资料来源：石鼎. 必要性与可能性：关于都江堰及其灌区乡村遗产整体保护的评述[J]. 自然与文化遗产研究，2020，5（4）：101-106.

---

[1]  杨蝉应. 川西林盘植物群落类型划分及其群落优化改造研究[D]. 成都：四川农业大学，2009.

[2]  胡开全. 房屋与市场——川西林盘的日常生活[J]. 遗产，2022（1）：197-217.

水系对林盘的功能可总结为提供生产用水、生态保障、水能、景观依托等诸多方面。一是生产用水，为了方便日常生活，林盘大多选址在水系周边，河渠水及堰塘水为林盘内农作物灌溉、水产养殖、农副产品加工等生产活动提供了基本条件；二是生态保障，水系具有调节微环境气候的作用，还能促进林盘内外物质交换和能量流动，对维持林盘内生物多样性有重要的作用；三是水能，有条件的林盘往往会顺应地势修建碾坊，利用水能加工农副产品；四是景观依托，林盘内水系和道路系统相辅相成，往往呈现水随路绕、路随水转的走势，共同构筑出丰富多样的滨水空间（图2-7）。

图2-7 川西林盘中不同尺度的水系要素

（4）道路

为满足林盘内部通行和聚落外部的交往需求，林盘内外设置有丰富的道路网络，实现了林盘和林盘之间、林盘和场镇之间、林盘和耕地之间的连通。林盘的道路网络结构有以下两种常见的形式：一种是尽端式，由一个主入口进入，道路逐级分支到各个小型林盘中；一种是贯通式或环绕式，一般设有两个道路出入口，再由主要道路分支出支路和小型环路，进而通向林盘内的各个宅院，这种往往出现在大型林盘中（图2-8）。

图2-8 川西林盘中的道路要素

多数林盘聚落的主要道路为2～3m宽的乡村小路，主要承担与外部相连的功能，少数林盘通过田埂道、土石路与乡村小路连接[1]，主要交通工具有电瓶车、农用车和小汽

---

[1] 陈雨露，周波，龚洪，等. 与环境共生共融——从空间特质看川西林盘的生态意义[J]. 四川建筑科学研究，2011，37（2）：235-237.

车。此外，林盘内部还有联系各家宅院和各种功能地块的错综复杂的小路，是随住户生
产和交往活动而自然形成的，道路路幅较窄，以1～2m宽的步道为主，以人行和三轮
车通行为主，等级不明确，对外相对封闭。与川西平原天然的水道交通网相比，陆路交
通出现较晚，道路修建往往和灌渠并行，其中与斗渠、毛渠、支渠结合最为紧密，渠水
伴随小径，形成水环路绕的格局。路边多种植树木、花草、蔬菜或搭设瓜果棚架，在一
些道路分岔处、大树旁往往会形成扩大的场地，成为居民的公共交往空间。

（5）宅院

宅院是川西林盘的核心组成要素，它既决定着林盘的形态样式，也决定了林盘的大
小规模。林盘中宅院的布局灵活自由、形态各异，不同的建筑样式和细节凝结了川西平
原地区的地域文化特色。就类型而言，林盘中的建筑主要有一字形、曲尺形、三合院、
四合院等不同的基本形式，其中一列三间横向组合的一字形房屋，是川西林盘建筑中最
基础的布局形式。这种紧密结合川西平原地区的自然气候特点和生产生活需求，围绕院
坝空间组织各类型建筑布局的做法，充分反映了蜀地先民的聚落营造智慧（图2-9）。

**图2-9**　川西林盘中的宅院要素

林盘中的院坝则是农村宅院中生产生活的必要场地，其平面布局形式主要呈开敞式
和围合式两大类型。开敞式多用相邻建筑的院墙、林木田地、道路水系等为场地边界，
而围合式则采用院墙、篱笆作为边界来进行围合，或者四面均用建筑围成内院或天井。
院坝一方面满足了晾晒谷物、手工生产等物质生产需求，另一方面也是农家举办宴席的
主要场所。

（6）业态

川西平原早在古蜀国时期就形成了较为发达的农耕生产模式，在秦汉时期成为全蜀
的农业经济中心。林盘聚落的传统产业以稻作农耕为主，精耕细作的农业生产方式创造
了农作物长期稳定的优质和高产，这种优势一直保持到明清时期。稻作农耕的大田经济
和副业生产的庭院经济相互补充，是林盘聚落长期稳定的产业基础，同时两者也形成了
良性循环。大田的粮食作物和过剩的食品及残渣都可用来喂猪牛、养鸡鸭等，而畜禽粪
便又可用来肥田，促进大田生产，两者有机结合的循环经济生产模式，有效维护了生态
环境，是林盘得以持续发展的经济基础。改革开放后，随着社会经济的发展、科学技术

的进步，林盘聚落的产业有了较大的变化，除了传统的稻作农耕、庭院副业生产之外，出现了庭院种植（养殖），即利用庭院种植园林花卉苗木、名贵中药材等。

近年来，随着时代的变迁、社会的进步和生活水平的提高以及城乡一体化进程的开展，这种传统的生产生活方式在逐步变化，村民不再满足于传统林盘内小农经济的生活，对环境和居住条件的要求越来越高。同时，成都市全面推进城乡统筹战略，乡村产业发生了极大变化，农业产业化不断推进，乡村旅游快速发展，第一产业和第三产业互动明显，形成了稻作农耕、生态养殖、竹木艺、花卉苗木种植、盆景制作、农家乐、乡村旅游等多个产业类型，体现了新时代的发展方向（图2-10）。

专业化生产

特色民宿

乡土文创

节庆会演

**图2-10** 新时代下川西林盘丰富的业态类型

## 2.3 川西林盘的主要类型

由于川西林盘聚落的形成往往涉及错综复杂的多项因素，其分类尚无统一的标准和定式，过往的研究和规划实践多从某一层面的功能或是特定的研究角度对川西林盘进行划分，在研究层面和实践层面，川西林盘具有代表性的分类主要有以下几种。

在研究层面，方志戎在其著作《川西林盘聚落文化研究》中依据不同的聚落特征将川西林盘划分为了多种类型[1]。例如：依据不同的居住组合方式，可划分为独居林盘和

---

[1] 方志戎. 川西林盘聚落文化研究[M]. 南京：东南大学出版社，2013.

聚居林盘；依据规模大小的差异，可划分为小型林盘（1～10户）、中型林盘（11～40户）、大型林盘（40户以上）；依据不同的平面形态，可划分为团型林盘和带型林盘；依据所处的地形地貌，可划分为平坝林盘和山丘林盘；依据绿化骨干树种的不同，可划分为竹林盘和树林盘。陈其兵在其著作《川西林盘景观资源保护与发展模式研究》中做了如下分类：按林盘生成方式的差异，分类为自然生态型林盘和次生型林盘；按林盘生成的主导因素不同，分类为分别由地形、水系、道路、城镇、宗祠主导所生成的林盘；按林盘不同的产业类型，分类为农耕型林盘、生态型林盘、乡村旅游型林盘和特殊产业型林盘[1]。

在实践层面，林盘的分类方式则更为侧重林盘的产业类型与未来的发展方向，如划分为农耕型林盘、乡村旅游型林盘、特色产业型林盘等。以成都市建委2007年组织编制的《成都市川西农居风貌（林盘）保护性建设规划》为例，综合不同林盘在产业类型、主导职能和发展方向上的差异，将川西林盘划分为农耕型林盘、生态型林盘、旅游休闲型林盘、特殊产业型林盘和新型聚居点林盘[2]。

综合既有研究基础和本书的研究主题，为更好地衔接过往川西林盘保护与利用工作的成果，探讨公园城市建设背景下不同川西林盘的保护发展策略和资源转化路径，本书拟根据川西林盘不同的资源禀赋、主导职能、发展模式，将川西林盘分类为农耕型林盘、生态型林盘、乡村旅游型林盘、特色产业型林盘和综合聚居型林盘。这一分类方式较好地反映了新时代背景下川西林盘的现状特征和发展诉求。本书后续章节将采用这一分类方式并筛选代表性案例，总结公园城市建设背景下川西林盘极具示范效应的保护修复策略和场景提升经验。

（1）农耕型林盘

传统的农耕型林盘是川西平原上分布最为广泛、存在时间最长的聚落类型。该类型林盘以农耕为最主要的生产方式，不管是聚落内的建筑、公共空间或是植物群落都呈现着较为朴素的乡土化特征。除了文化习俗的地区差异外，传统农耕型林盘的空间组成要素往往相对固定统一，其聚落空间主要服务于林盘内居民日常的生活需求和生产需求（如供农民晾晒谷物、堆放工具的院坝空间以及供圈养畜禽的畜禽空间）。以崇州市榿泉镇灵通村陈湾林盘为例，作为一个有着近300年历史的传统农耕型林盘，其巷道肌理和院坝空间得到了较好的保留，与外围农田维持着传统的生产和互动关系（图2-11）。

相比于传统的农耕型林盘，现代化的农耕型林盘的空间组织和发展模式发生了显著变化，其多以广袤的农田资源为基础，或是发展高度专业化的农业生产，或是提供丰富的农业观光和农事体验活动，形成了专业化生产型和农业观光型两个可行的发展方向[3]。以温江区和林村林盘为例，围绕稻田规模化生产以及稻田景观营建，植入以耕作园和农家旅舍为代表的丰富的业态项目，以多种创新举措焕发了林盘资源的生命力，是农耕型

[1] 陈其兵. 川西林盘景观资源保护与发展模式研究[M]. 北京：中国林业出版社，2011.
[2] 成都市城乡建设委员会. 成都市川西农居风貌（林盘）保护性建设规划[Z]. 2007.
[3] 王林梅. 川西林盘产业开发的分析[J]. 新农村（黑龙江），2011（9）：43，71.

林盘现代转型的典型案例（图2-12）。

**图例**
① 陈湾林盘
② 邵通庵
③ 外围农田
④ 菌业企业
⑤ 农作物企业

林田
水路
宅院
林盘边界

陈湾林盘与农田
陈湾林盘鸟瞰
陈湾林盘历史建筑

**图2-11**　农耕型林盘典型案例：崇州市陈湾林盘

**图例**
① 和林茶社
② 和归林耕
③ 钓鱼塘
④ 清香花场
⑤ 石斛苑

林田
水路
宅院
林盘边界

和林村聚落鸟瞰
和林村田野风光
和林村聚落环境

**图2-12**　农耕型林盘典型案例：温江区和林村林盘

## （2）生态型林盘

随着城镇化进程的加快和城乡统筹的不断深入，不少林盘的居民不再满足于自给自足的小农生活，而是搬迁到城里或迁并到周边的新型社区居住，导致大量"空心村林盘"的产生。这类林盘未来不再以居住和农耕生产为主要功能，将逐步转化为地区生态功能维护的屏障。

具体而言，生态型林盘往往以中小型林盘特别是小型林盘为主，其未来发展应在保护和培育植被的基础上，逐步引导林地斑块的优化，从而营造具有改善环境、保护水土、维护生物多样性功能的生态基地。在此基础上，生态型林盘亦可在低影响开发的原则下适当改建，增加少量的基础设施和商业业态，以满足人们在亲近自然、生态休闲方面的需求。此外，依据林盘所依托的不同生态资源类型，生态型林盘可进一步细分为森林资源型林盘和湿地资源型林盘[1]；依据不同的生态功能则可划分为生态防护型林盘和防污治污型林盘。崇州市小罗村林盘、都江堰市朱家湾林盘、邛崃市竹上花楸林盘、都江堰市黄家大院林盘是生态型林盘的典型案例。以都江堰市黄家大院林盘为代表，作为一个极具川西特点的自然散居院落，其林盘内部竹林环绕、树木繁茂、沟渠纵横，对当地生态功能的维护发挥着不可替代的作用（图2-13）。

竹林与林盘中院落

林中公共空间

林中游径

图例
❶ 黄家大院林盘
❷ 西林书院
❸ 三棵树民宿
❹ 黑龙庙
❺ 都江堰市龙兴花卉苗木种植场

林田水路宅院
林盘边界

图 2-13　生态型林盘典型案例：都江堰市黄家大院林盘

**（3）乡村旅游型林盘**

环成都市中心城区的周边地区是乡村旅游发展的热土，依托于相对优越的区位条件，成都市近郊大量的林盘聚落迅速向旅游业态拓展，通过植入乡村民宿、农事体验、乡土文创、特色餐饮等服务，乡村旅游林盘应运而生，并诞生了诸如崇州市徐家渡林盘、都江堰市川西音乐林盘、蒲江县余家碥林盘和插旗山林盘等典型案例。

---

[1]　周娟. 景观生态学视野下的川西林盘保护与发展研究[D]. 成都：西南交通大学，2012.

乡村旅游型林盘往往依托自然环境优美、人文资源较为丰富的传统林盘进行开发，如引进艺术创客团队，通过植入文创产业、开设艺术工作室和私房菜餐厅等形式焕发传统建筑生命力的蒲江县余家碥林盘（图2-14）；结合传统建筑、山林基底和橘园特色，实现农旅文旅融合的蒲江县插旗山林盘（图2-15）。在建设模式上，该类型林盘通常体

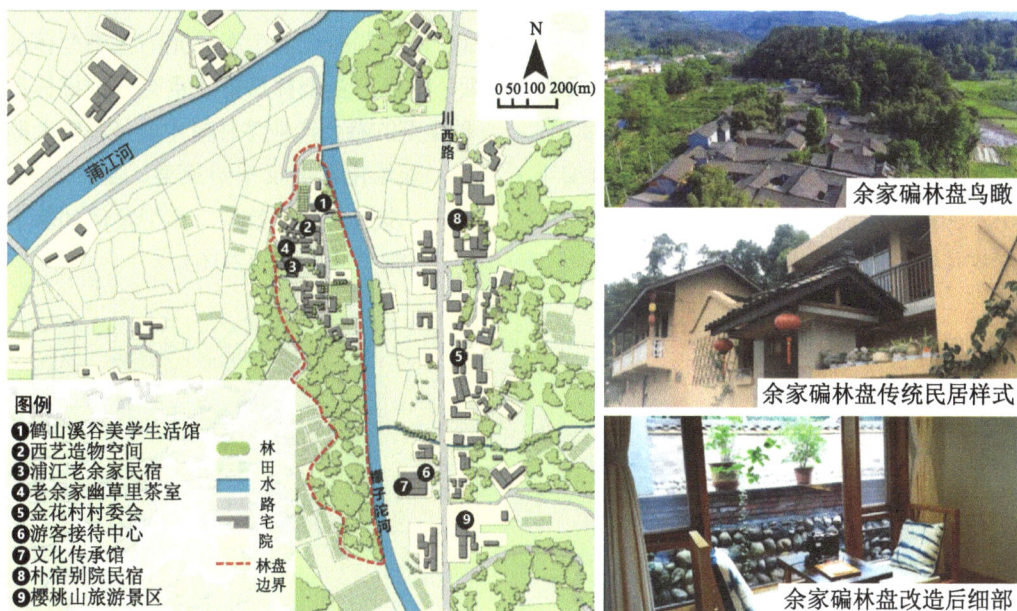

余家碥林盘鸟瞰

余家碥林盘传统民居样式

余家碥林盘改造后细部

**图例**
① 鹤山溪谷美学生活馆
② 西艺造物空间
③ 蒲江老余家民宿
④ 老余家幽草里茶室
⑤ 金花村村委会
⑥ 游客接待中心
⑦ 文化传承馆
⑧ 朴宿别院民宿
⑨ 樱桃山旅游景区

林田水路宅院
林盘边界

**图2-14** 乡村旅游型林盘典型案例：蒲江县余家碥林盘

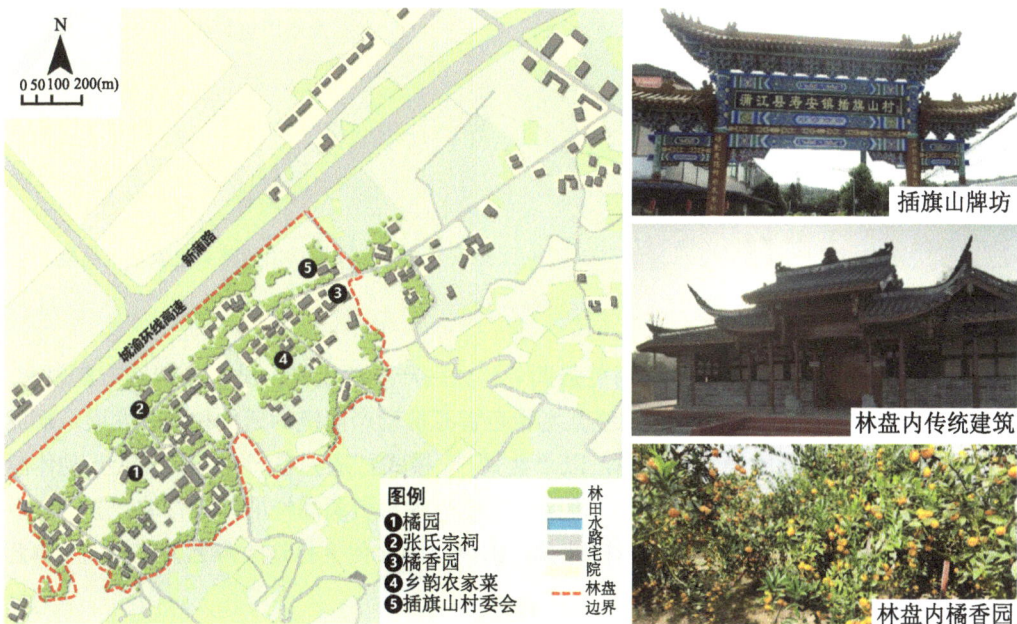

插旗山牌坊

林盘内传统建筑

林盘内橘香园

**图例**
① 橘园
② 张氏宗祠
③ 橘香园
④ 乡韵农家菜
⑤ 插旗山村委会

林田水路宅院
林盘边界

**图2-15** 乡村旅游型林盘典型案例：蒲江县插旗山林盘

现出外部建设主体和村民间的融合，其发展方向主要在于结合旅游业态的延展需求，通过针对性的"整田、护林、理水、改院"措施，凸显林盘的乡土氛围，营造出兼具舒适环境、优美景观和游赏趣味的乡村人居环境，为城市居民提供亲近自然环境、体验传统技艺、感受乡土文化熏陶的高品质乡村旅游场所。

（4）特色产业型林盘

相对于延续传统农耕生产方式的农耕型林盘、凸显川西优美生态风光的生态型林盘和以乡土休闲体验为主要特色的乡村旅游型林盘，特色产业型林盘更注重充分挖掘林盘周边的特色资源，打造复合型的产业模式[1]。一种类型的特色产业型林盘主要是围绕大棚蔬菜、花卉苗木、家畜养殖、藤编竹编手工艺等，规模化发展反季节蔬菜、盆景栽培、花木种植等特色产业，在传统稻作农耕的基础上进一步追求经济效益。典型案例如基于鱼菜共生种养模式发展循环经济的新津区岷江社区菜棚子林盘（图2-16）。

菜棚子林盘聚落环境
渔耕田鱼菜共生农场内环境之一
渔耕田鱼菜共生农场内环境之二

图例
❶菜棚子林盘
❷渔耕田鱼菜共生农场
N
0 50 100 200(m)

林田
水路
宅院
--- 林盘边界

**图2-16**　特色产业型林盘典型案例：新津区菜棚子林盘

另一类型的特色产业型林盘则更强调对林盘内产业的挖潜，结合公园城市新理念，通过功能置换和引入创新平台，围绕某类特色资源推动产业链的延伸和融合发展，形成鲜明的产业特色。如围绕盆景资源，以"盆景+"模式打造完整产业链和多元互动体验基地的崇州市观胜镇严家弯湾林盘；围绕"道明竹编"资源高标准打造竹编产业链和乡村休闲新场景的崇州市道明镇竹艺村林盘；围绕"陶文化"打造"陶艺文化体验+陶艺

[1]　孙大远. 川西林盘景观资源保护与发展模式研究[D]. 成都：四川农业大学，2011.

产品展销"全产业链的蒲江县明月村林盘；围绕花木产业优势，以特色花木编艺延展园林、绘画、雕塑艺术的温江区天星村林盘（图2-17）。

严家弯湾林盘

竹艺村林盘

明月村林盘

天星村林盘

**图 2-17**　特色产业型林盘典型案例：崇州市严家弯湾林盘、崇州市竹艺村林盘、蒲江县明月村林盘、温江区天星村林盘

（5）综合聚居型林盘

综合聚居型林盘是成都市推进城乡一体化和乡村振兴战略过程中出现的一种新兴林盘类型，在规模上以中大型的集中聚居点为主。区别于传统的林盘聚落，其营建主要遵循相关政策指引，将原来较为破败和分散的聚落进行整合并统一规划，将搬迁后的村民集中安置，承担地区基层管理、基层医疗、基层教育等多种职能。综合聚居型林盘有其历史雏形，在清代"湖广填四川"大规模移民的背景下，大量来自两湖两广的客家人迁徙至四川定居，为川西林盘的营建注入了新鲜力量。以位于青白江区姚渡镇的曾家寨子林盘为例，来自广东惠州府的曾氏祖先携家族迁徙至姚渡镇定居并营建聚落，相比于传统川西林盘，其聚落规模更类似于客家围屋，已凸显出典型的聚居特征[1]（图2-18）。

相较于在历史长河中经人与自然长期互动所沉淀形成的传统林盘聚落，综合聚居型林盘往往由专业机构主导规划建设，其空间格局呈现两方面的典型特征：一方面，综合聚居型林盘的营建主要参照现代城市社区模式，通过改善房屋品质，健全基础设施和公共服务配套，其居住品质获得了显著提升；另一方面，综合聚居型林盘采取的外部干预的建设模式普遍会导致空间的原生性和自然生长性的缺失，其空间格局往往呈现出鲜明

[1]　李卿，曾诚. 川西平原客家寨子建筑保护与更新研究——以成都市光明村曾家寨子为例[J]. 绿色环保建材，2017（1）：201-202.

的秩序性和规则性；典型案例如郫都区唐昌镇战旗村林盘、郫都区三道堰镇青杠树村林盘（图2-19）。

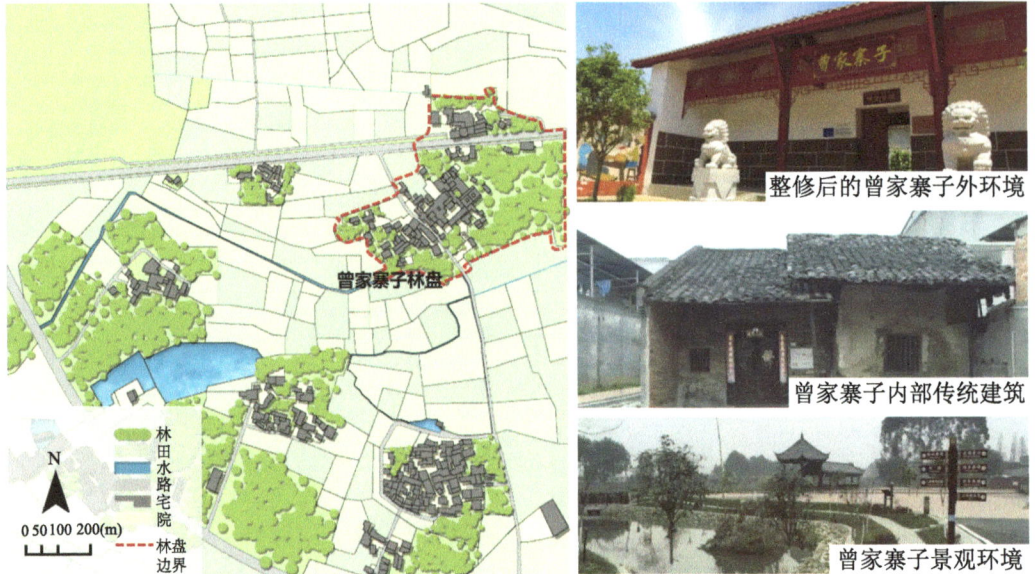

图 2-18　综合聚居型林盘典型案例：青白江区曾家寨子林盘

图 2-19　综合聚居型林盘典型案例：郫都区战旗村林盘、郫都区青杠树村林盘

## 2.4　公园城市建设背景下川西林盘的价值诠释

　　由于兼具自然和人文双重属性，川西林盘既是成都市生态系统的重要组成部分，也被誉为川西地域文化最为鲜活的载体，其在自然生态、历史人文、社会经济等诸多方面的重要价值已得到社会的普遍重视。关于川西林盘的价值认知，国内学者已达成了基本

共识：作为成都市生态系统的重要组成部分，川西林盘具有极高的生态价值；作为农业耕作和百姓生活直接或间接的生产资料，川西林盘具有突出的社会经济价值；作为川西农耕文明和聚落营建技艺的鲜活载体，川西林盘具有丰富的文化价值[1]。

立足建设践行新发展理念的公园城市示范区和全面推行乡村振兴战略的新时代背景，为推动新理念下川西林盘的保护修复、场景提升和可持续发展，应跳出其过往的价值讨论范畴，与新时代、新理念、新需求相结合，对川西林盘的生态价值、社会经济价值和文化价值进行全新的诠释。

（1）公园城市建设背景下川西林盘的生态价值诠释：川西林盘具有突出的生态调节能力，将极大助力公园城市建设

在国家实现"双碳"目标的时代背景下，成都市作为公园城市首提地和国家批准的低碳试点城市之一，正积极推进新发展理念的公园城市示范区建设，探寻有示范效应的"双碳解决方案"。其中，川西林盘作为川西平原地区原生的自然生态系统，其具备的生态碳汇功能不仅仅只是植被的碳吸收，各要素相互关联的林盘整体对碳循环亦能起到良好的平衡和维持作用。重视川西林盘的生态价值，将川西林盘建设成为公园城市提升生态系统碳汇的增量，对于助力实现"双碳"目标和具有不可替代的重要意义。具体而言，川西林盘的生态调节能力和生态价值表现在以下三个方面。一是改善小环境、调节小气候。林盘植物不仅具有净化空气、减弱噪声的作用，还具有防风、遮阴、降温调节小气候等重要功能，为林盘居民提供了良好的生活环境。二是固碳制氧，维护碳平衡。林木、农田、湿地、渠塘都是二氧化碳的主要消耗者，对缓解成都市温室效应发挥着重要作用。三是保护生物多样性。林盘农田连片、水渠环绕、树木茂密，共同组成良好的小生境，为生物提供了适宜的生活场所，保护了生物的多样性。

因此，为助力公园城市建设，应着重彰显川西林盘的生态价值。将川西林盘的保护修复、场景提升、经济发展转型与成都市实现碳中和的目标相结合，充分尊重和研究传统川西林盘的生态肌理和建筑布局，汲取传统生态人居的智慧，发挥川西林盘生态资源的最大效益，走可持续发展之路。

（2）公园城市建设背景下川西林盘的社会经济价值诠释之一：川西林盘已成为承载城市功能延展、转化生态资源价值、重塑城乡经济结构的重要引擎

成都市是我国城镇化水平较高的城市之一，在过往数十年的城镇化发展过程中，伴随着城市空间的不断延展、城市功能的高度叠合以及城市人口的持续集聚，已呈现出绿色空间和公共服务供给愈发捉襟见肘的困境，中心城区的环境和空间愈发趋于拥挤，急需进一步打破圈层，疏散和转移城市功能。从城乡关系来看，成都市的城乡二元结构已被逐步打破，中心城区周边星罗棋布的林盘聚落已由过往功能单一、脱离城市的边缘地带，逐步转变为承载城市功能延展、延伸城市形态的重要空间，在公园城市理念的指引下，川西林盘的社会经济价值得到了进一步的激活和串联。

---

[1] 陈泓，黄劲松，黎燕琼，等. 川西林盘研究进展[J]. 四川林业科技，2016，37（3）：49-53.

当前，成都市正积极推行"特色镇+林盘+农业园区""特色镇+林盘+景区""特色镇+林盘+产业园"的发展模式，通过提升基础设施、植入现代产业功能、营造高品质消费场景等行动进一步焕发川西林盘的经济价值。川西林盘不仅以其优越的生态环境和充足的存量空间，为疏解城市功能、打破圈层结构提供了突破口，也为生态本底厚实、农业禀赋优越的川西平原提供了生态价值转化的重要引擎，更为重塑成都市城乡经济结构、促进生产生活生态空间的有机融合、推动创新生态产业链的形成提供了更大的可能。

（3）公园城市建设背景下川西林盘的社会经济价值诠释之二：以大美生态拥抱优势产业，川西林盘已成为绿色生态产业的新发展平台

伴随着我国经济社会的持续发展和人民生活水平的提高，人民美好生活的需求已发生了从"盼温饱"到"盼环保"的历史性转变，在这一背景下，川西林盘生态资源的经济价值愈发凸显，其大美生态的资源优势已成为吸引绿色生态产业入驻的发展优势。在公园城市理念的指引下，成都市通过设立川西林盘保护修复专项资金、引导社会资金参与川西林盘的建设和运维，采取政府、社会资金、村集体、村民等各方自行开发运营、联营、入股等方式，进一步释放川西林盘的土地活力和资源潜力。当前，川西林盘以其优越的生态条件和优美的自然环境吸引了包括"数字经济、高端制造、金融商贸、文化创意、运动康养、现代农业"等大量绿色生态产业入驻，以优越的环境质量、浓郁的文化氛围和质朴的乡土景观特色，为新型产业的发展提供了最适宜的空间和最充足的给养。

借助推行公园城市理念和川西林盘保护修复实践的政策机遇，川西林盘在带动村民收入提高方面的经济价值也得到了进一步提升。典型案例如，通过集体建设用地使用权量化入股的方式，成立集体资产管理公司，在改造林盘的过程中，通过特定的营建手段，在不影响村民生活的同时，精打细算腾挪出产业发展空间，引入绿色生态产业和文旅运营公司，构建"社会资金+村集体+村民"的联动发展模式：一方面，入驻商家获得经营收益，通过运营方获得经营分成；另一方面，村集体和村民的收益也由单纯的土地房屋租金变为"保底金+营业额股本分红"，三者共治、共营、共享，收入水平显著提高，进一步体现了川西林盘巨大的社会经济价值。

（4）公园城市建设背景下川西林盘的文化价值诠释：川西林盘的价值追求和公园城市理念一脉相承，对公园城市建设具有重要的传承和借鉴意义

首先，川西林盘在数千年的发展进程中，受到生态环境和川西地域文化的影响，人和自然环境不断有机融合、相辅相成，构建了和谐统一的诗意人居环境，展现出人与自然和谐共生的大美形态。当下，公园城市理念所追求的生态观、文化观、发展观正与川西林盘千百年来所追求的价值理念一脉相承。川西林盘所蕴含的价值追求深刻影响着成都人民的审美内核与精神品格的塑造。

其次，川西林盘的生成还凝聚了极高的生态智慧和聚落营建智慧。其宅院的建造、植被的营建、水系的梳理和农田的耕作之间处于和谐的共生和动态的平衡，达到了"推窗见绿，开门见绿，转角见园"的理想人居形态。川西林盘千百年来所凝聚的聚落营建智慧在当代的公园城市建设过程中仍将发挥重要作用，并得以传承和进一步拓展。

# 第3章
# 川西林盘聚落时空演化与驱动机制

川西林盘作为川西平原农业生产、村民生活、生态维护的"三生"融合的空间载体，形成于传统农耕社会，是人们适应川西平原自然环境、经济地理条件及历史发展演替的集中体现[1]。然而，伴随着快速城市化、工业化和道路建设现代化的发展进程，在各种内外因素的共同作用下，川西平原乡村地域生产要素结构发生急剧转变，并由此引发乡村聚落空间格局、形态及规模等诸多方面的变化[2]。基于此，本章以较为宏观的视角，依托对川西林盘聚落演化较长时间的跟踪，研究成都市域川西林盘聚落近40年的演变过程，尝试挖掘成都市林盘聚落重构的特征和内在机理，探讨自然地理环境、社会发展、经济演化、政策实施等对成都市林盘的影响，为后续成都市林盘的可持续保护利用提供借鉴和参考。

## 3.1 数据来源与研究方法

### （1）数据来源

本章研究数据主要包含以下四种类型。第一是成都市1980年、1990年、2000年、2010年、2020年5个年份基于Landsat TM卫星遥感影像解译的成都市土地利用现状数据，通过提取土地利用现状识别数据库二级分类中的乡村建设用地（代码52），并利用遥感影像目视解译及面积筛选两种方式获得本章的研究对象——林盘聚落用地数据。数据来源于中国科学院计算机网络信息中心，空间分辨率30m，林盘识别规模为0.09hm²及以上[3]。将2020年成都市林盘聚落用地数据库与成都市城镇规划院提供的现状林盘CAD数

[1] 李和平，贺彦卿，付鹏，等．农业型乡村聚落空间重构动力机制与空间响应模式研究[J]．城市规划学刊，2021（1）：36-43．

[2] 杨忍．基于自然主控因子和道路可达性的广东省乡村聚落空间分布特征及影响因素[J]．地理学报，2017，72（10）：1859-1871．

[3] 受影像精度所限，本章能识别的林盘聚落占地规模为0.09hm²（约1.35亩）及以上，主要用以描述川西林盘40年的时空演化历程及趋势。因此，本章所述40年来川西林盘的数量及核密度，与其他通过林盘的微观数据进行刻画的文献所述内容存在一定的差异，但并不妨碍对川西林盘时空演化特征与驱动机制的揭示。特此说明。

据（2020年数据）进行验证对比，识别精度可达88.59%。第二是成都市1971年卫星遥感影像数据，数据来源于美国地质勘探局数据平台，空间分辨率3～6m。第三是成都市DEM数据及相应年份的河流、道路网数据，数据分别来源于地理空间数据云平台和中国科学院资源环境科学数据中心。第四是成都市人口、社会经济等方面的属性数据，数据来源于相应年份的人口普查、统计年鉴等数据资料。

（2）研究方法

本章主要运用ArcGIS平台中的核密度估算（kernel density estimation）、空间自相关分析（spatial autocorrelation）以及Fragstats平台中的景观格局指数分析三种工具进行分析研究。

核密度估算工具用于分析林盘聚落的空间分布特征，并在此基础上，利用不同年份林盘聚落核密度栅格数据进行地图代数运算，得到林盘密度变化率栅格图，揭示林盘的空间分布动态变化特征。本章通过将林盘斑块面转点进行核密度估算，具体计算公式为

$$f(x,y) = \frac{1}{nh}\sum_{i=1}^{n}k\left(\frac{d_i}{h}\right) \tag{3-1}$$

式中，$f(x,y)$为位于$(x,y)$位置的核密度估算（个/km$^2$）；$n$为观测数值；$h$为带宽或平滑参数，本书$h$设置为1km；$k$为核函数；$d_i$为$(x,y)$位置距第$i$个观测位置的距离。

空间自相关分析（莫兰指数统计）工具用于追踪林盘聚落用地斑块历年的空间增减变化，并判断空间增减属性与空间位置的关联特征。这种空间自相关的统计量$I$，其具体计算公式为

$$I = \frac{n}{s_o} \times \frac{\sum_{i=1}^{n}\sum_{j=1}^{n}w_{ij}(y_i - \overline{y})(y_j - \overline{y})}{\sum_{i=1}^{n}(y_i - \overline{y})^2} \tag{3-2}$$

式中，$I$为莫兰指数；$s_o$为所有空间权重的聚合，$s_o = \sum_{i=1}^{n}\sum_{j=1}^{n}w_{ij}$；$n$为空间单元总个数；$y_i$和$y_j$分别表示第$i$个空间单元和第$j$个空间单元的属性值；$\overline{y}$为所有空间单元属性值的均值；$w_{ij}$为空间权重值。莫兰指数$I$的值介于$-1.0$到$1.0$之间；当$I > 0$，表示空间正相关性，其值越大，空间相关性越明显；当$I < 0$，表示空间负相关性，其值越小，空间差异越大；当$I = 0$，空间呈随机性。

景观格局指数分析工具用于分析川西林盘用地斑块的空间特征变化，聚焦于林盘聚落的规模、形状与空间配置三个方面，选取相关的三类景观指数，其计算公式参见Fragstats4.2的帮助文件，指数计算在Fragstats4.2软件中完成。具体指标选择及指标意义见表3-1。

表 3-1　景观格局指数指标及其释义

| 景观格局指数 | 指标名称 | 英文缩写 | 指标意义 | 范围 | 单位 |
|---|---|---|---|---|---|
| 聚集指标 | 聚集度 | CLUMPY | 反映斑块在景观中的聚集和分散状态：当指数结果为-1时斑块为完全分散型状态，结果为0时呈随机分布，结果为1时为聚集状分布 | [-1, 1] | |
| | 聚合度 | AI | 表示景观斑块间聚合的程度：其值越大表示同类斑块的聚集度越高 | [0, 100] | |
| | 散布与并列指标 | IJI | 反映斑块与周边邻近斑块的空间分布关系：值越小，表明斑块相邻的其他类型斑块数越少 | [0, 100] | % |
| 规模指标 | 斑块类型面积 | CA | 指该类型斑块土地覆盖面积总和 | [0, +∞] | hm² |
| | 斑块数量 | NP | 指斑块总数量 | [1, +∞] | 个 |
| | 斑块密度 | PD | 指斑块在区域中的密集程度，反映斑块在区域空间中分布的均匀程度 | [0, +∞] | 个/(100hm²) |
| | 斑块平均面积规模 | AREA_MN | 反映该类型斑块大小的平均水平 | [0, +∞] | hm² |
| 形状指标 | 边缘密度 | ED | 反映斑块形状边界的复杂程度 | [0, +∞] | m/hm² |
| | 景观形状指数 | LSI | 反映斑块形状的规则程度：值越小则斑块形状越规则，值越大则斑块形状越不规则 | [1, +∞] | |
| | 平均斑块分维数 | FRAC_MN | 定量描述斑块核心面积的大小及其边界线的曲折性：其值越靠近1，斑块形状越简单（如正方形的分维数为1）；斑块形状越复杂，其分维数也会随之增大 | [1, 2] | |
| | 面积加权的平均斑块分维数 | FRAC_AM | 表示斑块的空间形状复杂性：其值越靠近1，斑块形状越简单；斑块形状越复杂，其值也会随之增大 | [1, 2] | |

（3）技术路线

本章研究技术路线如图3-1所示。

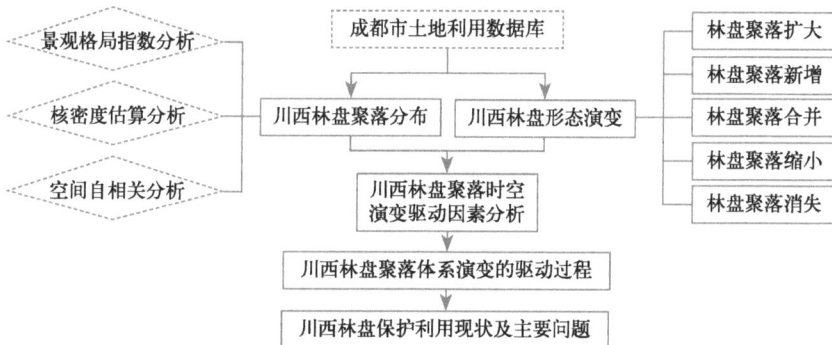

图 3-1　本章研究技术路线

## 3.2　川西林盘聚落的分布演变

首先，利用核密度估算工具分析成都市林盘聚落的空间分布特征变化（图3-2、图3-3）。分析显示，1980年，成都市林盘聚落基本形成了以郫都区北部、崇州市中部及大邑县南部为核心的分布热点，最高密度达30.11个/km²，成都市中心及东、南、北部外缘林盘聚落分布稀疏。

1990年，成都市林盘聚落的最高密度和1980年相比有所上升，达30.41个/km²。成都市林盘分布密度呈现出"中部圈层密度较大，市中心和外围圈层分布疏散"的特点，且围绕成都市中心的第二、三圈层区（市）县[1]（龙泉驿区、郫都区、温江区、大邑县、邛崃市、双流区、青白江区）的林盘密度均有所上升。与1980年相比，1990年的高密度分布空间区位变化不大。

2000年，成都市林盘密度总体下降，最高密度降至29.72个/km²。在温江、武侯、青羊、双流四区交界处和成华区西部、新都区中部、彭州市南部及都江堰市南部等地，林盘聚落密度均有较为明显的减少，但在蒲江县南部和金堂县南部地区林盘聚落密度有所增加。与1990年相比，2000年林盘高密度区有所减少。

2010年，成都市林盘密度继续下降至28.59个/km²。成都市老城区西侧（包括金牛、武侯、青羊区）、温江区、崇州市、新都区、简阳市等地的中心地带林盘密度大幅减少，但在沿龙门山山脚的邛崃市、大邑县、崇州市、都江堰市中部一带，沿龙泉山山脚的简阳市西部、龙泉驿区东部一带以及彭州市东南部，林盘聚落密度仍有增长。与2000年相比，2010年林盘密度整体下降幅度较大。

2020年，成都市林盘密度进一步下降，最高密度已降至26.17个/km²。林盘密度减少的核心片区由成都市老城区的西侧转为成都市老城区的南侧（武侯与双流区交界处），斑块高密度区仅分布在郫都区西北部、崇州市中部和大邑县南部的局部地区，而密度增加的区域主要分布在简阳市西部和东部的大部分区域。与2010年相比，2020年林盘密度进一步下降，特别是老城区的林盘密度下降速度达到最大。

---

[1] 本部分内容是针对1980～2020年的川西林盘聚落空间分布特征变化进行分析，由于研究年限较长，其间成都市行政区划发生了较大改变，如1993年彭县改为彭州市，2001年新都县改为新都区，2016年双流县改为双流区、简阳市纳入成都市代管等，为便于前后统一对比，本部分内容统一采用现行（截至2023年8月）行政区划进行分析。

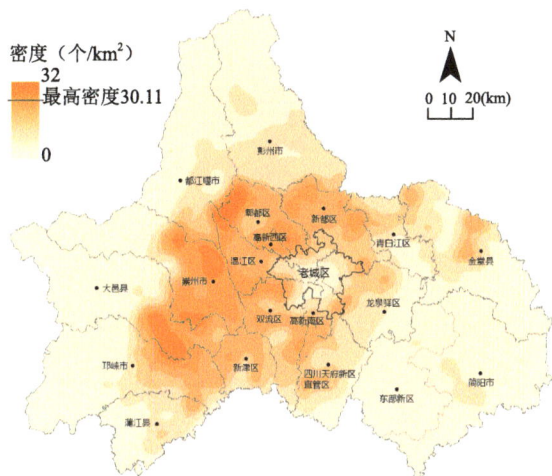

（a）1980 年核密度

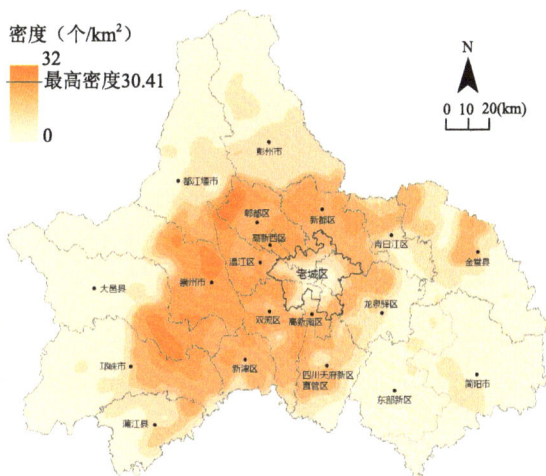

（b）1990 年核密度

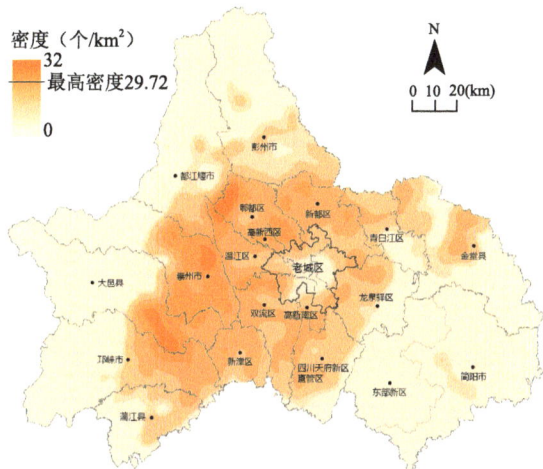

（c）2000 年核密度

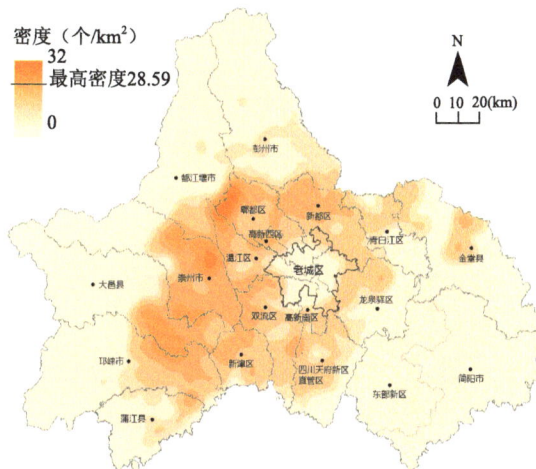

（d）2010 年核密度

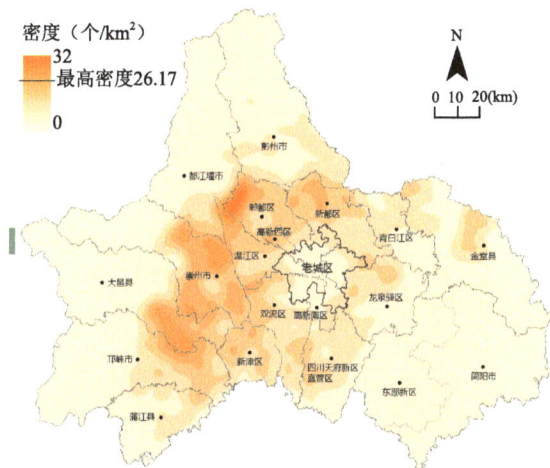

（e）2020 年核密度

图 3-2　1980 ～ 2020 年成都市林盘聚落核密度分布

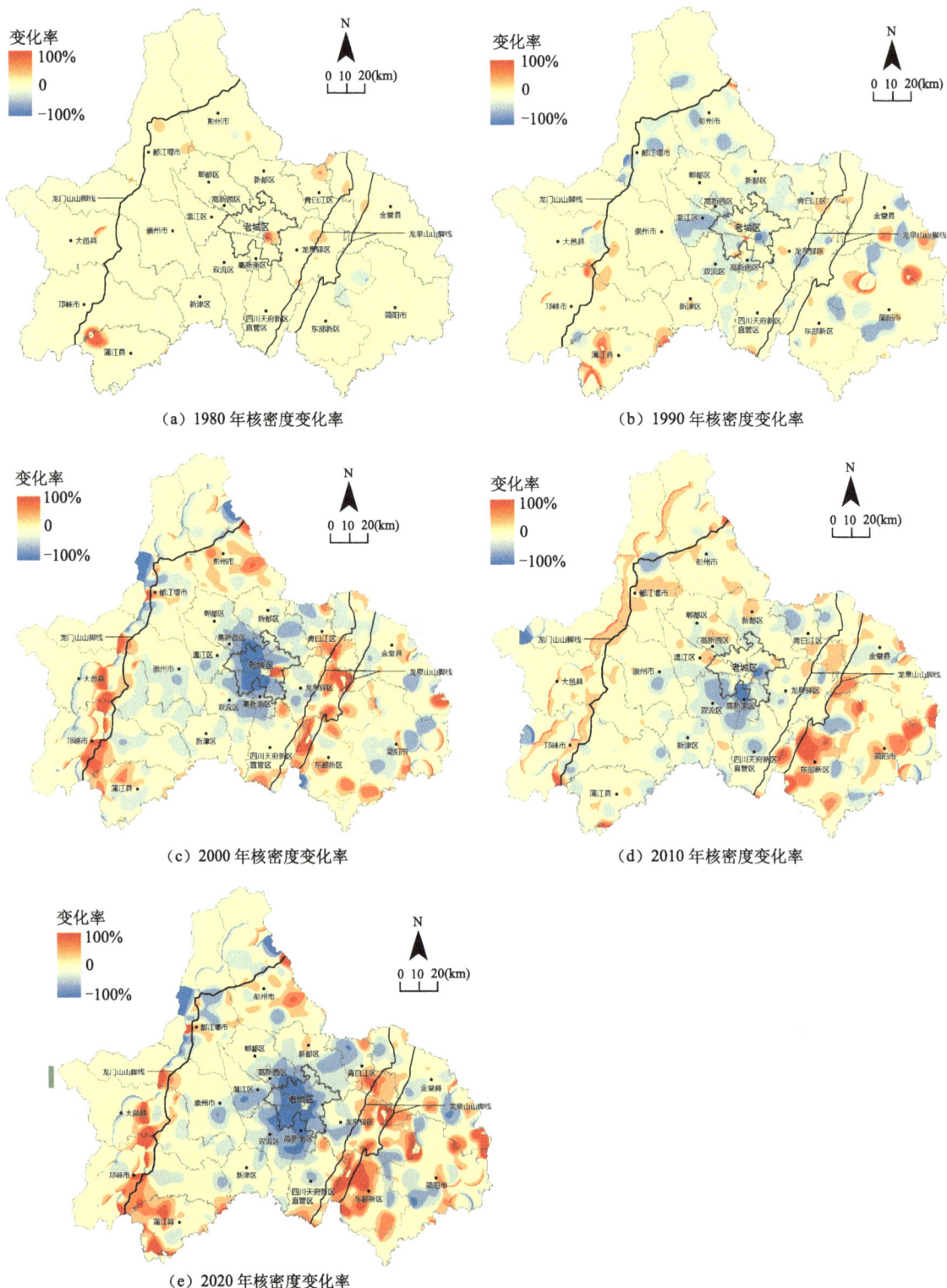

（a）1980 年核密度变化率

（b）1990 年核密度变化率

（c）2000 年核密度变化率

（d）2010 年核密度变化率

（e）2020 年核密度变化率

图 3-3　1980 ～ 2020 年成都市林盘聚落核密度动态变化率

　　总体而言，1980～2020年的40年间，成都市林盘分布密度呈现较为剧烈的动态变化：密度快速减少的区域主要集中于成都市老城区及其周边地区（包括金牛、青羊、武侯、成华、锦江区的大部分地区及龙泉驿、双流、青白江、新都、郫都、温江区的局部地区）；成都市东侧的龙泉山一带、西侧的龙门山一带及简阳市中西部等地是成都市林盘聚落斑块密度增长的主要区域，主要表现为沿线扩张状态。

　　其次，利用空间自相关分析（莫兰指数统计）工具，对成都市林盘聚落在空间上的集聚特征进行分析（表3-2）。研究发现，成都市林盘聚落在各个时刻上的分布均较随机，莫兰指数（$I$值）均趋近于0。但从变化趋势上来看，莫兰指数的数值先在正值范围内上升后下降至负值，表现了林盘聚落先聚集后分散的总体趋势。值得一提的是，除2010年数据的$P$值明显大于0.2，说明其置信度[1]小于80%，难以精确概括林盘在空间上的变化情况外，计算得出的其余年份的集聚度仍可用以说明绝大部分林盘在空间上的变化情况。

表 3-2　1980～2020 年成都市林盘聚落空间集聚度变化

| 年份 | 莫兰指数（$I$值） | $Z$值 | $P$值 |
| --- | --- | --- | --- |
| 1980 | 0.0029 | 0.8947 | 0.1780 |
| 1990 | 0.0023 | 0.7099 | 0.2110 |
| 2000 | 0.0038 | 1.0617 | 0.1140 |
| 2010 | −0.0011 | −0.2944 | 0.4100 |
| 2020 | −0.0031 | −0.7572 | 0.1590 |

　　为说明成都市林盘聚落在空间上的具体聚集模式，可采用局部莫兰指数进行空间分析。通过局部莫兰指数可以分析某地区与其周边地区的莫兰指数的高低水平具有怎样的差异。当该地区莫兰指数高于区域平均值时，则将该地区莫兰指数称为"高值"，反之则为"低值"。将该地区与其周边地区的莫兰指数进行对比，则为"高值"与"低值"两两组合，可能出现高高聚类（HH）、低低聚类（LL）、高低聚类（HL）、低高聚类（LH）四种情况。通过对局部莫兰指数进行分析，可以了解成都市林盘聚落在空间上的聚集分布情况，以及成都市林盘聚落的空间聚集在不同地区间的相关性或差异性。

　　局部莫兰指数分析表明（图3-4），在1980～2000年时间段内，成都市林盘聚落聚集表现主要为分散式高高聚类（HH），各林盘聚落规模变化趋势相近，总体以聚落规模增长为主；而在2001～2020年时间段内，以成都市老城区为核心、圈层式分布的林盘聚落聚集方式表现多样，各林盘聚落规模变化差异较大。

　　1980年，成都市林盘聚落有少量高高聚类（HH）区，分散式布局在全市各个地区，分布较为均衡，呈现不明显聚集状态。除此之外，仅彭州市还有少量低低聚类（LL）区分布。

---

[1]　置信度即置信水平，指总体参数值落在样本统计值某一区间的概率，或者说，总体参数值落在样本统计值某一区间中的把握性程度，反映的是抽样的可靠性程度。一般来说，在其他条件一定的情况下，置信度越高，即推论的把握性越大。

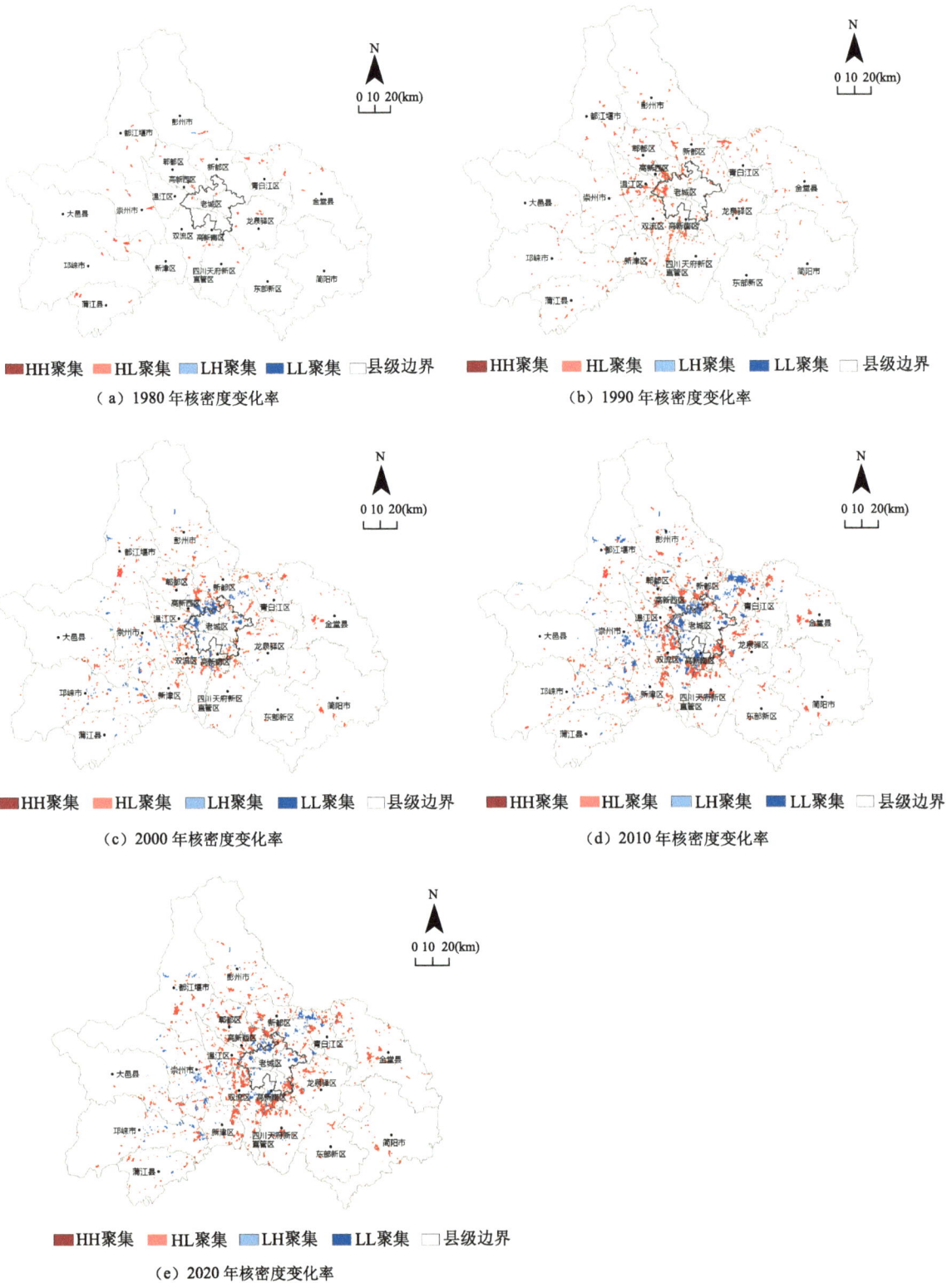

（a）1980 年核密度变化率

（b）1990 年核密度变化率

（c）2000 年核密度变化率

（d）2010 年核密度变化率

（e）2020 年核密度变化率

图 3-4　1980 ～ 2020 年成都市林盘聚落空间变化冷热点分布

1990年，成都市新增大量高高聚类（HH）区，其从成都市老城区西侧向外沿线扩张的趋势尤为明显，特别是温江、郫都、双流、新都区域，高高聚类（HH）区增速明显；其余外围区（市）县仍以散点式高高聚类（HH）区为主，其分布数量较1980年有明显增多。从全域角度来看，与老城区距离最近的区（市）县，其高高聚类（HH）区增长尤为明显；远离老城区的区（市）县，其高高聚类（HH）区增长较少。

2000年，高高聚类（HH）区与低低聚类（LL）区相交出现并散布。在此阶段，首次在成都市市域范围内出现大量低低聚类（LL）区，其在成都市老城区周边地区分布尤其明显，特别是老城区北部地区，如郫都、新都、温江等地区，低低聚类（LL）区分布尤为密集。从全域角度来看，成都市西部区（市）县低低聚类（LL）区聚集分布多于东部区（市）县，并表现出由老城区向外聚集度逐渐降低的状态；高高聚类（HH）区明显表现为在老城区周边地区聚集，在西部地区的聚集较上一阶段有所减缓，而东南方向如龙泉驿区、天府新区等地高高聚类（HH）区开始增加。

2010年，高高聚类（HH）区与低低聚类（LL）区数量达到峰值，在各区（市）县均有分布。成都市老城区周边区域为高高聚类（HH）区和低低聚类（LL）区两种形态的大量聚集区，西部片区表现为高高聚类（HH）区和低低聚类（LL）区均多的状态，而东部区（市）县则以高高聚类（HH）区为主。各区（市）县中高高聚类（HH）区和低低聚类（LL）区均衡分布，混杂聚集，距离较近。其中，青白江区北部地区有大量低低聚类（LL）区新增集聚，崇州、都江堰市的低低聚类（LL）区同样数量偏多，而简阳市、金堂县、天府新区则表现为高高聚类（HH）区较上一阶段数量增多，而低低聚类（LL）区、低高聚类（LH）区表现均不明显。

2020年，成都市老城区周边地区仍然分布有大量高高聚类（HH）区与低低聚类（LL）区，但低低聚类（LL）区分布较上一阶段有所减少，而高高聚类（HH）区的数量则几乎没有变化。高高聚类（HH）区在老城区周边逐渐向南、北两个方向明显集聚，如正南方向的天府新区和正北方向的郫都、新都区等，是现阶段成都市林盘高高聚类（HH）区的最强势增长点。

总体而言，成都市林盘聚落在1980～2020年间大致出现了三种空间聚集类型：第一类集中在成都市老城区及其外围区（市）县，包括金牛、青羊、武侯、成华、锦江的大部分地区及龙泉驿、郫都、温江、大邑、邛崃、双流、青白江的局部区域，这一片区域林盘聚落的空间聚集表现差异最大，林盘大量增加与减少的情况同步出现；第二类集中在成都市外围各区（市）县城镇中心的周边区域，此类林盘聚落多表现出一定程度的空间聚集，如聚集在邛崃中心（临邛街办、文君街办）、大邑中心（子龙街办、青霞街办、晋原街办）、新津中心（五津街办、宝墩镇）、彭州中心（天彭街办、致和街办）等的周边；第三类集中在成都市外围各区（市）县的其他乡镇，由于其总体规模不大，且多年来林盘聚落空间变化程度较小，因此其聚集状态在空间表现上多呈现较为分散和零碎的状态。

## 3.3  川西林盘的形态演变

利用景观格局指数分析工具分析林盘用地斑块的空间特征，成都市林盘聚落空间特征历年变化如表 3-3 所示。

表 3-3    成都市林盘聚落空间特征历年变化

| 指标类型 | 指标名称 | 单位 | 英文缩写 | 1980 年 | 1990 年 | 2000 年 | 2010 年 | 2020 年 |
|---|---|---|---|---|---|---|---|---|
| 聚集指标 | 聚集度 | | CLUMPY | 0.825 | 0.827 | 0.835 | 0.850 | 0.861 |
| | 聚合度 | | AI | 83.439 | 83.627 | 84.456 | 86.037 | 87.079 |
| | 散布与并列指标 | % | IJI | 8.735 | 9.113 | 11.182 | 25.852 | 31.593 |
| | 景观破碎度 | | P | 0.133 | 0.130 | 0.113 | 0.093 | 0.083 |
| 规模指标 | 斑块类型面积 | hm² | CA | 75477.33 | 77724.45 | 86624.55 | 98642.34 | 105017.31 |
| | 斑块数量 | 个 | NP | 10055 | 10076 | 9756 | 9164 | 8713 |
| | 斑块密度 | 个 /(100hm²) | PD | 0.701 | 0.703 | 0.681 | 0.639 | 0.608 |
| | 斑块平均面积规模 | hm² | AREA_MN | 7.506 | 7.714 | 8.879 | 10.764 | 12.053 |
| 形状指标 | 边缘密度 | m/hm² | ED | 11.677 | 11.887 | 12.578 | 12.863 | 12.688 |
| | 景观形状指数 | | LSI | 152.459 | 152.961 | 153.276 | 147.030 | 140.409 |
| | 平均斑块分维数 | | FRAC_MN | 1.073 | 1.074 | 1.076 | 1.077 | 1.077 |
| | 面积加权的平均斑块分维数 | | FRAC_AM | 1.106 | 1.108 | 1.115 | 1.122 | 1.126 |

（1）聚集指标

从聚集指标来看，聚集度表现了林盘聚落在空间上的分布越来越集聚，从1980年的0.825逐步持续增长至2020年的0.861；聚合度也表明了林盘与林盘之间的距离越来越近，且2000年之后增速明显；散布与并列指标表明了随着时间的变化，林盘聚落周边的其他用地类型越来越多，原本以传统方式自然生长的林盘，其周边往往仅以农田围绕，但2000年之后，随着城镇化及道路网络的迅速发展，林盘逐渐开始与道路用地、产业用地甚至城镇用地等相连，且这种现象的增长十分显著，林盘周边丰富的其他类型用地在2010年以100%的速度迅速增加。

（2）规模指标

从规模指标来看，成都市林盘聚落总面积逐年增加，到2020年成都全域林盘总面积已达10万hm²以上，总体涨幅近四成。在不同的时间段，林盘总面积增长速度不同：1980 ～ 1990年阶段，林盘总面积增速缓慢；1991 ～ 2000年阶段，林盘总面积增速加快达11%以上；2001 ～ 2010年阶段，林盘总面积增速达14%，为40年中的最快增速；2011 ～ 2020年阶段，林盘总面积增长速率放缓。林盘数量在1990年增至最多后，逐年下降，致使林盘密度在1990年到达最高点后同样开始下降；而持续增大的斑块平均面积同样说明了多年来成都市林盘总面积增大而林盘数量减少的现象。同样，受林盘总面积和林盘数量影响的景观破碎度指标显示，随着林盘总面积不断增大，林盘数量减少，成都市全域林盘破碎程度持续降低。

（3）形状指标

从形状指标来看，边缘密度与景观形状指数逐年增大，但在2010年左右均开始出现下降拐点。林盘边界线先随林盘总面积增长而增多，其后逐渐呈现规整化的趋势，成都市林盘聚落的总体边界复杂度随之降低。传统林盘由于大量林木包围民居住宅的空间布局模式，导致林盘边缘形态较为自由，边缘密度较大，边缘形态较复杂。但随着林盘聚落发展受城镇化开发影响，诸多林盘被快速改造成为新型农村社区甚至中高层小区，这部分林盘边界由内部环形道路、围墙或是规则的公共空间、其他用地等切割，林盘边缘平直、规整。早期传统的林盘向四周均匀缓慢扩张，林盘聚落逐步趋近于圆形或正方形，而在新农村建设的影响下，受建设用地指标及周边资源限制，林盘建设以用地边缘平整的多边形为主。平均斑块分维数和面积加权的平均斑块分维数两项指标，说明了林盘从圆形或方形，逐渐向越来越复杂的聚落形态转变。

（4）微观尺度的空间演变案例

位于新都区清流镇同义村的刘家院子林盘，距离成都市新都区建成区16km，距离清流镇建成区3km，属城边村类型。2012年改造前，刘家院子林盘坐落于农田中间，与周边林盘有一定距离，且无道路连接，同时刘家院子林盘与村级小路也有一定距离，与外部交通干道距离较远。彼时，刘家院子林盘自由生长，林盘大部分边界主要由自由排列的房屋树木所界定，在林盘东边有约4排新建房屋呈正南北行列式布局，南部有整齐种植的小范围植株，这3个部分共同构成了改造前刘家院子林盘的边界形态。刘家院子林盘于2012年开始进行改造，在原有林盘基础上扩大了2倍以上的建设用地面积，新增居住建筑排列规整，且逐步拓展至紧邻东侧村级小路和北侧外部交通干道。改造后的刘家院子林盘形成了主要由新建房屋和平直道路共同界定的平直边界。2022年，刘家院子林盘随村级小路不断向南拓展，最终与南部另外一块相对独立的、与村级小路相邻的自然林盘合并，林盘总面积进一步扩大（图3-5）。

位于彭州市濛阳街道[1]白土河村的天星埝林盘，距离成都市建成区19km，距离彭州市建成区8km，距离濛阳街道建成区4km，属城郊村类型。天星埝原生林盘以相对均匀的椭圆形为主体，规模较小，距离水系和村庄主要道路均有一定距离。天星埝林盘从2017年开始新建居民点，于2022年基本建成，林盘的建设用地规模增加了3倍以上，林盘聚落边界逐步平直整齐，林盘用地向水系和道路方向均有明显偏移且密切相连。改造后的林盘除占据天星埝林盘用地原址外，还将东南侧另外一块林盘纳入其中，成为一个面积较大的独立林盘，林盘内部由道路规整划分为几个林盘组团，林盘边界主要由平整有序的房屋和村级道路界定（图3-6）。

---

[1]　2019年，四川省人民政府同意撤销濛阳镇、三界镇，设立濛阳街道（成都市彭州市下辖街道），以原濛阳镇和原三界镇所属行政区域为濛阳街道的行政区域。

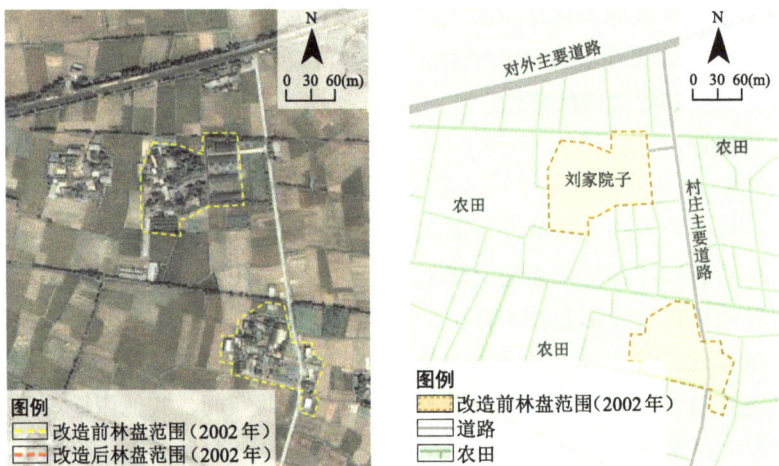

（a）2002 年

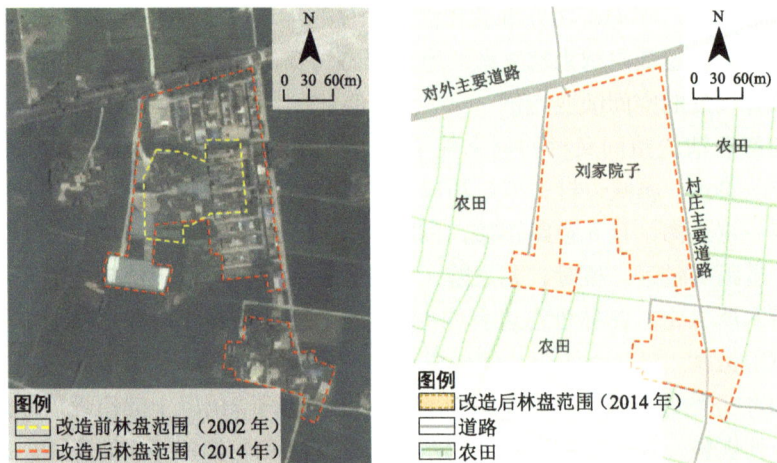

（b）2014 年

（c）2022 年

图 3-5    新都区清流镇同义村刘家院子林盘形态演变分析

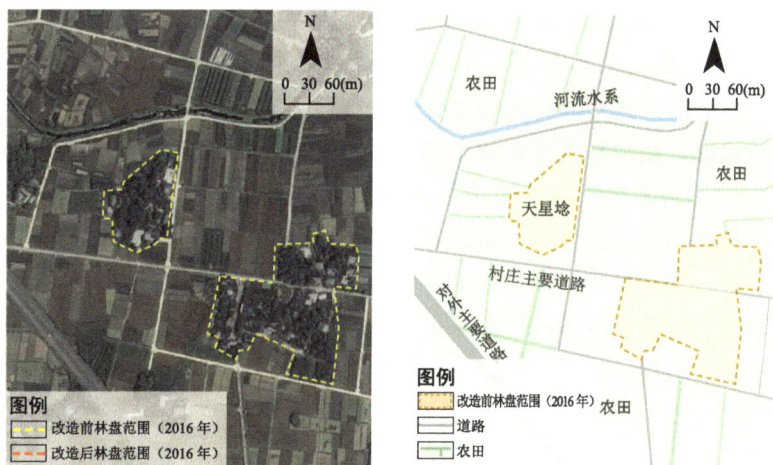

（a）2016 年

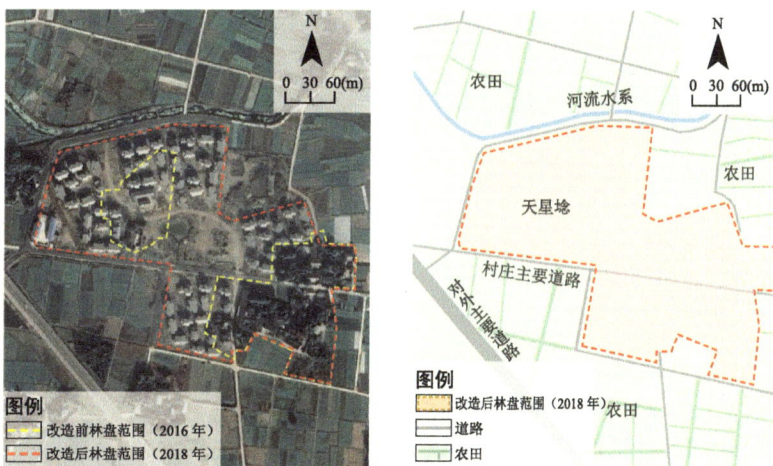

（b）2018 年

（c）2022 年

图 3-6　彭州市濛阳街道白土河村天星埝林盘形态演变分析

位于大邑县安仁镇石瓦村的石瓦碾林盘（后经新农村改造为石瓦小区），距离成都市建成区38km，距离大邑县建成区10km，距离安仁镇建成区5km，属远郊村类型。石瓦村采用新建林盘的方式对其村庄内各林盘进行逐步改造，通过在几个传统林盘相对中心的位置进行选址，新建林盘既连接了部分原有林盘，又位于交通干道一侧，与道路相连，是典型的向道路方向迁移的改造林盘。新建林盘建成并投入居住后，周边的石水碾、汪水碾等林盘用地迅速缩小、破碎甚至消失。石瓦小区建成后，林盘的改造行为仍在继续。2022年，通过填平中间土地的方式，石瓦小区与北部另外一个横跨道路的新建林盘连通，通过合并林盘的方式进一步扩大了石瓦小区所占面积。新建的石瓦小区现状边界较为平直，内部房屋排列整齐，受道路因素影响，小区呈现为向道路两侧不均衡拓展的多边形形状（图3-7）。

（a）2010年

（b）2018年

图 3-7    大邑县安仁镇石瓦村石瓦小区林盘形态演变分析

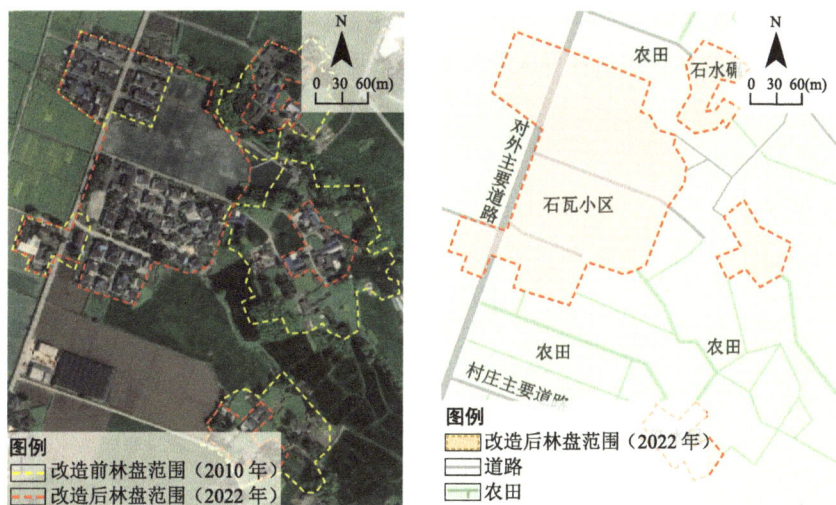

（c）2022 年

图 3-7（续）

### （5）川西林盘空间形态演化模式

在成都市林盘聚落分布时空演变分析的基础上，通过叠合 1980 ～ 2020 年乡村聚落用地斑块，发现成都市林盘聚落呈现扩大、新增、合并、缩小及消失 5 类空间形态演化模式，各演化模式如图 3-8 所示，案例分析如图 3-9 所示。

第一类是林盘聚落扩大模式，指林盘聚落在原有林盘基础上进行的空间扩张和规模变大的空间形态演化模式。这种模式在成都市各区（市）县普遍分布，但在不同地区环境影响下，林盘聚落扩大模式又可细分为两种：一种为线形扩大，如双流区永安镇新街村，其 1971 年时在府河东侧沿岸分布有 2 个规模较大、形态较为方圆的林盘，后林盘聚落空间不断向南北方向延展，至 2020 年林盘聚落形态呈现为长条形；另一种为方形扩大，如都江堰市永丰街道石马村内的林盘，其 1971 年时在河渠及其周边分布有较多规模较小的林盘，后林盘聚落向四周区域均有扩展，至 2020 年林盘形态呈现为类正方形。

第二类是林盘聚落新增模式，指林盘聚落数量增多，在此前未建设的用地上形成新林盘的空间形态演化模式。这种模式主要分布在成都市第二、三圈层的区（市）县，在彭州市、金堂县、崇州市、大邑县、邛崃市等区域分布较多。林盘聚落的新增往往聚集在沟渠、道路沿线等地，部分聚落呈现较为规整的矩形形态，部分聚落呈现较为自由的方圆形或异形形态。如彭州市白鹿镇新建村，沿 13 号支渠和高黄路增加了新的林盘，大部分新林盘为形态方圆形或矩形、内部以排列整齐的新民居为主的新村聚居点，小部分新林盘为形态表现较为自由，宅院在内、林木在外的包围式传统林盘形态。

第三类是林盘聚落合并模式，指多个林盘通过迁并、整合在原址或异址形成一个规模较大的林盘聚落，或多个林盘在自行发展过程中进行填充式扩张而连接合并成一个规模较大的林盘聚落的空间形态演化模式。这种模式主要分布在成都市老城区及各区（市）县中心城区的周边区域。如郫都区青杠树村的林盘，通过将柏条河周边的 21 个小林盘进行合并，形成9个规模较大的林盘组团[1]，这其中，青杠树村北部的林盘斑块整合成为了新的林盘，而南部的林盘斑块在并入北部林盘组团后，原有的林盘聚落用地斑块消失。

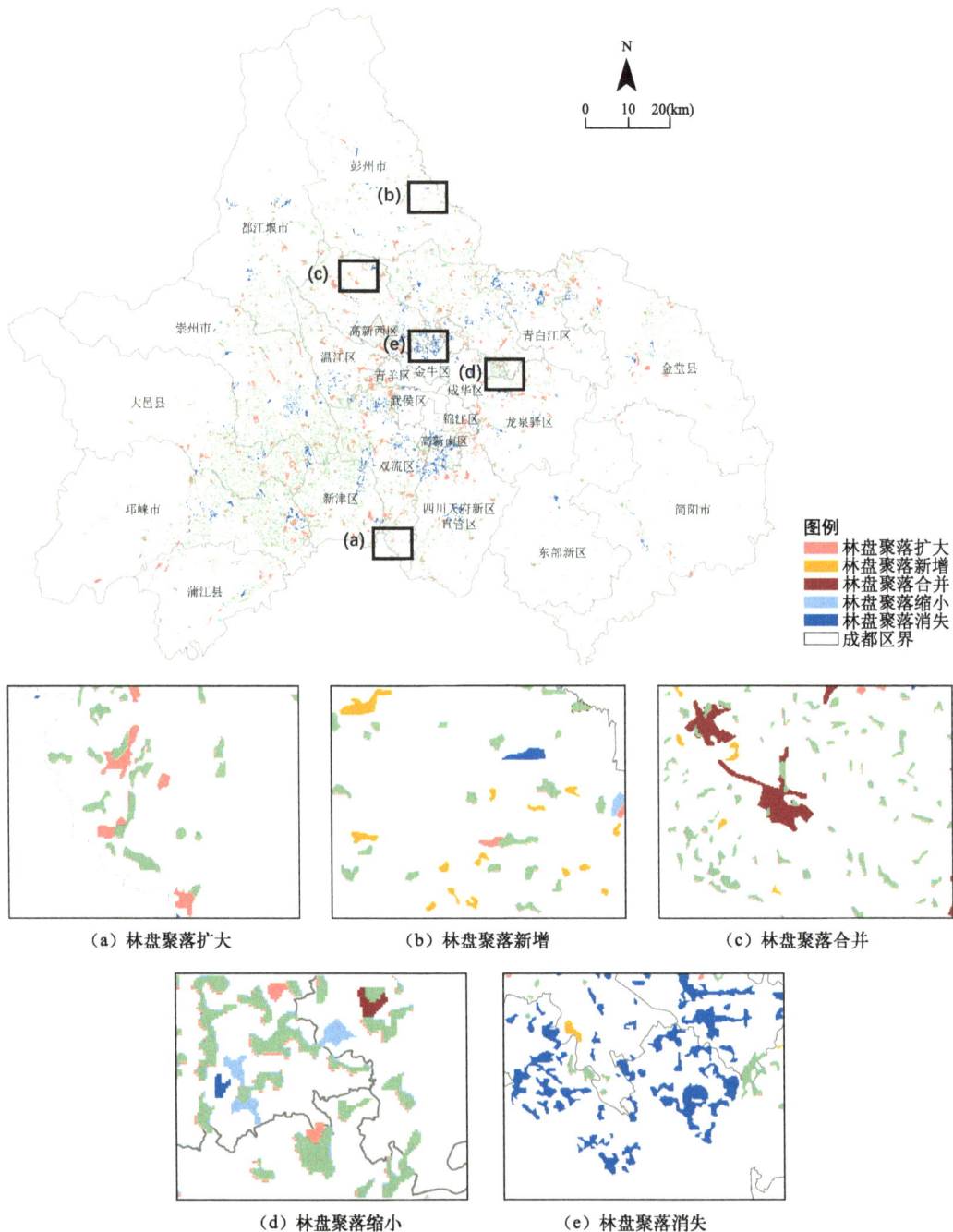

（a）林盘聚落扩大　　（b）林盘聚落新增　　（c）林盘聚落合并

（d）林盘聚落缩小　　（e）林盘聚落消失

图 3-8　1980～2020年成都市林盘聚落空间形态变化分布

[1] 汪越，刘健，薛昊天，等. 基于土地产权创新的乡村规划实施探究——以成都市青杠树村为例[J]. 小城镇建设，2018（1）：26-32.

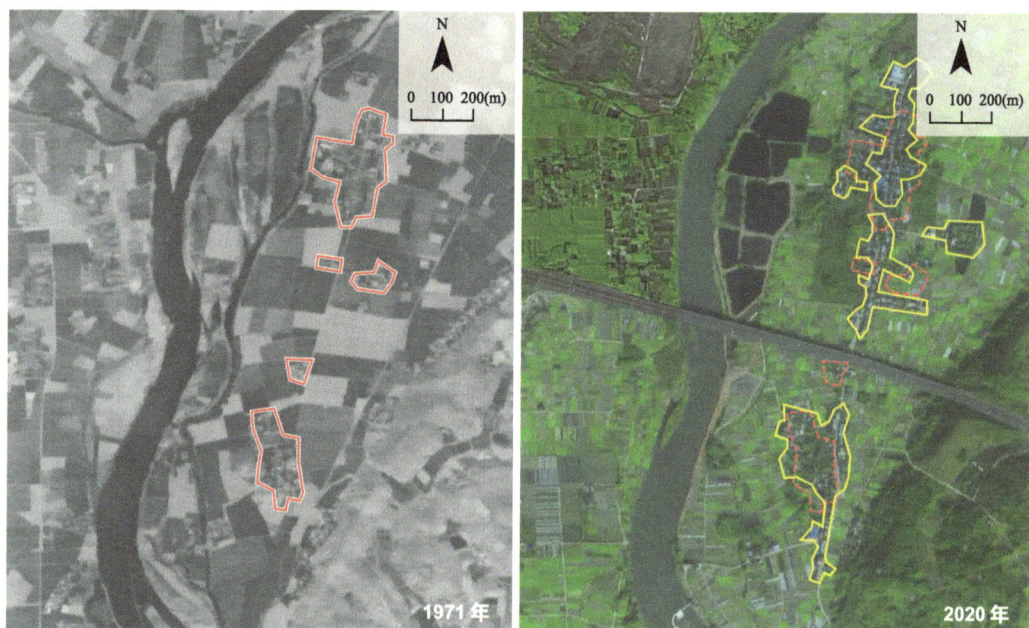

（a）林盘聚落扩大——双流区永安镇新街村

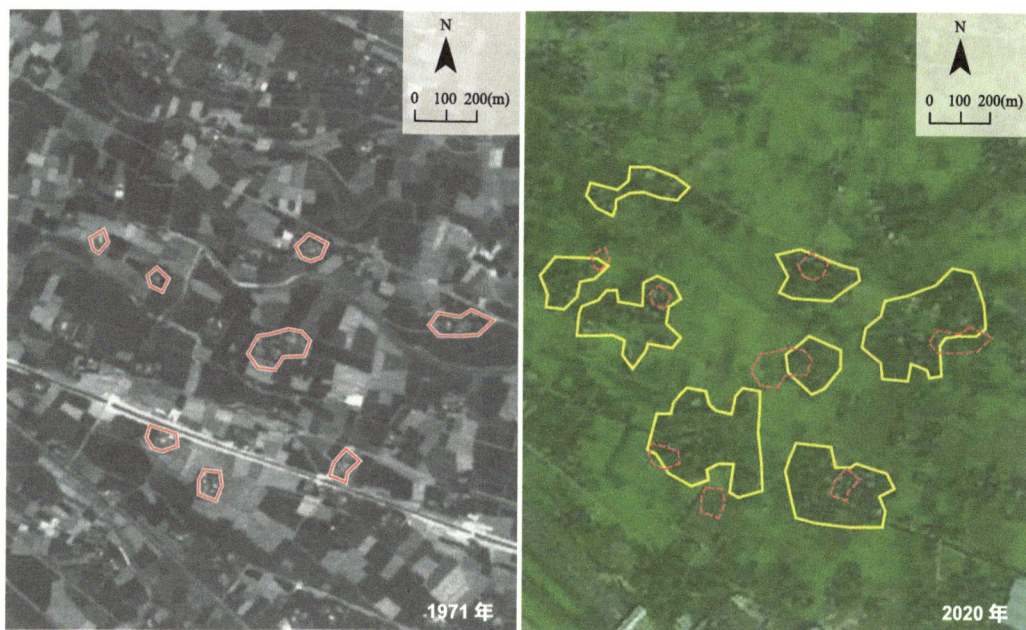

（b）林盘聚落扩大——都江堰市永丰街道石马村

**图 3-9**　不同林盘聚落空间形态演化情况

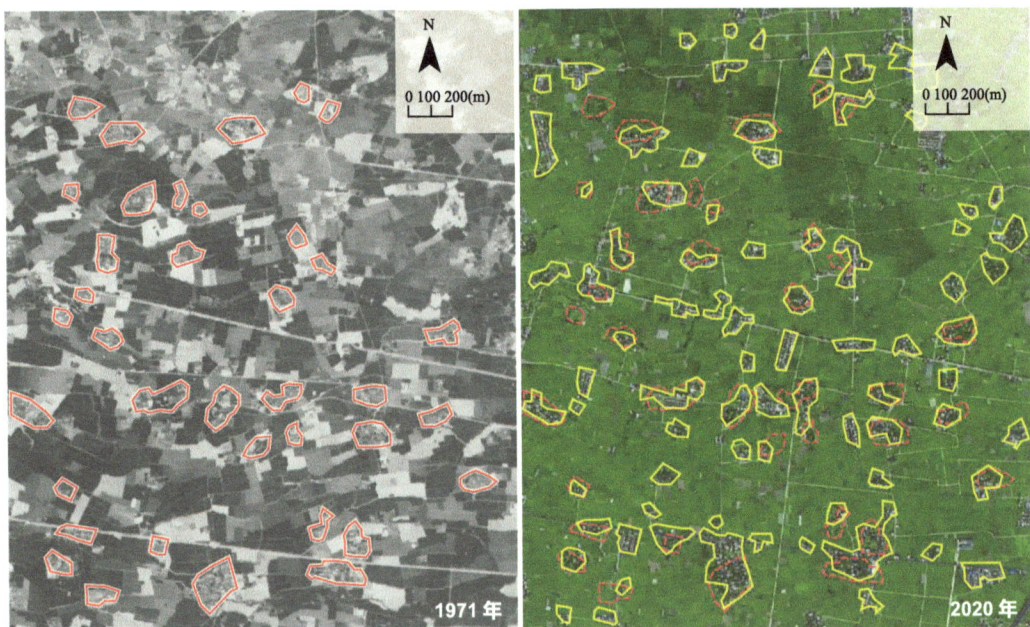

（c）林盘聚落新增——彭州市白鹿镇新建村

（d）林盘聚落合并——郫都区三道堰镇青杠树村

图 3-9（续）

（e）林盘聚落缩小——成华区龙潭街道丰平社区

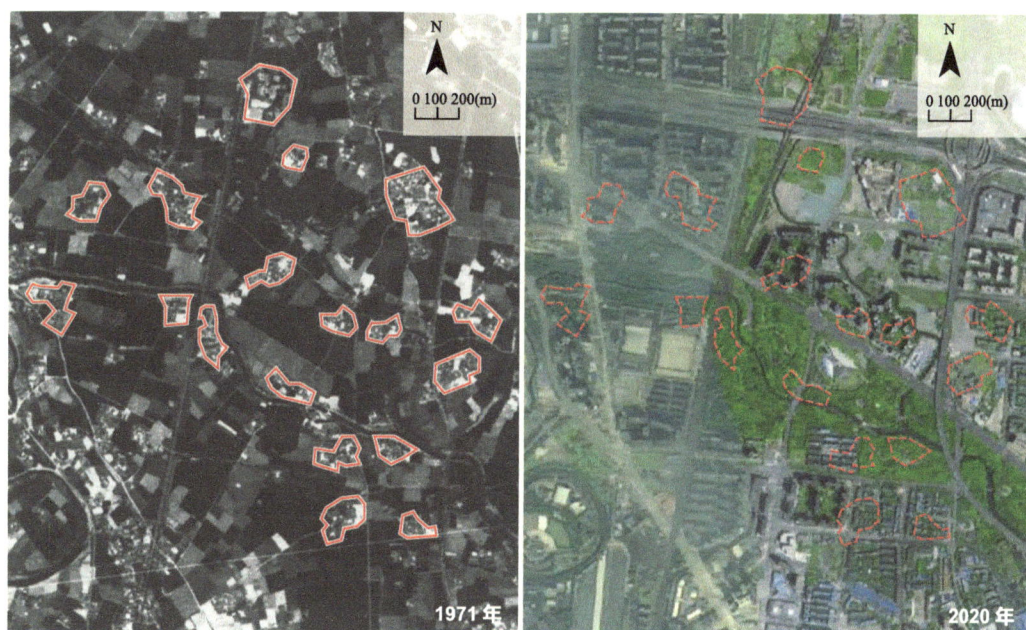

（f）林盘聚落消失——金牛区九里堤社区

图 3-9（续）

（g）林盘聚落消失——新津区安西镇柏杨村

图 3-9（续）

　　第四类是林盘聚落缩小模式，指林盘聚落用地规模和空间尺度逐步缩小的空间形态演化模式。这种模式在成都市外围区（市）县的城镇建成区周边较为常见。如成华区龙潭街道丰平社区内部的林盘，该片区林盘在 1971 年时形态较为完整，部分林盘规模较大，后较大的林盘在城市道路的规划建设和城镇建设用地的拓展中被切割和侵蚀，至 2020 年林盘聚落演变为碎片化的若干林盘斑块，或聚落面积整体缩减，由规模较大的林盘演变为规模较小的林盘。

　　第五类是林盘聚落消失模式，指林盘聚落斑块从有到无的空间形态演化模式。这种模式分布较为集中，在成都市老城区的北部、南部和西部均有较大规模出现。林盘聚落消失模式也存在两种不同的聚落斑块转化方式：一种是林盘聚落斑块演变成为城镇建设用地斑块，如金牛区九里堤社区，1971 年时在府河和沙河沿线平原有较为密集的林盘聚落分布，至 2020 年，其林盘聚落已逐步演变为城市居住用地、工业用地、交通用地及沿河绿地等；另一种是林盘聚落斑块演变成为非建设用地斑块，如新津区柏杨村内的兰水碾林盘聚落，1971 年时的林盘斑块至今已逐步变为农林用地，原有林盘聚落的林木及宅院均已消失。

## 3.4　川西林盘聚落时空演变的驱动因素

　　得益于川西平原肥沃丰厚的土地资源与成熟的都江堰水利工程系统，传统川西林盘受到农业耕作半径、农田粮食产出、水源水系分布等自然因素限制，以及移民文化、小家庭文化等社会因素影响，基于生存需求形成了内向型的林盘聚落空间[1]。耕地和农业生产因素是影响早期林盘发展的主要因素。随着人口自然增长，早期的新增林盘也会因需要重新选择一定范围的农田作为新的农作生产区，而在距离原林盘一定距离的地方重新选址，因此传统林盘具有相对均质化、分散化的分布特征，绝大部分林盘人口在几户至几十户不等，林盘聚居点占地仅几亩至几十亩。

而随着经济社会的不断发展，可供新增选择的自然耕地面积有限，居住组团的集聚作用在城镇化发展过程中开始显现，发展条件较好的单个林盘规模迅速增大，率先获得较为集中的公共服务设施与基础设施配套，乃至成为片区行政与公服中心。场镇与大型林盘共同组成了中、小型林盘的上级市场，最终形成核心发散式的自上而下的等级关系和网络体系[2]。

经过多年发展，尤其是改革开放以来40多年的快速发展，在内外因素等多层面驱动下，川西林盘的聚落体系、空间分布、整体形态等均发生了较大改变，其具体因素和驱动过程如下（图3-10）。

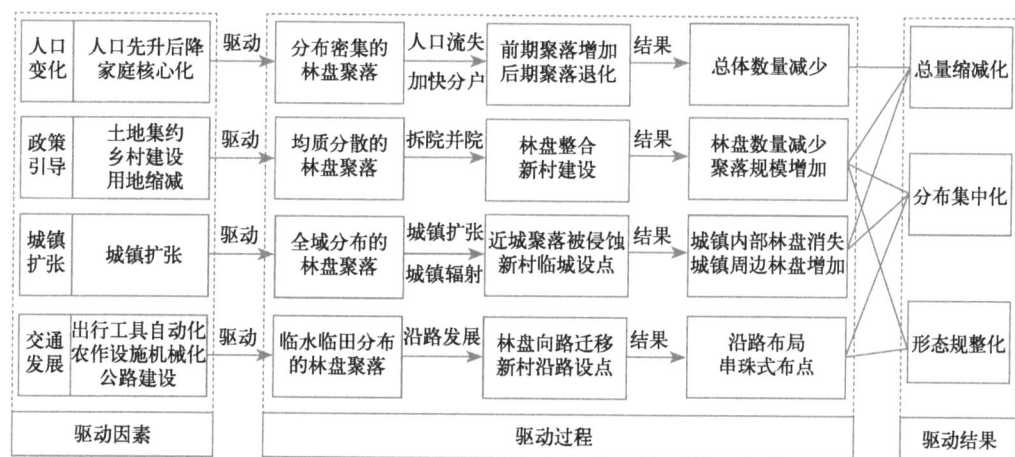

| 驱动因素 | | 驱动过程 | | | | 驱动结果 |
|---|---|---|---|---|---|---|
| 人口变化 | 人口先升后降 家庭核心化 | 驱动→ 分布密集的林盘聚落 | 人口流失 加快分户 | 前期聚落增加 后期聚落退化 | 结果→ 总体数量减少 | 总量缩减化 |
| 政策引导 | 土地集约 乡村建设 用地缩减 | 驱动→ 均质分散的林盘聚落 | 拆院并院 | 林盘整合 新村建设 | 结果→ 林盘数量减少 聚落规模增加 | 分布集中化 |
| 城镇扩张 | 城镇扩张 | 驱动→ 全域分布的林盘聚落 | 城镇扩张 城镇辐射 | 近城聚落被侵蚀 新村临城设点 | 结果→ 城镇内部林盘消失 城镇周边林盘增加 | |
| 交通发展 | 出行工具自动化 农作设施机械化 公路建设 | 驱动→ 临水临田分布的林盘聚落 | 沿路发展 | 林盘向路迁移 新村沿路设点 | 结果→ 沿路布局 串珠式布点 | 形态规整化 |

图 3-10　林盘聚落空间格局影响因素及驱动路径

（1）社会与人口：林盘聚落规模随人口规模变化发生先增后减的数量波动

林盘聚落是农村人口空间分布的载体，人口因素是驱动林盘聚落演变和发展的重要内生因素。传统林盘在传统农耕文化的熏陶下，乡民日出而作，日落而息，躬耕田畴，受相对封闭内生、安土乐天的生活情趣和以小家族为本位等传统思想影响，传统林盘中"三代同堂"的家庭模式较为普遍。

新中国成立后，历经20世纪60年代人口生育高峰期与改革开放，因婚嫁分户的实

[1] 张京祥，张小林，张伟. 试论乡村聚落体系的规划组织[J]. 人文地理，2002（1）：85-88，96.

[2] 黄学渊，张蕾，周莲. 成都平原传统场镇与林盘居民点的分布特征及其影响因素——以成都郫县为例[J]. 热带地理，2020，40（5）：856-867.

际需求及思想观念的转变，小型化的核心家庭模式逐渐成为乡村居住的主要模式。同期全面推行的土地承包制，明确了承包农户对集体土地的使用权，农户作为相对独立的农业生产经营者，对土地使用与收益剩余支配的能力获得提高[1]，进一步提升了农民的生产积极性，他们开垦荒地、随田而居，从而产生了新的林盘聚落，致使林盘聚落数量上升。

进入21世纪，随着城镇化的快速发展，成都市农村人口从2000年的514.1万人逐年下降，到2019年成都市农村人口已降至424.3万人[2]（未包含后期划入成都市行政范围的简阳市）。随着大量林盘聚落农村人口的迁出，一些林盘逐渐丧失了居住和生活功能，并逐步退化、萎缩，许多林盘向坍塌、荒芜和空废化转变，最终导致林盘数量快速减少。

（2）城镇扩张建设：林盘聚落在城镇建成区周边的数量减少与集聚增加

随着成都市老城区、各县城和建制镇等城镇建成区的持续扩张，部分乡村区域被快速吞噬。据统计，至2015年，成都市城市建成区面积为615.7km²，较1986年增加了520.7km²[3]，城镇建成区面积在30年间增长了约5.5倍[4]。

一方面，受城镇扩张建设的影响，林盘聚落的空间分布发生了显著变化：位于成都市第一圈层的乡村区域，随着成都市老城区快速向外扩张建设，绝大部分乡村用地已转为城市建设用地、外围风景林地和环城生态区，传统林盘聚落几乎消失殆尽；位于成都市第二圈层的乡村区域，由于受老城区的强烈辐射，在第二圈层的城镇建成区（如温江、郫都、龙泉驿等）周围以及成都市域城镇发展带上的林盘迅速消失[5]；而位于成都市第三圈层的乡村区域，由于受到圈层内小城镇空间不断建设拓展的影响，部分林盘也面临着收缩与消失的困境。

另一方面，相关城镇的发展对新增林盘聚落的选址产生强烈的辐射带动作用，受新农村社区建设的近城镇偏好的影响，近八成新农村社区建设分布在距离中心城镇2km的范围内[6]，因而带来城镇建成区周边0～2km范围内林盘数量和占比显著上升（表3-4）。

表3-4　城市建成区外围不同范围内林盘聚落分布特征

| 距离 /km | | 1980 年 | | 1990 年 | | 2000 年 | | 2010 年 | | 2020 年 | |
|---|---|---|---|---|---|---|---|---|---|---|---|
| | | 数量 / 个 | 比例 /% | 数量 / 个 | 比例 /% | 数量 / 个 | 比例 /% | 数量 / 个 | 比例 /% | 数量 / 个 | 比例 /% |
| 中心城镇 | 0～2 | 1365 | 12.84 | 1770 | 16.60 | 1882 | 18.27 | 2195 | 22.95 | 2169 | 23.71 |
| | 3～5 | 2623 | 24.67 | 2749 | 25.78 | 2628 | 25.52 | 2445 | 25.57 | 2368 | 25.88 |
| | 6～10 | 3997 | 37.60 | 3725 | 34.94 | 3507 | 34.06 | 2882 | 30.13 | 2665 | 29.13 |
| | >10 | 2646 | 24.89 | 2418 | 22.68 | 2281 | 22.15 | 2042 | 21.35 | 1947 | 21.28 |

[1] 刘守英. 农村土地制度改革：从家庭联产承包责任制到三权分置[J]. 经济研究，2022，57（2）：18-26.
[2] 成都市统计局，国家统计局成都调查队. 成都统计年鉴2019[M]. 北京：中国统计出版社，2019.
[3] 袁琳，高舒琦. 新时代都江堰灌区乡村保护思路的转变与展望[J]. 城市与区域规划研究，2018，10（4）：161-178.
[4] 陈其兵. 川西林盘景观资源保护与发展模式研究[M]. 北京：中国林业出版社，2011.
[5] 陈明坤. 人居环境科学视域下的川西林盘聚落保护与发展研究[D]. 北京：清华大学，2013.
[6] 李竹颖. 基于民意调查的成都市新农村规划思路探索[J]. 城市规划，2018，42（5）：87-93.

（3）交通因素：林盘聚落由水系依赖向道路依赖的串珠式分布转向

在农耕时代的川西平原，传统林盘的乡民以步行、舟船、车马等为主要交通工具，满足日常农业劳作、生活出行、贸易运输的需求。现代交通工具出现、交通条件改善以及公共服务设施沿道路分布的相关特性[1]，道路为林盘聚落村民的出行和农业生产带来了更多便利，道路成为影响林盘分布的新因素。

道路和水系范围内林盘聚落分布特征如表 3-5 所示。在各时期林盘聚落数量均随着与河流缓冲区距离的增加而减少，且距离河流沟渠200m范围内的林盘聚落数量超过总量的一半，展示出林盘对水系有较强的偏好和依赖关系。而从城市道路和乡村道路的缓冲半径所覆盖的林盘数量来看，在1990 ～ 2010年间，各半径范围下的林盘数量占比变化幅度较小，在一定的范围内波动，而到了2020年，在距离城市道路2000m范围内的林盘数量显著上升、在距离乡村道路500m范围内的林盘数量明显激增。由此可知，成都市城市环线、辐射线的建设以及新农村建设背景下的"村村通公路"工程的实施，极大地影响了2010年后林盘的空间分布。

表 3-5  不同道路和水系范围内林盘聚落分布特征

| 缓冲区半径 /m | | 1980 年 | | 1990 年 | | 2000 年 | | 2010 年 | | 2020 年 | |
|---|---|---|---|---|---|---|---|---|---|---|---|
| | | 数量 / 个 | 比例 /% | 数量 / 个 | 比例 /% | 数量 / 个 | 比例 /% | 数量 / 个 | 比例 /% | 数量 / 个 | 比例 /% |
| 城市道路 | 0 ～ 500 | | | 974 | 9.13 | 856 | 8.32 | 753 | 7.87 | 2852 | 31.17 |
| | 501 ～ 1000 | | | 925 | 8.68 | 860 | 8.35 | 763 | 7.98 | 2303 | 25.17 |
| | 1001 ～ 1500 | | | 906 | 8.50 | 883 | 8.57 | 773 | 8.08 | 1670 | 18.25 |
| | 1501 ～ 2000 | | | 825 | 7.74 | 801 | 7.78 | 678 | 7.09 | 1008 | 11.02 |
| | > 2000 | | | 7032 | 65.95 | 6898 | 66.98 | 6597 | 68.98 | 1316 | 14.39 |
| 乡镇道路 | 0 ～ 500 | | | 1032 | 9.68 | 2409 | 23.39 | 4363 | 45.62 | 7710 | 84.28 |
| | 501 ～ 1000 | | | 1202 | 11.27 | 2030 | 19.71 | 2933 | 30.67 | 1309 | 14.31 |
| | 1001 ～ 1500 | | | 1102 | 10.34 | 1686 | 16.37 | 1459 | 15.26 | 116 | 1.27 |
| | 1501 ～ 2000 | | | 1011 | 9.48 | 1242 | 12.06 | 490 | 5.12 | 13 | 0.14 |
| | > 2000 | | | 6315 | 59.23 | 2931 | 28.47 | 319 | 3.33 | 0 | 0 |
| 河流沟渠 | 0 ～ 200 | 5599 | 52.67 | 5616 | 52.67 | 5383 | 52.27 | 4957 | 51.83 | 4957 | 54.18 |
| | 201 ～ 300 | 1715 | 16.13 | 1761 | 16.52 | 1648 | 16.00 | 1579 | 16.51 | 1579 | 17.26 |
| | 301 ～ 500 | 1804 | 16.97 | 1524 | 14.29 | 1777 | 17.26 | 1629 | 17.03 | 1599 | 17.48 |
| | > 500 | 1513 | 14.23 | 1761 | 16.52 | 1490 | 14.47 | 1399 | 14.63 | 1014 | 11.08 |

总体而言，在现代便捷交通条件与服务设施集中配套的双重优势驱动下，林盘聚落村民会自发选择沿路进行房屋宅院迁建与新建，新农村社区会沿路进行布点，从而推动传统林盘以及后期建设的新型林盘聚落沿道路进行空间拓展与数量增加，形成了由沿河

---

[1]  方志戎. 川西林盘聚落文化研究[M]. 南京：东南大学出版社，2013.

流水系布局为主导向沿河及沿路布局为主导的空间布局转变。

（4）政策调控：林盘聚落在政策干预下的数量减少、面积增大与形态规整

2000 年以来，受自上而下土地严控的影响，川西平原乡村建设用地增量指标受到严格管控。为充分利用与盘活乡村大量闲置"建设用地"，成都市开始探索土地制度改革的地方政府实践，以"土地整理"[1]和"增减挂钩"[2]为抓手，落实林盘"拆院并院""集聚整合""农民上楼"等项目，直接推动了川西林盘聚落数量与规模的变动。一方面，基于完善乡村基础设施配套、提高设施配套使用效率等方面的考量，通过拆院并院，中小型林盘村民并入周边大型林盘或新建集中式农民居住区进行安置[3][4]，原林盘聚居点复垦为耕地和林地，由此带来中小型林盘的总体数量快速减少；另一方面，因政策导向下的集约式空间整合要求，大型林盘或集中安置的新村居民点在容纳大量村民后，逐渐发展成为城镇基础设施和公共服务设施向农村延伸的核心节点，公共管理、教育、医疗卫生、市政服务等诸多设施在这些节点集中布局[5]，在村民住宅、公服配套、产业发展等多重用地需求下，这些大型林盘的个体规模也不断扩大。

此外，新农村社区建设进一步影响了林盘建设的选址与形态。传统林盘在自然经济活动主导下随田散居，而考虑到农村新型社区可能形成的集聚效应和乡村产业的发展需求，在新农村建设选址中，新建乡村社区大都尽可能靠近城镇、旅游区或农业产业化地区，沿水、沿路等成片、连线设置[6][7]。

在聚落形态方面，相较于传统林盘自发缓慢的内生模式与自由伸展的聚落形态，新农村社区在"统规统建""统规自建"等集中建设模式下，林盘新增空间的布局模式多受到城市社区空间模式的影响。如连排住宅与村民公寓楼主要采用行列式、组团式、周边式的布局，致使最终林盘聚落建设房屋排列较为整齐、聚落边界较为平直、聚落平面较为规整，整体的聚落形态呈现以长方形、梯形为主的规整化形态。

---

[1]  "土地整理"是指农村集体经济组织通过制定和实施土地整理方案，盘整农村土地。经土地整理后，原本零散分布的建设用地聚集、合并，不仅耕地有效面积增加，还有更多的建设用地指标可能腾出，此举可作为一种土地指标的补偿、置换方案。

[2]  "增减挂钩"是指将推进集中上楼的林盘聚落与城镇拟占用的耕地进行捆绑，设立"增减挂钩项目区"，分别作为此项目的"拆旧区"和"建新区"。"拆旧区"拆掉的村落农民房屋，将宅基地复垦成耕地，其面积与"建新区"所占用的耕地面积相等或者大于后者，从而保证"拆旧区"与"建新区"所在行政区域内的总耕地面积不减少，甚至有所增加。

[3]  青白江区福洪乡河坝村，在 2009 年通过增减挂钩试点项目，将 42 个林盘聚落进行了拆迁，882 户乡民并入新建的 3 个集中居住区进行安置，平均每个集中居住区安置了近 300 户乡民。

[4]  郫都区唐昌镇战旗村，在 2005 年通过拆院并院，将全村 35 个分散的林盘聚落合并为 1 个集中的新村居民点，新村居民点建设用地超过 240 亩。

[5]  何灵聪. 城乡统筹视角下的我国镇村体系规划进展与展望[J]. 规划师，2012，28（5）：5-9.

[6]  成都市划定的"五走廊"示范带，在总体规划中设定为新型农村社区主要的空间集聚载体，其范围内集中了 1180 个、占总数约 42.8% 的农村新型社区以及占总数 52.4% 的农村新型社区人口。

[7]  成都市为推动建设成都市旅游通道，划定了新邛路、彭白路等 11 条旅游示范线与 9 条市域绿道进行建设，这些区域同时也是引导农村新型社区沿线设点布局的集中区域。

## 3.5　川西林盘聚落体系演变的驱动过程

　　乡村聚落的空间演变受多种因素的共同影响，是一个动态变化的过程[1]。在林盘的空间演变过程中，地方政府和当地村民共同承担着驱动者的角色：当地村民是林盘聚落建设和发展的直接参与者，在满足基本生存与改善生活条件的内在需求、传统文化等多种因素的共同作用下，村民通过对居住区位和从事产业的选择，直接对乡村聚落的空间演变产生影响；而地方政府则通过政策、管理、规划和基础设施布局等手段，实现对林盘聚落发展和空间演变的引导和干预。

　　从变化过程来看，在1990年之前，农田、水系等自然因子是较为基础的影响因素，对林盘聚落的形成和发展发挥着持续和相对稳定的作用。随着社会的不断发展，林盘聚落由最初的缓慢发展阶段逐步过渡到增长速度持续增加的阶段。自1990年始，一方面，城镇化过程中的城市扩张加速了林盘的迁并与消失；另一方面，政策引导下土地制度的重大改革重构了全域林盘聚落体系，新的背景所带来的社会因素成为了后期影响林盘聚落进一步发展的重要驱动力，逐步推动林盘聚落空间分布由自然资源依附型向基础设施依附型转变[2]，林盘聚落空间形态由单一自由的小规模斑块向功能复合形态整齐的规整化大规模斑块转变[3]，林盘聚落空间肌理由分散化的均质布局逐渐向集约化的非均质布局转变，进而快速改变了川西林盘发展的传统路径与布局规律，形成了**传统林盘聚落总量缩减化、分布集中化、形态规整化的演变趋势**（图3-11）。

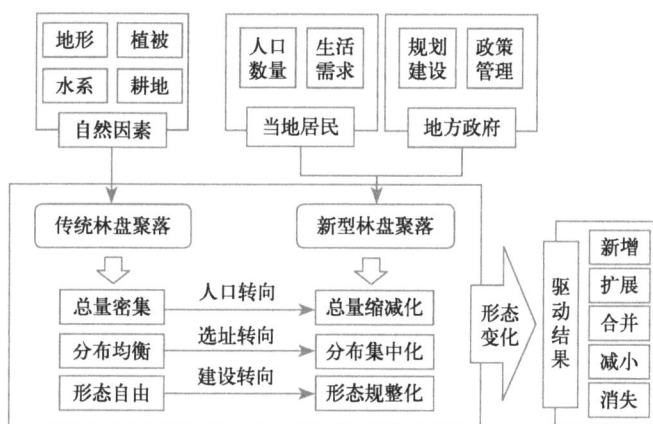

图 **3-11**　林盘聚落体系演变的驱动过程

[1]　郭晓东，马利邦，张启媛. 基于GIS的秦安县乡村聚落空间演变特征及其驱动机制研究[J]. 经济地理，2012，32（7）：56-62.

[2]　周国华，贺艳华，唐承丽，等. 中国农村聚居演变的驱动机制及态势分析[J]. 地理学报，2011，66（4）：515-524.

[3]　张耀文，卿明梁，郭晓鸣. 川西林盘保护与利用：进展、挑战与突破选择[J]. 中国西部，2022（1）：56-65.

## 3.6　川西林盘保护利用现状及主要问题

（1）川西林盘聚落保护利用整体现状

伴随着成都市快速城镇化建设以及自2007年起成都市城乡统筹战略深度实施，在城市快速扩张与乡村更新发展的内外作用力下，以"城乡一体化""三个集中""拆院并院""一三产业互动"等一系列新农村建设行动为代表的乡村建设实践，正促使川西林盘的乡村形态发生巨大变化[1]。作为成都市乡村地区人居模式的典型代表与乡村文化景观的生动载体，川西林盘的保护自2005年开始在市域层面逐步受到关注，如成都市开展了全域川西林盘的摸底调查、组织各区（市）县编制川西林盘的保护规划等工作。然而，整体来看，川西林盘的保护仍然面临着较为严峻的挑战，主要包括以下几个方面。

第一，现代城市扩张冲击下的林盘总量快速缩减。在快速城镇化背景下，成都全市每年有14万余人从农村进入城镇，城镇空间拓展加快。从官方的统计数据来看，截至2019年，成都市建成区面积为949.6km²，较1986年增加了854.6km[2]。老城区、县城、建制镇等周边的林盘聚落消失，部分中小型林盘聚落与大中型林盘聚落合并，而另一部分中小型林盘聚落转变为生态型林盘、"空废村"林盘甚至直接转变为耕地或林地等。据不完全统计，郫都区林盘由2004年的11000余个减少至2015年的6239个，成都市林盘总数正以2%以上的速率逐年递减，林盘总量呈现快速缩减态势。

第二，空心化与老龄化趋势下林盘物质性衰败逐渐显现。随着成都市工业化、城镇化速度的加快，农业生产比较效益下降，缺乏产业支撑和工作机会的林盘难以留住中青年人口，大量劳动力向城镇转移，而老龄化与空心化问题又进一步减少了林盘从事日常设施管护和服务配套的人群，加剧了林盘农田抛荒、民居空置及损坏等问题，而林盘内部的水系、林木、农业生产设施、垃圾点也疏于定期整治管理，整体环境的功能性和观赏性逐步丧失，导致传统林盘的居住功能持续减弱，内部环境逐渐无序化。

第三，集中化聚居与乡村更新进程中，建设性破坏时有发生。随着城镇的不断扩张和城乡联系的持续加强，林盘聚落在自上而下的集中化聚居与自下而上的乡村更新建设中迅速变化。这种突发的、集聚的乡村建设对传统川西林盘的聚落结构和整体风貌带来显著影响。一方面，在农村土地整理政策的影响下，为了腾出更多的可供经营的集体建设用地，对聚居点大范围整合搬迁，土地利用强度不断提高，普遍忽视了传统林盘中"田-林-水-宅"的要素关系和布局形态，甚至个别林盘整体改建为高层小区，对传统林盘的聚落特色造成了较大的冲击。另一方面，由于缺乏对传统民居的价值认知与保护意识，大量自发改造的农村自建房出现了农房平顶化及多层化、建筑材质现代化、农宅

---

[1]　林光旭. 成都平原林盘式聚落的现代化演绎方向[J]. 西南农业大学学报（社会科学版），2011，9（1）：5-9.

[2]　四川省统计局，国家统计局四川调查总队. 四川统计年鉴2020[M]. 北京：中国统计出版社，2020.

"去院落化"的趋势。根据成都市统计局2011年发布的资料，在1978～2010年的30余年间，成都市农村人均住房面积由9.58m²增长到42.82m²，97%以上的农房已在这一阶段改为由砖混或混凝土材料建造[1]，其建筑形态与传统的用竹木、石材等建造的民宅已有了较大差别，致使原有引以为傲的川西林盘聚落特色丧失殆尽。

（2）川西林盘聚落保护利用的核心议题

第一，林盘聚落独特的生态绿地系统结构遭到破坏。作为一种主要由田园、林木、院落、水系四大要素构成，田园生态与乡村住宅相互交融的特殊的生态聚居结构，川西林盘聚落的发展需立足于生态资源保护、生态空间结构维持的基础之上。但由于整体生态保护意识不足，对林盘聚落的生态结构特征和价值认识不到位，在新的聚落规划建设过程中，新建宅院和建筑往往会突破传统林盘的生态空间结构，新增建设用地侵占了原有的生态及植被用地。同时，不少住户砍掉成林的竹子和大树，改种低矮的花卉、苗木或其他经济作物，致使林盘绿化景观趋向疏矮化、单一化和景观化，从前茂林修竹的林盘景观风貌大变，导致林盘聚落周边的生态空间结构不成体系，林盘的生态结构特征减弱。

第二，林盘聚落现有用地空间结构与土地管控政策发生矛盾。林宅相融是川西林盘生态聚居的重要特征，其居住组团与生态用地交错布置，人工景观与生态景观和谐交融。受宅基地指标控制和集约用地政策影响，大多数新建村社为追求更多的可供经营的集体建设用地，不断增大林盘聚落的建设强度，致使建筑密度增加，院落空间严重萎缩，生态绿地大量减少或消失，传统单层民居住宅带院落的形态发生改变，林盘整体空间结构形态被打破，林盘的居住空间形态最终城镇化、小区化。现有的新建林盘聚落的规划建设往往套用城镇土地利用布局形式，并未考虑林盘特有的林宅混合式布局模式，在整合建设用地的过程中进一步破坏了传统林盘聚落的空间格局。

第三，传统民居及院落环境缺乏整治保护与传承创新。川西林盘聚落内部的民居及院落是重要的人工景观要素，有其自身的传统形态特征。川西民居一般是单层小青瓦院落式木结构与砖木结构建筑，建筑立面简洁朴素，侧面一般呈现穿斗架结构特征，正面通透，色彩主要以石灰白、棕褐色对比为主，墙裙灰色，屋面深灰色。民居院落通过围墙、树篱、竹篱等方式围合，形成多功能的空间，既是家庭内部的半私密空间，又是从事副业的生产空间。川西民居宅院与自然环境有机融合，宅后绿树映衬，宅前翠竹点缀，宅侧菜园相邻，院内花卉果木繁茂，屋面交错组合，形态丰富、自然有序。但随着社会经济发展，农村居民住宅正在发生着极大变化：传统川西民居的木质穿斗结构小青瓦房和土墙小青瓦房逐渐被砖混平屋顶楼房和小青瓦平房所取代。近年的大部分新建建筑未遵循传统的川西民居建造风格，如林盘里新修的楼房大多是城市楼房或西式别墅的农村翻版，在体型、材料和颜色上与林盘景观多有冲突。这些新建筑群体在组合形态、肌理、建筑体量、高度控制方面未受到很好的管控，造成林盘聚落新

[1]　成都市统计局，国家统计局成都调查队，成都市统计学会. 成都统计年鉴2011[M]. 北京：中国统计出版社，2011.

旧建筑的不协调。

第四，公共服务设施和基础设施对林盘聚落保护与发展支撑作用不足。由于农居林盘分散，大多数农居林盘距公共服务设施所在地较远，甚至在公共服务设施布点的服务辐射范围之外。基础设施及公共服务设施的薄弱还制约了林盘的可持续发展。在林盘的保护利用实践中往往需要打造高品质生活场景和消费场景，需要充分植入现代城市功能，这对基础设施配套有着较高要求。但长期以来林盘基础设施相对薄弱，加大了林盘保护利用中的投资成本和培育新产业新业态的难度[1]。管护主体缺位、管护机制不明、管护标准不清、管护经费不足，导致即使部分林盘在短时间内更新提升了基础设施的服务水平，也因为"有人用无人管"而大大缩短了基础设施的使用寿命，使基础设施提升的综合效益得不到充分发挥。许多林盘聚落的文化室和图书室因经费等原因逐渐消失；一些过去长期为百姓喜闻乐见或为精神依托的文化活动场地，如宗祠、戏台、寺庙等因得不到保护，也所剩无几。与城市丰富的文化生活、便利的公共服务相比，川西平原乡村地区日益减少的公共服务和单调的文化生活加剧了林盘聚落的自然衰退与空废化。

[1]  张耀文，卿明梁，郭晓鸣. 川西林盘保护与利用：进展、挑战与突破选择[J]. 中国西部，2022（1）：56-65.

# 第 4 章
# 公园城市建设目标下川西林盘保护与利用策略

伴随着成都市公园城市的建设，生态文明新理念转变了人们对于自然系统价值的认知，广大乡村地区林盘的生态价值被重新认识，进而影响了相应的林盘保护思路的转变。着眼于美丽宜居公园城市建设目标，围绕建设践行新发展理念的公园城市示范区，强化公园城市示范的乡村表达，成都市深入探究川西林盘所蕴含的文化内涵和生存智慧，以"尊重自然、保留本底"为原则，以"科学规划、植入活力"为对策，将川西林盘的保护、修复作为公园城市建设的重要工作和彰显公园城市生态价值的重要内容。公园城市建设理念下川西林盘保护与修复思路主要包含以下三大内容。

1) 筑牢"林-田-水"绿色发展生态基底。林盘文化景观保护的第一要义是保护所处自然环境的完整性。本着林、田、水一体化的生态理念，详细梳理林盘聚落的生态基底资源，并对林、田、水网络状生态空间进行低冲击性提升和改善，实现农田的规模化、景观化提升。

2) 构建"路-院-宅"高品质配套生活空间。林盘聚落生活的完整性，彰显着林盘独特的川西地域和文化特色。以传承为基调，修复和提升道路空间，加强公服和基础设施的支撑，保护、整治、创新宅院空间，构建高品质的生活空间。

3) 打造农商文旅体融合产业发展之路。积极融入市域新型产业业态，空间、业态、功能等多元融合，促进农商文旅体联动发展，营造以川西林盘为基底的新型"田园综合体"。

## 4.1　公园城市建设导向下川西林盘的发展要求与思路转变

成都市对川西林盘的系统性保护工作始于2007年，编制了《成都市川西林盘保护规划》等规划指引川西林盘的发展，前10年的工作重心主要在于通过环境综合整治、基础设施完善、美丽新村建设等方式提升川西林盘居住环境品质与风貌[1]。

---

[1] 张耀文, 卿明梁, 郭晓鸣. 川西林盘保护与利用: 进展、挑战与突破选择[J]. 中国西部, 2022 (1): 56-65.

2018年成都市推出川西林盘保护修复工程，作为推进公园城市发展、乡村振兴战略践行、城乡融合发展试验区建设的重要举措。以《成都市美丽宜居公园城市规划（2018—2035年）》《成都市川西林盘保护修复利用规划（2018—2035）》《成都市川西林盘保护修复工程实施方案》等为核心的系列文件明确指出，川西林盘是公园城市建设在乡村地区的重要载体，川西林盘保护修复工程是建设公园城市目标导向下贯彻新发展理念的林盘保护、修复、利用、发展实践性工程，推进川西林盘保护修复是对公园城市建设乡村表达的创新诠释。川西林盘与公园城市之间不仅有着纵向的相继、脉络的相承，更有着共生共荣的深刻关联。公园城市建设新时期背景下，川西林盘被赋予了新的使命和新的要求，川西林盘的保护利用工作思路亦从认知、路径、品质、动力、主体等多方面发生了转变。

（1）认知转变：生态文明引领，高度重视林盘生态保护与价值转换

统筹山水林田湖草生态要素，锚固川西林盘绿色生态本底。川西平原水网密布，土地肥沃，物产丰富，大量以田园、林木、宅院、水系为核心景观要素的川西林盘星罗棋布，乡村农耕生态文明底色尽显。公园城市作为生态文明新时代城市发展方向的全新模式之一，强调统筹山水林田湖草等生态基本要素，保护修复全域绿色空间肌理，加强生物多样性保护和生物安全管理。川西林盘保护修复工程需融入公园城市生态基底构建，利用生态廊道串联起散布的林盘形成林盘生态系统，以低冲击式的提升与改善对林盘生态要素进行保护修复，着重通过农田整治、林木保护、水系治理等方式推进林盘生态空间格局重塑，形成人与自然和谐共生的"公园城市之乡村聚落"格局。

以自然生态要素保护为前提，推进川西林盘生态价值转换。区别于过去的财政投入型生态保护，公园城市建设深入践行"绿水青山就是金山银山"理念，积极探索生态价值创造性转化和生态产品价值实现机制，着力构建经由天府绿道串联且包含灵秀俊美的山地公园、田林交错的郊野公园、类型多样的城市公园等在内的全域公园体系，引领城乡生产、生活、生态全方位的绿色发展转型升级。川西林盘聚落作为郊野公园的重要载体，需因地制宜植入新兴消费功能与新兴业态，通过高品质消费场景营造搭建"绿水青山"与"金山银山"价值转化的重要通道，推动生态产品开发与生态空间价值增值。同时在平衡机制上，将生态开发带来的土地增值与收益反哺投资运营，形成生态建设投资与空间增值之间的良性互促模式[1]。更加值得关注的是，成都市已探索建立川西林盘生态系统生产总值（GEP）核算技术规范、川西林盘生态价值转化模型与核算体系等，不仅有利于强化绿色发展导向，还能为破解生态产品价值实现中的"难度量、难抵押、难交易、难变现"问题提供基础性技术支撑。

（2）路径转变：城乡融合践行，推进林盘保护开发模式的提质升级

国家城乡融合发展试验区的建设使成都市不断打通城乡生产要素双向自由流动的制度性通道，促进川西林盘的保护利用走上新台阶。一方面，推进川西林盘保护与利用可

---

[1]  曾九利，唐鹏，彭耕，等. 成都规划建设公园城市的探索与实践[J]. 城市规划，2020，44（8）：112-119.

以通过生态场景打造、生态产品供给促进业态创新和产业集聚，进而使川西林盘成为农村人口就地就近就业和城乡产业协同发展的重要载体；另一方面，推进川西林盘保护与利用显化了对土地、资金等要素的需求，形成推进农村集体经营性建设用地入市机制和农村产权抵押担保机制创新的倒逼动力，有利于成都市城乡融合发展试验区创新性探索改革发展路径。

城乡融合单元的谋划成为优化川西林盘保护利用空间格局的重要抓手。为推动城镇、林盘聚落与现代田园融合发展，构建以特色镇为核心，多个新型社区或林盘聚落为支撑，通过环形绿道、主要道路和旅游线路串联，形成"一核多点一环"式布局的城乡融合单元。依托天府绿道、环城生态区、龙泉山城市森林公园等特色资源，结合田园综合体等项目建设，在空间建设与人口集聚规模控制基础上，采用"特色镇+林盘+产业园""特色镇+林盘+农业园区""特色镇+林盘+景区"三种建设模式，统筹乡镇及林盘的自然生态修复和保护、产业经济发展、公服与基础设施建设、景观体系打造、文化内涵彰显等一系列工作[1]，塑造"产田相融、城田相融、城乡一体、山水渗透"的新型城乡形态。

（3）品质转变：场景营造引流，聚力品质消费空间塑造以筑巢引凤

以具有川西特色性、林盘生态性、形态美学性的川西林盘高品质场景营造，增强公园城市在乡村发展新场景与新形态的多元表达，吸引社会资金和社会组织参与林盘品牌化发展。在确保不破坏基本农田、严控建设用地总量、引导适宜建设规模、科学策划项目的基础上，坚持"整田、理水、护林、改院"等 理念，加强对林盘聚落大田、林园、宅院、水系等核心景观要素保护发展的系统控制引导。注重通过对林盘田园空间、林木空间、宅院空间等进行微改造以匹配产业植入的空间需求，提高新型产业空间与林盘聚落空间形态的协调性。聚焦本土居民的林盘发展与都市人群户外消费的新需求，以提高人的获得感和幸福感为根本出发点，以绿色田园为本底、以自然山水为映衬、以天府文化为内核，打造一批功能复合多元的绿道型、山水型、郊野型、人文型、圩市型、产业型林盘消费空间[2]，营造诗意栖居的生态场景、农文旅融合的生产场景、多元体验的生活场景，培育出以郫都林盘农业文化遗产、竹艺村特色竹艺手工业、稻香渔歌田园旅游、明月村陶艺创意、七里诗乡文化体验、徐家渡童趣研学、官塘村会展接待等为代表的特色林盘场景。通过多种功能承载、多样化服务设施建设、满足多层次人群需求、多元化活动植入的林盘高品质场景营造，塑造消费符号抢占市民游客关注视野，制造品牌营销引爆点，吸引社会资金和社会组织更好地参与林盘的保护开发。

（4）动力转变：都市功能植入，强调新消费业态激活林盘多元发展

融入公园城市生态产业化和产业生态化发展格局，以新消费经济引领带动林盘农商文旅体多元业态发展。促进川西林盘发展融入公园城市产业布局和产业生态圈，将林盘

[1] 郑玉梁，李竹颖，杨潇. 公园城市理念下的城乡融合发展单元发展路径研究——以成都市为例[J]. 城乡规划，2019（1）：73-78.

[2] 成都市公园城市建设管理局. 川西林盘生态保护修复和景观设计导则[Z]. 2021.

产业培育成为公园城市绿色发展产业链、价值链、创新链的组成环节，促进各类资源要素在城乡之间充分自由流动，以公园城市新消费经济辐射带动林盘多元化业态发展，激活川西林盘发展的内生动力与造血机制。深入挖掘川西林盘的生态价值、美学价值、文化价值，基于林盘基础设施提升与环境风貌整治，结合林盘区位优势及特色资源，因地制宜植入商务、会议、博览、度假、双创、社团组织等都市服务型现代功能业态，形成新消费经济引领下的"林盘＋"业态，涵盖"林盘＋特色现代农业""林盘＋特色手工业""林盘＋文化创意""林盘＋都市农旅""林盘＋都市文旅""林盘＋公益生态"等[1]，最终不断向农商文旅体融合的复合产业体系转变。农商文旅体的发展注重突出"农"的生态赋能、"商"的产业逻辑、"文"的价值浸润、"旅"的聚人引流、"体"的身心塑造作用。强调构建产业集聚、功能复合、特色彰显的新型林盘聚落，彰显林盘造血功能培育的重要性，是成都市在公园城市建设背景下实现乡村经济高质量发展的重要发展方向。

（5）主体转变：新型主体经营，多方合作参与林盘的共建共治共享

坚持"政府主导、市场主体、商业化逻辑"的原则，探索建立"政府＋社会资金＋集体经济组织＋农民"的新型经营主体参与林盘保护、开发、建设、治理的合作模式。由政府负责制度供给与要素保障，部分地区成立工作小组辅助推进林盘保护利用工作；市场方负责项目开发与场景运营，可由投资公司引入策划、设计、运营团队来进行专业化运作，鼓励片区开发、整体招商、一体运营；村集体经济组织可通过自行开发运营、联营、入股等方式开发利用集体建设用地，整合盘活林地、荒地、水面、办公用房、厂房、闲置校舍等资产资源，且负责提供有关服务；农民参与和分享产业开发带来的经济社会效益。搭建多方主体合理分配利用开发收益的机制，形成利益共享、风险共担的责任共同体、经济共同体和命运共同体，推动林盘高效化开发运营。此外，注重构建人才联盟合作机制，联动国内外知名设计机构，整合本地非遗传承人和外来文创团队、驻村大师、乡村规划师等优质人才，为林盘保护开发提供来自专业力量的项目研判、决策咨询、建设指导、商业运营等各类服务。

## 4.2 公园城市建设目标下川西林盘保护利用的工作框架与实施方案

为了高质量推进川西林盘保护修复工程，成都市谋划2018～2022年5年内完成1000个川西林盘的保护整治和更新利用任务，重点打造100个精品林盘[2]，远期计划完成3160个林盘整治，展现成都公园城市"水润天府皆繁星，锦绣田园嵌林盘"的大美蜀乡

---

[1] 范颖，荀建汶，李果．城乡融合引领下乡村空间生产与"乡村＋"发展路径探讨——成都公园城市城乡融合乡村振兴典型案例的启示[J]．农村经济，2021（7）：136-144．

[2] 陈泳，李萌．成都市川西林盘保护修复工程实施方案出台[N/OL]．成都日报，2018-04-14. http://www.chengdu.gov.cn/chengdu/smfw/2018-04/14/content_8efd2c3faec3476abb96e13922e2bca0.shtml.

盛景[1]。

在总体目标指引下，成都市通过一系列措施有序推进川西林盘保护修复工程的实施，取得了卓有成效的建设成果。2018年，成都市启动首批特色镇培育创建和100个川西林盘保护修复，并且编制出台《成都市川西林盘保护修复利用规划（2018—2035）》等系列规划。2019年，成都市针对产业发展同质化问题进行了产业分类发展的引导行动，制定《成都市特色镇（街区）建设和川西林盘保护修复2019年行动计划》，提出多方面的深化工作思路，启动了321个川西林盘的保护修复且重点打造其中107个精品林盘，年底首次向全球设计师征集6个特色镇（街区）和16个川西林盘的规划设计方案。2020年，继续启动林盘建设200个，构建具有创新性的中国乡村规划师制度，为乡村及林盘发展提供人才制度保障。同年成功举办成都市第二届特色镇（街区）建设和川西林盘保护修复规划设计方案全球征集活动。2021～2022年，成都市保护利用更多生态本底条件好且位于乡村振兴示范走廊上的川西林盘，启动林盘建设300个，开展多次川西林盘的宣传推广活动。

截至2022年7月，成都市川西林盘保护利用累计投入资金40亿元左右，其中撬动社会资金逾30亿元，启动川西林盘保护修复项目1005个，提档升级精品林盘168个[2]，保护利用川西林盘数量占全市可开发林盘总数8618个的11.66%，有力促进了农商文旅体融合产业发展、农民收入水平提升、林盘生态环境改善等。整体而言，川西林盘保护与利用工作在规划引领、要素改革、项目支撑、综合整治、品牌打造、实施保障等多方面取得具有重要创新价值的实践经验。

（1）规划引领

从2018年开启川西林盘保护修复工程以来，从市、区（市）县至各个林盘出台了一系列规划指引，统筹引领川西林盘的保护利用发展。在成都市层面，编制出台了《成都市美丽宜居公园城市规划（2018—2035年）》《成都市川西林盘保护修复利用规划（2018—2035）》《成都市川西林盘保护利用建设技术导则》《成都市川西林盘保护修复工程实施方案》《川西林盘生态保护修复和景观设计导则》等；在区（市）县层面，编制了《都江堰市川西林盘保护利用修复规划》《天府新区成都直管区川西林盘保护修复总体规划》《郫都林盘管理导则》《新津县川西林盘保护规划》等；在各个林盘本身层面，在政府指导下，由村或投资主体邀请规划团队编制规划，完成了如黄家大院林盘保护和整治规划、明月村概念性规划设计、集贤乡山泉村徐家林盘整治规划等。以标准体系为基础的林盘风貌管控整套机制的出台，确定了林盘保护利用"不大拆大建、不挖山填塘、不过度设计、不冒进求洋"的原则，强化了川西林盘"保、改、建"的基本管控取向，划定了成片发展、串联成网、规模推进的重点区域，优化了全市特色镇（街区）和

[1]　陈泳，李萌．成都市川西林盘保护修复工程实施方案出台[N/OL]．成都日报，2018-04-14. http://www.chengdu.gov.cn/chengdu/smfw/2018-04/14/content_8efd2c3faec3476abb96e13922e2bca0.shtml.

[2]　蒋蓉，李帆萍，刘亚舟，等．公园城市背景下成都川西林盘保护与利用规划探索与实践[J]．城乡规划，2021（5）：72-80.

川西林盘布局，减少了林盘资源无序开发必然带来的特色减弱、布局分散等问题。此外，在规划编制设计方面，创新乡村规划师制度，举办川西林盘保护修复规划设计全球征集活动，注重通过"乡村规划师+应征团队+专家智库+多方参与"的开门编规划模式全过程跟踪服务。

（2）深化要素改革

持续深化以土地要素为重点的农村集体产权制度改革，审慎推进农村集体经营性建设用地入市管理。探索在农民自愿和符合国土空间规划前提下，村集体依法收回农民自愿退出的闲置宅基地、废弃的集体公益性建设用地的使用权，按照国土空间规划确定的经营性用途入市。稳慎推进农村宅基地改革试点，探索农地经营权规模流转新模式，锁定农村集体经济组织成员和资产，建立农民股份经济合作社，支持农村集体经济组织采取股份合作等市场化方式对农地进行统一规划、统一经营、统一开发，以集体经济组织整合收储闲置资产，从而保证在整合分散资源、保护农民利益、衔接外来资本过程中具有基本的组织载体。

完善特色镇与林盘建设用地保障制度。鼓励区（市）县政府统筹安排新增建设用地指标或通过土地规划局部调整等方式保障特色镇发展用地，市级部门给予年度计划指标支持。支持特色镇（街区）实施农村土地综合整治，优先保障土地综合整治计划需求，指导区（市）县将土地综合整治项目结余建设用地指标优先保障特色镇发展。鼓励通过自行开发运营、联营、入股等方式开发利用集体建设用地，鼓励集体建设用地向新镇区周边集中，促进农村居民在新镇区或镇区周边集中居住。

（3）空间综合整治

依循"护林、整田、理水、修道、改院、植业"推进林盘空间营造。护林，保护林盘生态，实施景观化改造提升，打造与周边堰塘、水渠、农田等自然环境有机融合的原生态、四季美的林盘景观；整田，发展现代农业、景观农业，实施农田规模化、景区化改造，提升农田的经济价值和景观价值；理水，尊重水系自然流向，保持天然的河滩、河心岛、河岸线等，原则上不对河道进行直改弯、弯改直等人工改道；修道，对现状道路和乡村机耕道等进行旅游化提升改造，利用条件较好的村道、组道、机耕道、河堤道、园林道等发展绿道，串联服务中心、服务节点，形成贯通性的林盘路网体系；改院，以"多改少拆"为原则，改造提升传统民居、老旧院落，使其在保留原有特色基础上适宜承载新的功能；植业，依托林盘聚落良好的生态环境和优美的山水田园景观，植入商务、会议、博览、度假、双创、社团组织等多种与郊野公园定位相匹配的功能，形成商务会议型、文化博览型、民宿度假型、创客基地型、社团组织型等现代特色林盘。

推进基础设施和公共服务配套设施建设。完善学校、基层医疗卫生机构、基层综合性文化服务中心等公共服务设施建设，加强绿道、公园湿地、人居环境整治等生态环境设施建设，指导和支持相关项目实施，积极探索特色镇（街区）和川西林盘公共服务和基础设施投资社会化推进模式。稳步推进农村生活垃圾收运体系提档升级，建立农村垃圾收运工作台账。加快推进特色镇（街区）及其覆盖区域农村生活污水处理，优化供水、排水及污水处理设施的建设与运行管理，加强饮用水水源保护工作，结合防洪堤建设美化江河两岸堤路。大力推进农村"厕所革命"和厕所粪污资源化利用、无害化处理，在特色镇（街区）、川西林盘、乡村绿道中合理配置公厕。深入开展村庄清洁美化提升行动，推进多个村容村貌薄弱村环境整治，以点带面促进农村环境风貌提升。

（4）资金渠道、项目支撑与品牌创建

市级财政设立专项资金支持特色镇（街区）和川西林盘建设，鼓励区（市）县级财政加大投入力度，充分发挥政府性资金的撬动作用，吸引社会资金参与特色镇（街区）建设和川西林盘保护修复。成都市出台《成都市特色镇（街区）建设和川西林盘保护修复专项资金管理办法》，制定项目库管理和项目申报实施细则，区（市）县制定专项资金管理细则。按照"策划一批、招引一批、建设一批、运营一批"的思路，建立特色镇（街区）建设和川西林盘保护修复重大建设项目库和储备库，保证错位发展和有序竞争。改进专项资金使用导向，使资金分配与实际效果挂钩、与招商项目落地情况挂钩，引导区（市）县将特色镇（街区）建设和川西林盘保护修复落到实处。

建立鼓励社会资金参与特色镇（街区）建设和川西林盘保护修复的投融资机制。设立特色镇（街区）建设和川西林盘保护修复发展基金，按照市场化原则运营管理，以特色镇（街区）建设和川西林盘保护修复为主要投资领域，推动城镇基础设施及公共服务配套设施、城镇拆迁改造、文化旅游和产业园区等项目建设，如大邑县设置川西林盘建设基金1亿元推动全域川西林盘保护修复示范县建设。运用政府和社会资金合作模式（PPP）、财政贴息、直接补助等方式吸引社会资金参与建设和运营。引导市属国有企业参与特色镇（街区）建设和川西林盘保护修复。

多元渠道推进川西林盘品牌化创建。按照资源摸底、培育推荐、创建辅导、整改提升和评审认定的程序，创建一批示范性作用明显的A级林盘景区。深入挖掘巴蜀特色乡村文化元素，扶持打造具有地域特色的乡村旅游品牌节会活动和文化演艺节目，支持成都龙泉桃花节等本土节会活动扩大影响力。持续举办天府大地艺术季，每年策划推出利用绿道、林盘等载体创造的多个新场景。全市统筹安排招商和建设进度，常态化到全国各地开展特色镇（街区）和川西林盘项目招商推介活动，系统、精准地开展项目策划、包装、营销等工作。

（5）实施保障

健全完善工作推进机制。根据机构改革后部门设置和职能职责，优化调整成都市特色镇（街区）建设领导小组成员单位，修订完善领导小组及其办公室议事规则、工作细则、成员单位责任分工，制定人员配备方案，分别从市规划和自然资源局、市生态环境局、市住建局、市城管委、市水务局、市公园城市局、市文广旅局等成员单位抽调人员配强领导小组办公室工作力量。强化成都市与下属各区（市）县的联动，各区（市）县设立特色镇（街区）建设领导小组，负责本区域特色镇（街区）建设和川西林盘保护修复的统筹协调工作，确定领导小组办公室的责任主体，建立工作机制。

出台林盘工作行动计划。成都市特色镇（街区）建设领导小组于2019年制定行动计划，计划提出从"优规划、精筑城、广聚人、强功能、兴产业、建机制"六个方面着力，构建起一个强有力的政策支撑体系和效能监督体系[1]。由36个市级部门统筹72项具体工作，包括策划规划指导体系、基础设施公共服务配套体系、人地钱要素支持体系、目标责任体系等。围绕特色镇（街区）和川西林盘建设的各个环节，制度机制被进一步完善，实现同部署、同建设、同推进。

建立绩效考评机制。区（市）县专项资金主管部门要按照财政项目支出绩效评价的有关要求，对项目决策、项目建设、项目管理、计划完成和项目效果等全过程进行绩效考评，并按照有关要求形成绩效自评书面报告报市农业农村局。市农业农村局、市财政局根据总体安排开展重点考评。

## 4.3 筑牢"林-田-水"绿色发展生态基底

（1）树立生态理念，系统地保留、培育、优化生态绿地系统

立足"林、田、水"等一体化要素，保护林盘完整的生态基底形态。大小林盘星罗棋布地分布在川西平原地区，林盘中，宅院掩映于高大的楠、柏等乔木与密实的竹丛之中，水渠环绕或穿过，沃野环抱，竹林环绕，房舍时隐时现。川西林盘孕育并承载了丰富的乡土文化，林盘中的树木池塘、坟茔庙宇，周围的农田沟渠、林地溪流都成为颇具地方特色的生态符号，深深地根植于当地居民的生活之中，成为维系当地居民情感认同、家园情怀的重要纽带。优良的生态环境是乡村地区落实公园城市"山水田林湖城"生命共同体的绿色基底，以"林、田、水"等林盘一体化要素作为川西林盘打造的着力点，积极引进新的经济形态，利用闲置房屋及田地，将水系生态经济、绿道健康经济与森林环保经济串联起来，从而产生乡村振兴的原动力，充分激发林盘的原始生命力。

（2）构建生态基底，维持环状网络化生态空间结构

在长期的生活生产过程中，川西居民与自然之间逐步形成一种和谐的相处方式，林盘正是这种维系人地和谐、融合农业生产与居住生活为一体的景观形态。在树立整体生态保护理念的基础上，详细调研林盘聚落的生态资源，充分研究认识林盘聚落植物群落的生态结构特征和价值，并结合人的活动特征、视线特征，以"景区化、景观化、可进入、可参与"为目标，实现生态资源的有效整合[2]，不轻易侵占林、田、水

[1] 李炜，张艳玲，余瑶. 公园城市的乡村表达——四川成都市以特色镇与川西林盘为载体推动城乡融合发展观察[N/OL]. 农民日报，2020-05-08. https://szb.farmer.com.cn/2020/20200508/20200508_001/20200508_001_1.htm.
[2] 郑玉梁，李竹颖，杨潇. 公园城市理念下的城乡融合发展单元发展路径研究——以成都市为例[J]. 城乡规划，2019(1)：73-78.

资源，尽最大努力保留、利用、优化环状网络化生态资源，维持环状网络化生态空间结构。

在川西平原地区，农业生产劳作是与生活相交融的活动，林盘景观形态的发展与林盘传统土地耕作模式与生态环境相互依存。川西林盘在城镇化发展中，通过以林盘及周边农田生态为依托，发展多样化的农业项目，保持林盘与农业相互依存的生态模式，延续林盘景观的内在灵魂。

对于农耕型林盘和生态型林盘而言，外部的自然生态环境是赖以生存的基础，因此应将其纳入重点管控范围；而对于乡村旅游型林盘、特色产业型林盘和综合聚居型林盘而言，因其开发强度和人类活动强度较大，也应进一步加强保护，减少人为破坏。

具体分为六项策略：维持环状网络化生态空间结构，分析林盘植物群落特征并提出生态修复、优化方案，建议完善生态绿地分类及计算方式，有机组织生态斑块、生态廊道，有机结合传统园林手法与林盘聚落生态空间，保护外部自然资源和特色农业产业资源；并在此分项策略指导下提出了分项技术导引（表4-1）。

表 4-1 川西林盘聚落的自然生态策略及技术导引

| 系统分类 | 分类策略 | 分项策略 | 技术导引 |
| --- | --- | --- | --- |
| 自然生态 | 保护、培育和优化林盘聚落整体生态绿地系统 | 维持环状网络化生态空间结构 | 保留、利用、优化环状网络化生态资源，不轻易侵占林木资源；新增宅院、组团建设用地需进行科学的生态适宜性评价，综合各种因素合理选择建设用地 |
| | | 详细调研和分析林盘植物群落特征，综合提出生态修复、生态优化方案 | 详细调研和分析植物群落特征，综合提出生态修复、生态优化方案，增加生物多样性，改善人居环境；系统研究、引导空心林盘保护策略、功能转型 |
| | | 科学分析林盘生态绿地构成，建议完善生态绿地分类及计算方式 | 针对林盘聚落生态空间结构特征，应扩大生态绿地的分类别；将建筑院落、组团之间的生态绿地进行细分，允许保留林盘内部与建设用地相间、交错布局的生态绿地，避免建设用地集中式布局带来的生态林地损毁 |
| | | 有机组织生态斑块、生态廊道，增强其功能性 | 将林木生态斑块、水系和道路生态廊道、庭院绿化有机组织到生态绿地系统和游憩空间体系中 |
| | | 有机结合传统园林手法与林盘聚落生态空间 | 加强林盘聚落"园林化"导向，有意识地吸收、传承川西园林的特点，增强生态绿地的功能性、游憩性、艺术性 |
| | | 保护外部自然资源和特色农业产业资源 | 全面重视林盘聚落体系演变中的外部生态保护；对水系、灌溉沟渠、灌溉设施进行保护利用 |

（3）护林：提升林木景观，全面保护和修复林盘森林体系

"护林"就是保护林盘生态，对林盘林木实施景观化改造提升[1]；牢固树立"绿水青山就是金山银山"的理念，建立全面保护、系统恢复、用途管控、权责明确的林木保护修复制度体系，维护天然林生态系统的原真性、完整性，促进人与自然和谐共生，不断满足人民日益增长的对优美生态环境的需求。尤其对于综合聚居型、乡村旅游型和特色

---

[1] 汪小琦，高菲，刘欣，等. 成都市生态绿隔区管控探索[J]. 规划师，2020，36（2）：54-58.

产业型林盘而言，开发强度和人类活动强度相对较大，更应该着重保护林盘周边的林木不被侵蚀，以维护林盘面貌的原真性。

具体分为三项策略：传承与发展植被群落模式，提升生态林地的景观性、功能性，建立林木保护修复制度；并在此分项策略指导下提出了分项技术导引（表4-2）。

表4-2　川西林盘聚落的林木保护与修复策略及技术导引

| 系统分类 | 分类策略 | 分项策略 | 技术导引 |
| --- | --- | --- | --- |
| 林盘与林木 | 提升植被景观效果，建立全面有效的林木保护修复制度 | 传承与发展植被群落模式 | 保护乡土树种、竹林和古树名木；<br>适度种植观叶植物，引入外来物种以丰富景观层次，延长景观观赏期 |
| | | 提升生态林地的景观性、功能性 | 推动林木资源园林化，提升美学价值；<br>优化提升生态林地景观，塑造植物景观的多样化、色彩化，引导生态斑块与公共活动空间、游憩空间结合 |
| | | 建立林木保护修复制度 | 完善林盘分级分类监管体系，依据林盘的面积、分布区域、类型和重要性程度进行分级分类，明确保护要求和事权划分，建立完整高效的管理流程；<br>健全林地用途监管制度，规范林地的用途管理；<br>建立林木修复制度和保障制度，优先修复受损严重的高级别林地，拓宽保护修复资金的筹措渠道，提升林木保护修复技术，依靠专业人才资源，拟定科学合理的修复方式 |

（4）整田：加强农田污染防治和监测，推进农田生态环境可持续利用

"整田"即发展现代农业、景观农业，通过农田规模化、景区化改造，提升农田的经济价值和景观价值[1]。要根据资源禀赋、区位条件和产业基础，为业缘相近且有条件成片的规模化农业划定发展片区，引导相似产业集聚，打造主业突出、特色鲜明和集约高效的现代农业功能区，塑造农业产业品牌。

农田生态系统最重要的任务就是保护农田生态环境的可持续利用，为此，首先需要全面推进土壤污染与水体污染防治，使用无公害农药和除草方式控制有害杂草、害虫的发生，严格控制农药残留；适度控制化学肥料的施用。建立监测预警体系，推进"土壤污染防治"，开展污染治理与修复，保障土地资源永续利用，加强水污染防治和水生态保护。使农业生产赖以存在的土壤、水源、空气等一切要素向良性方向发展。尤其对于农耕型林盘而言，要推动农田的集中化，并通过完善灌溉设施等方式提高农田质量，为后续一、二、三产联动发展打好基础。而对于综合聚居型、特色产业型林盘而言，则要注重限制建设开发活动对农田的占用，限制其他产业类型（包括花卉种植业等）对农田的占用，防止农田的非粮化现象。

具体分为四项策略：发展现代农业以推动林盘农业规模化和产业化发展，推进农田污染防治与修复，设立农田土地用途负面清单与奖惩机制，建立监测预警体系；并在此

[1]　汪小琦，高菲，刘欣，等. 成都市生态绿隔区管控探索[J]. 规划师，2020，36（2）：54-58.

分项策略指导下提出了分项技术导引（表4-3）。

表4-3　川西林盘聚落的农田保护与修复策略及技术导引

| 系统分类 | 分类策略 | 分项策略 | 技术导引 |
|---|---|---|---|
| 农业与农田 | 加强农业生产要素的污染防治和监测，推进农田生态环境的可持续利用 | 发展现代农业，推动林盘农业规模化和产业化发展 | 进行农田整治。依据土地条件推动田土平整化、水田网格化改造，推动农田全面铺设灌溉、排水设施，提升农田的基础设施配套建设。推动农田集中化规模经营；发展农业景区，展示农耕文化。依据农田打造原真性的乡土景观，适度植入差异化的乡土教育、文化交流、农事体验、特色旅游等功能，推动农田的景区化改造 |
| | | 推进农田的污染防治与修复，保护农田生态的可持续利用 | 推广使用无公害农药和无害化除虫除草处理方式，控制农业的土壤污染和水体污染；强化对受污染农田的整治与修复。因地制宜采用翻土置换+植物修复+农艺调控、钝化+微生物降解+低累积作物种植等科学方法进行治理 |
| | | 设立农田土地用途负面清单，建立奖惩机制 | 设立农田土地用途负面清单，明确农地保护修复红线；严格保护永久农田，限制对农田资源的过度、不合理开发；坚决禁止以各种名义对永久基本农田的各类开发建设；不建议以各类异型风貌打造大地景观，避免建设过度开发的农旅文旅项目 |
| | | 建立监测预警体系，对农田的保护和修复进行持续的评估反馈和改善 | 建立监测预警体系，确定监测指标和预警等级，依据监测结果进行周期性、总结性的现状评估，把控修复进度，并对修复治理工作进行及时调整和改善 |

（5）理水：提升水岸环境，恢复水系的生态文化功能

"理水"就是依托都江堰、玉溪河等自流灌溉水系，彰显水文化，提升水景观。加强河湖湿地水系建设，构建"六河、百渠、十湖、八湿地"水网体系，打造"六河贯都、百水润城"的水灵成都，打造功能复合、开合有致的滨水空间。林盘渠系是最具生态智慧的水生态工程，是数千年农耕文明的典型代表，正是由于纵横交错的水系，才衍生出星罗棋布的林盘，渠系岁修制度一直延续到今天，水文化是林盘物质文化的基础[1]。

水生态的保护和提升有着极为重要的引领和示范作用。应依托川西平原丰富的水系水网，重塑林盘水生态空间格局，形成多样的水系空间脉络。加快推进林盘灌区的修复工程，对现有水系和渠系进行恢复提升，对水岸两侧的川西林盘和粮菜种植等进行景观化塑造，形成林盘水生态文明典范区。

具体分为三项策略：疏浚水系，提升防洪排涝能力；改善水质，加强水系排放管理；修复生物多样性，营造特色水系景观。并在此分项策略指导下提出了分项技术导引（表4-4）。

[1]　曾筱，吴浩，詹莉，等. 作为空间叙事文本的川西林盘聚落景观营建策略研究[J]. 装饰，2022（2）：127-129.

表4-4　川西林盘聚落的渠系保护与修复策略及技术导引

| 系统分类 | 分类策略 | 分项策略 | 技术导引 |
|---|---|---|---|
| 水渠及水系 | 修复林盘受损水系，提升水岸两侧景观环境，恢复水系的生态功能和文化功能 | 疏浚水系，提升防洪排涝能力 | 恢复被侵占和填埋的沟渠；<br>疏通堵塞或退化的自然水系；<br>修建生态护坡，注重生态防洪排涝系统建设 |
| | | 改善水质，加强水系排放管理 | 增补林盘的污水处理设施；<br>建设河岸植被缓冲带，种植可降污的水生植物，利用沉积作用和过滤作用改善水系周边的水质条件；<br>采用水质标准分级管理，自然水系一般用于居民生活，水质要求最高，人工灌渠主要用于农业灌溉，水质要求次之；<br>加强污水排放监管，严厉打击乱排乱放、污染水资源的违法行为 |
| | | 修复生物多样性，营造特色水系景观 | 深入挖掘林盘特有的动植物资源，种植本土植物，增加岸线绿化，注重乔木、灌木、草、竹等不同种类植物的搭配和层次；<br>改善河流、沟渠的堤岸，塑造自然的河床形态；<br>尊重自然的水系流向，改善沟渠的平面形式，避免单直线的河岸线 |

## 4.4　构建"路-院-宅"高品质配套生活空间

（1）强化空间管控，保护与维持林盘聚落生活的整体性

保护林盘的完整形态。林盘文化景观保护的要义之一是保护林盘所处生活环境的完整性。传统川西林盘是依附于川西平原地区传统农耕生活的居住形态，城乡一体化和新型农村社区的快速发展，以及传统林盘与现代生产、生活方式的矛盾，导致部分农村人口搬离林盘，并给林盘造成严重破坏[1]。必须保护林盘所处的地形地貌和生活环境的真实信息。路、院、宅等要素是构成川西民居生活环境、生活方式不可或缺的因素，在建设中要高度重视。

保护林盘的核心区域，即居住区的传统川西民居建筑。林盘中的建筑多为典型的川西民居，青瓦屋顶，门窗以雕花装饰，建筑局部的木雕图案非常精美。对于保存完好的建筑，必须精心保护；对于不能再利用的川西民居建筑，也要依照传统川西民居的建筑形态、布局和材料进行改造或重建，以传承林盘历史文化。通过保护建设来促进林盘院落生活居住环境质量的提升，增添林盘院落的生机和活力[2]。

（2）优化用地管控，保护林盘聚落整体的空间形态

林盘聚落的住宅用地呈现组团式、院落化特点，住宅院落、居住组团与生态用地交错布置，造成林盘的盘状用地范围内的人均用地指标较高，在现有宅基地指标控制和集

---

[1]　刘勤，王玉宽，郭澄蔓，等. 成都平原林盘的研究进展与展望[J]. 中国农学通报，2017，33（29）：150-156.
[2]　蔡竞. 乡村振兴视域下川西林盘保护性发展的调查与思考[J]. 农村经济，2018（12）：56-61.

约用地政策的影响下，如果将建设用地完全集中布局，并采用在规划建设用地的闭合红线内计算人均建设用地指标的方式控制用地规模，将造成林盘聚落的建设强度增大，建筑密度增加，生态绿地、生产用地减少，户均用地面积降低，建筑高度增加，院落空间严重萎缩，庭院经济受到不利影响，传统单层住宅带院落的居住形态改变，林盘整体空间结构形态被破坏。因此，在林盘保护规划建设中，须优化用地管控，维持合理的布局结构，方能实现林盘聚落整体空间形态的保护。

一是优化用地管控，科学引导建设用地标准的执行和计算方式，科学合理地管控人均建设用地和宅基地指标计算方式，维持建设用地组团式的布局结构。不宜过度缩减人均建设用地指标和宅基地指标，不宜将规划建设用地集中布局在闭合的红线内计算人均建设用地指标，而应引导组团式布局，合理保留林盘内部与建设用地相间、交错布局的生态绿地；维持低密度、院落化的居住形态，合理确定户型面积和院落用地面积，不宜取消院落空间或大幅度缩减院落空间，院落用地可纳入建设用地计算，但不宜纳入宅基地计算，从而维持、优化生态用地和建设用地交错融合的组团式空间结构，促进林盘整体格局保护。

二是研究一定范围内（镇域）的林盘聚落体系的规模等级结构、职能结构和空间分布的规律，科学控制林盘聚落的人口规模。根据经验分析，林盘新增人口宜控制在现有人口的1/2以内，以确保林盘得到较好保护；林盘新增人口最大不应超过林盘现有居住人口，以免造成林盘人口聚集度太高，人口规模数倍增加，建设用地规模急剧扩大，迅速破坏林盘整体形态的恶果。

三是从林盘聚落整体形态的保护出发进行土地整理工作，合理确定农村居民建设用地指标和数量，严格控制高强度、高密度建设，控制小区化、城镇化甚至高层化的住宅建设倾向。

（3）修道：串联林盘道路，激活与孵化川西乡村绿道活力

作为公园城市建设的重要内容，正在规划建设中的"天府绿道"在生态建设、环境保护、产业发展等方面具有"举纲张目"的重大意义。在"可进入、可参与、景观化、景区化"的规划理念指引下，绿道良好的生态效益、文化效益、游憩效益与经济效益使得绿道的建设方兴未艾。乡村绿道是在绿道概念的基础上提出的，是以广大乡村地区的林网、水网、路网等线性空间为研究对象，以重组生态破碎空间、展现乡村传统文化、丰富居民日常游憩、促进乡村产业聚集为目的的城镇与乡村、乡村与乡村之间可持续的绿色土地网络[1]。乡村绿道应立足"天府绿道"区域特色文化及林盘资源，设立多样化的绿道主题，融合沿途林盘村落，串联环线生态资源。

随着乡村现代化建设进程加快，部分乡村道路文化景观正在或将遭受严重破坏。因此，对林盘乡村道路进行保护与修复，探索乡村文化景观保护与更新的新途径十分重要。在林盘乡村道路保护与修复上，要详细调研现有林盘乡村道路的尺度、材质、形

[1] 夏梦婷，徐文辉. 基于多功能协同评价模型的乡村绿道规划研究[J]. 中国园林，2021，37（11）：86-91.

态、分布位置、组合方式、现状存在的问题，加大传统道路景观保护与修复力度。通过适度的景观化打造，将林盘乡村道路营造为风景长廊；实施风景化提升，将农户庭院、农事设施等塑造为特色景观节点。充分利用现有的村道、组道、机耕道、河堤道、园林道进行绿道改造，形成相互贯通的绿道网络体系。

对于有绿道串联的农耕型、生态型和乡村旅游型林盘，应该通过适当植入景观节点和将农户庭院、农事设施等塑造为特色景观等方式提高绿道的吸引力，增加林盘的对外连通性；而对于综合聚居型和特色产业型林盘而言，要注意道路建设应与产业发展和人口规模增加相协调，依据人流和货物流适当对传统道路进行升级改造。

具体分为三项策略：秉持原真性、完整性原则，保护和修复林盘道路；进行乡村道路的景观化改造；构建乡村绿道网络体系，塑造特色景观节点。并在此分项策略指导下提出了分项技术导引（表4-5）。

表4-5　川西林盘聚落的道路保护与修复策略及技术导引

| 系统分类 | 分类策略 | 分项策略 | 技术导引 |
|---|---|---|---|
| 村道和绿道 | 保护和修复林盘乡村道路，进行景观化改造，打造乡村各级道路相互贯通的绿道网络体系 | 秉持原真性、完整性原则，保护和修复林盘道路 | 详细调研林盘乡村道路现状，提出综合整治、修复和优化方案；提升道路两侧的卫生环境，重点清理墙脚、墙根，码齐柴垛，清除杂物；延续林盘乡村道路的尺度、分布位置、形态肌理，使用竹编、彩砖、鹅卵石、青石等当地建筑材料进行乡村道路修补 |
| | | 进行乡村道路的景观化改造，提升道路观赏性 | 提升道路的观赏性，通过植入景观小品、观赏性植物等方式，丰富乡村道路的体验感 |
| | | 构建乡村绿道网络体系，塑造特色景观节点 | 梳理林盘乡村道路类型，贯通村道、组道、机耕道、河堤道、园林道等道路，形成连续的道路网络；适当植入景观节点，将农户庭院、农事设施等塑造为特色景观，提升绿道风景 |

（4）改院：注重宅院传承，系统保护、整治、创新川西民居宅院

"改院"即是按照"乡土化、现代化、特色化"的原则改造和建设林盘建筑。宅院是林盘的重要组成部分，林盘宅院有其独特的川西地域特色和文化特色。注重对传统文化村落的梳理和保护，改造提升传统民居、老旧院落，划定林盘边界，对于保护林盘风貌的完整性、原真性有着十分重要和不可替代的作用。

尤其对于综合聚居型林盘而言，其现代开发和改造的比重较大，应着重遵循传统川西林盘的营建规律，引导新建建筑和新居民组团按照传统的川西林盘空间组织方式布局，避免小区化和过度集中化；对于特色产业型林盘而言，要注意避免因产业发展带来的宅院空间功能和形态大幅度改变和异化，要引导产业发展与传统林盘宅院功能和形态相结合。

具体分为六项策略：研究林盘聚落体系结构及演变机制；维持林盘聚落的土地利用

空间结构；科学合理地管控人均指标计算方式，维持建设用地组团化的用地空间格局；从林盘聚落形态的保护出发进行土地整理；有机延续建筑群体组合形态、肌理；引导新建筑形成川西民居特色。并在此分项策略指导下提出了分项技术导引（表4-6）。

表4-6　川西林盘聚落的居住及院落策略及技术导引

| 系统分类 | 分类策略 | 分项策略 | 技术导引 |
|---|---|---|---|
| 居住及宅院 | 维持、构建居住用地合理空间结构，加强用地政策管控和民居传承与创新 | 研究林盘聚落体系结构及演变机制 | 研究一定范围内（镇域）的林盘聚落体系的规模等级结构、职能结构和空间分布的演变规律；引导中小型空心化林盘的保护、转型和发展 |
| | | 维持林盘聚落合理的院落组团式的土地利用空间结构，促进林盘整体格局保护 | 深入挖掘林盘的核心特征和价值；维持、优化生态用地和建设用地交错融合的组团式空间结构；合理维持低密度、院落化的居住形态 |
| | | 科学合理地管控人均建设用地和宅基地指标计算方式，维持建设用地组团化的用地空间格局 | 不宜过度缩减人均建设用地指标和宅基地指标；不宜将规划建设用地集中布局在闭合的红线内计算人均建设用地指标，而应引导组团式布局，分组团计算建设用地指标；合理确定户型面积和院落用地面积，不宜取消院落空间或缩减院落空间；院落用地可纳入建设用地计算，但不应纳入宅基地计算 |
| | | 从林盘聚落形态的保护出发进行土地整理 | 从林盘聚落保护出发，合理确定农村居民建设用地指标和数量，严格控制高强度、高密度建设，控制小区化、城镇化甚至高层化的住宅建设倾向；完善林盘土地整理的相关政策；引导农村居民增强对林盘聚落保护的意识 |
| | | 有机延续建筑群体组合形态、肌理 | 研究林盘聚落内的建筑群体空间组合形式、脉络，有机延续建筑群体组合形态、肌理 |
| | | 引导新建筑形成川西民居特色，促进民居建筑和院落的保护、整治，以及设施的新技术改造 | 研究挖掘林盘聚落内民居建筑的生态、文化、景观特征，延续川西民居的形态、风格、色彩；分类保护、整治民居建筑和院落，控制不协调的其他风格的新建建筑，控制新建筑的体量、高度等；对传统民居的禽畜舍、厨房、厕所等设施和空间进行新技术改造，以适应现代生产生活方式要求；探索创新适应现代生产生活方式的新川西民居建筑，从建筑空间组合的传统肌理、民居文化传承和生态型、节能型创新方面探索新川西民居住宅设计 |

（5）配套：加强基础设施支撑，提升公共服务配套与承载能力

林盘是川西平原农村居民生活的场所，道路联系交通，房屋提供庇护，庭院可以饲养禽畜、种菜种花，房前屋后的流水可以洗濯浇灌等等。林盘不仅是川西平原地区社会、经济、生态可持续发展的重要资源，也是当地原村民维系乡愁情感的重要载体。要

想在时代变迁中延续川西林盘居住空间的生命力，在林盘承担居住功能时，应对其公共服务设施进行重点改善，满足当代人的居住需求。

对于林盘而言，公共服务设施的充分配套是其可以长期发展的重要支撑，但传统林盘几乎没有公共服务设施，基层管理设施、文化设施、商店等缺乏，社会管理体系不健全，社会环境、卫生状况有待提升。因此，对于农耕型林盘和生态型林盘而言，要加快补短板，完善基本的公共服务配套；对于乡村旅游型、特色产业型和综合聚居型林盘而言，应充分考虑乡村居民的生活所需是随时代进步而产生变化的，在增加品质化的生活性基本服务设施的同时[1]，还需要考虑因产业发展和人口集聚带来的公共服务设施配套对基础设施配套的要求，在进行设施支撑建设时充分考虑产业发展带来的不确定需求，预留足够的弹性。

具体分为两项策略：按标准补充、配置林盘公共服务设施，完善基础设施支撑体系；并在此分项策略指导下提出了分项技术导引（表4-7）。

表4-7　川西林盘聚落的设施支撑策略及技术导引

| 系统分类 | 分类策略 | 分项策略 | 技术导引 |
|---|---|---|---|
| 设施支撑 | 加强公共服务设施和基础设施支撑 | 按标准补充、配置林盘公共服务设施 | 按照《成都市社会主义新农村规划建设技术导则》要求的配套标准，配置管理、文化活动、基层商店等公共服务设施；健全社会管理体系，改善环境卫生状况 |
| | | 完善基础设施支撑体系 | 按照《成都市社会主义新农村规划建设技术导则》的要求，完善林盘聚落的外部道路交通体系、内部机动车道建设、停车场建设、游憩步道建设；完善电力电信、燃气供应、供水、雨水排放、污水处理及排放设施建设，加强灌溉水系、环境卫生管理 |

## 4.5　打造农商文旅体融合产业发展之路

（1）有机融入区域新型产业业态，促进产业生态化、生态产业化

成都市以景产兼顾的农业为基础，构建一体化的"农业＋"城乡产业功能生态圈，发展"农业＋文创、康养、体育、科教博览"等功能，形成扁平化、网络化的城乡功能体系[2]。同时提出要加快转变产业发展和经济工作组织方式，以优质绿色生态资源招引培育绿色生态产业，创新"公园+""绿色+"新产业体系、新经济业态和新消费场景，建立以产业生态化和生态产业化为主体的生态经济体系。而川西林盘作为川西平原地区公

---

[1] 郑玉梁，李竹颖，杨潇. 公园城市理念下的城乡融合发展单元发展路径研究——以成都市为例[J]. 城乡规划,2019（1）:73-78.
[2] 汪小琦，高菲，刘欣，等. 成都市生态绿隔区管控探索[J]. 规划师，2020，36（2）:54-58.

园城市建设的乡村表达，与公园城市的产业发展有着互促共荣的密切联系，因此有必要融入成都市新型产业业态，促进市域产业生态化和生态产业化。

一方面，川西林盘应提升传统产业的技术水平，实现产出提高，降低能耗物耗；同时发展新兴产业形成产业生态圈，来实现产业生态化的目标。另一方面，川西林盘应充分利用优质的生态环境资源作为产业发展的基础动力，持续转化生态价值，实现"绿水青山就是金山银山"。

川西林盘分布于广袤的川西平原上，不同地区的林盘资源条件与经济社会发展程度千差万别，构建以林盘聚落为核心的产业生态圈需要多元主体参与、多种要素进入和多类产业元素配套[1]。要因地制宜发展各类林盘产业，结合川西林盘资源及产业基础，注重多元主体间的分工与协作，实现分散资源整合，推进林盘资源优质开发。重点发展林盘农业、林盘手工业、林盘现代服务业三大类型产业，凸显"农、商、文、旅、体"融合的特色发展理念，以旅游、文创、商贸和新经济等特色产业为核心，发展"重生态、高附加、广辐射"产业，实现川西林盘的保护与修复，从而实现乡村振兴。

（2）农商文旅体融合产业路径，推动林盘经济高质量发展

农商文旅体融合如一个系统构造，其五个维度相互作用、彼此关联，包括了空间、业态、功能等多元融合，有助于形成新的集生态、生活、生产于一体的城市发展模式，从而更好地服务广大人民。其中："农"泛指林盘的农村农业资源，是农商文旅体融合的基础；"商"包括对有形产品及无形服务的市场活动，是农商文旅体融合的动力；"文"涵盖传统文化、现代文化等及其衍生品，是农商文旅体融合的灵魂；"旅"强调通过休闲、观光、体验等方式，满足民众亲近自然的身心需求，是农商文旅体融合的表达所在；"体"强调参与性，借助多元化的方式或举措使民众的需求得到满足，是农商文旅体融合的深度拓展。

充分发挥"农"的生态赋能，为乡村产业植入新底色。"农"注重将乡村农耕气息转化为旅游产品，在开发过程中注重对乡村文化及特色的重新解构，同时集中发展一到两种特色产业，如乡村地区以规模化种植及经济作物种植为主。同时，农业现代化、农产品销售和农事体验也应成为农耕文明展示的重要篇章，营造传统与现代农业生产和谐共生的具有时空交融感的农田风光[2]。特色区域布局农博园区及配套区域，农博园区重点发展会展交流、文创娱乐、展示展销功能，配套区域则完善公共服务、餐饮购物、文化娱乐等生活服务项目，同时提升仓储物流、冷链物流等现代化生产服务配套。对于农耕型林盘而言，坚持以传统种植为基础，以现代农业发展为导向，营造高标准农田，发展智慧农业；对于特色产业型林盘而言，保留、优化苗圃景观特色，避免花卉苗木产业用地侵占林盘乡土林木资源用地，提高苗圃产业空间与林盘聚落空间的协调性；对于生态型林盘而言，重点保护乡村绿色生态资源，并在此前提下，激活林木资源价值，发展林

[1]　张耀文，卿明粱，郭晓鸣. 川西林盘保护与利用：进展、挑战与突破选择[J]. 中国西部，2022（1）：56-65.
[2]　曾筱，吴浩，詹莉，等. 作为空间叙事文本的川西林盘聚落景观营建策略研究[J]. 装饰，2022（2）：127-129.

下产业。

充分发挥"商"的产业逻辑，打造环环相扣的乡村产业特色带。"商"作为农商文旅体融合的动力所在，注重促进农耕产业由单一向集体复合产业转变，由短产业链向长产业链发展，形成规模效应；提升产业空间与聚落空间的协调性，融合餐饮文化、赛事经济、音乐产业、文创与旅游经济等复合新模式，营造高品质空间和消费场景，引进社会投资激发乡村活力，推动农商文旅体融合发展。对农耕型林盘而言，可提供农业商务年会、行业峰会、企业庆典、项目发布等服务，打造商务会议基地；对特色产业型林盘而言，可注重扶持当地传统庭院经济产业发展，引入创业团队，提供创新研发、产品设计、技术创作的基地，发扬传统手工技艺，增加当地居民收入；对乡村旅游型、综合聚居型林盘而言，可注重植入地方品牌，提升旅游地吸引力，利用乡土食材和特色建（构）筑、游客需求与乡村发展，共同拉动乡村经济，带动旅游发展。

充分发挥"文"的价值浸润，提高产品边际价值。发展丰富的乡村文化和展示体系是提升乡村人文魅力、落实公园城市文化发展格局的重要手段[1]。"文"以保护与活化历史文化资源为核心，利用原有林盘文化或植入新的文化要素，提供文化展示、交流、体验等服务，承接产业链功能外溢及配套生活生产服务功能，结合资源特色确定文博、旅游、会展、文创、养生等主要功能，并加强相应配套设施打造。一方面，保护历史文化遗产，合理利用古迹遗址，避免过度开发，消除威胁文物安全、降低环境质量的不利因素；另一方面，活化非物质文化资源，全方位展示手工技艺，让游客能参观、可参与，拓展体验分享、教学研发、自主创作等多种业态。对于特色产业型林盘而言，注重保护古建筑等物质文化，搜集、传承民间艺术和民俗活动等非物质文化，并通过手工技艺展示、沉浸体验等活动，使川西林盘与非遗文化艺术有机结合；对于乡村旅游型、综合聚居型林盘而言，注重发展"林盘+"科技创新、文化与产业联动发展，挖掘在地人文内涵和民俗风情，将更多文化资源和要素转化为旅游产品；对于农耕型林盘而言，打造农耕文化场景，以大地蔬菜景观展览与传统农耕器具展示为主要内容，植入农耕文化体验项目，再现农耕劳作场景。

充分发挥"旅"的聚人引流作用，塑造优势，强化林盘消费市场。"旅"以旅游服务和特色商业为主，重点结合自然风光和人文资源等打造休闲旅游服务配套，同时结合景点开发养生美食、休闲度假、民俗文化体验等类型的旅游产品，达到覆盖各季节、全年龄段的目标，与传统旅游形成消费群体结构性和季节性差异化竞争。乡村旅游作为助力乡村振兴战略实施的一种路径选择[2]，有其独特的资源优势、产业优势、带动优势与政策优势[3]，对于强化林盘消费市场，实现林盘的产业兴旺，有着积极的推进作用。注重"小而精""散而美"的塑造，依托林盘生态，走"川西林盘+主题精品民宿"的绿色发

[1] 郑玉梁，李竹颖，杨潇. 公园城市理念下的城乡融合发展单元发展路径研究——以成都市为例[J]. 城乡规划，2019（1）：73-78.

[2] 蔡克信，杨红，马作珍莫. 乡村旅游：实现乡村振兴战略的一种路径选择 [J]. 农村经济，2018（9）：22-27.

[3] 向富华. 乡村旅游开发：城镇化背景下"乡村振兴"的战略选择 [J]. 旅游学刊，2018，33（7）：16-17.

展之路，让游客从"想住下来"到"能住下来"，运用当代生活美学和科学技术，为游客提供良好的居住品质和环境。

充分发挥"体"的身心塑造作用，提升品质，深化林盘产业发展。"体"依托林盘独特的环境尺度和优越的"田、林、水、院"生态格局，为各类运动协会、文艺协会、老年协会提供乡村基地，村民既是乡村体育旅游的建设者，也是乡村体育旅游的享受者，这种"浸入式"的参与和互动有助于村民开阔视野、丰富知识及提升幸福感[1]。一方面，可以在一定程度上解决乡村体育场地不足、体育运动形式单一的问题；另一方面，对"体育""运动"等关键词的强调和突出，有助于养成健康的生活习惯。依托林盘森林景观资源，推进森林步道、康养步道、引导系统等基础设施建设，充分利用现有房舍和建设用地进行规模适度、物尽其用的建设，创新"森林醉氧、生态养生、养心禅修"等特色康养体验。

（3）促使林盘的形态、空间、功能、特色与产业结构调整和产业空间布局相协调

随着农业产业化不断推进，川西林盘聚落的产业结构不断变化，新型农业比例增加，乡村旅游快速发展，第一产业和第三产业互动明显。在此形势下，川西林盘需以"林、田、水"等一体化生态基底要素建设为基础，将"路、院、宅"等高品质生活空间要素建设融入村民的日常生活中，融入林盘产业的发展联动中，为林盘生态价值的转化开辟出新路径。结合所在区域的资源及产业基础，重点发展林盘农业、林盘手工业、林盘现代服务业三大类型产业，更好地促进农商文旅体的融合发展。

在林盘农业上，如农耕型林盘，可发展林盘设施农业、绿色生态农业、有机农业、循环农业；在林盘手工业上，如特色产业型林盘，可依托特定传统手工业，推出可体验可消费的手工业产品，推动传统工艺在设计-生产端的转型升级；在林盘现代服务业上，对于临近城郊或主要景区景点的林盘，可吸引观光休闲、旅游接待、创意产业、文化娱乐等现代服务业项目入驻，同时植入博览、度假、双创、社团组织等多种与郊野公园定位相匹配的功能，形成文化博览型、民宿度假型、社团组织型等现代特色林盘。

产业结构的变化，直接影响到产业空间布局的变化，同时会对林盘聚落的形态、空间、功能、特色提出新的要求，因此，林盘聚落的保护和发展必须与产业结构调整和产业空间布局相协调。应强调绿色开敞空间的"景观化、景区化、可进入、可参与"，实现农商文旅体融合发展，将自然资源的价值充分发挥出来[2]。

具体分为四项策略：研究林盘聚落的产业结构调整和发展，林盘的空间形态调整须与经济结构转型有机结合，科学布局花卉苗木等特色农林产业用地，提高新型产业空间与林盘聚落空间形态的协调性；并在此分项策略指导下提出了分项技术导引（表4-8）。

---

[1]　于伟. 体育运动理论在乡村旅游产业发展中的应用[J]. 中国果树，2022（6）：125.
[2]　汪小琦，高菲，刘欣，等. 成都市生态绿隔区管控探索[J]. 规划师，2020，36（2）：54-58.

表 4-8    川西林盘聚落的产业发展策略及技术导引

| 系统分类 | 分类策略 | 分项策略 | 技术导引 |
|---|---|---|---|
| 产业发展 | 促使林盘的形态、空间、功能、特色与生产方式、产业发展相协调 | 研究林盘聚落的产业结构调整和发展 | 重视传统种植业的半湿地生态功能；考虑林盘聚落体系的整体保护因素，进行工业集中区选址论证 |
| | | 林盘的空间形态调整须与经济结构转型有机结合 | 协调经济结构转型与产业用地空间安排，产业空间的安排应兼顾林盘聚落的保护、原有生产空间的利用、产业布局的合理性 |
| | | 科学布局花卉苗木等特色农林产业用地 | 综合考虑各类特色产业用地的布局，既要促进产业发展，也要兼顾林盘保护，避免花卉苗木产业用地侵占林盘乡土林木资源用地 |
| | | 提高新型产业空间与林盘聚落空间形态的协调性 | 院落内的庭院空间与产业协调发展，促使林盘聚落的空间、功能、特色、配套满足乡村旅游、副业等产业发展要求 |

# 公园城市建设目标下川西林盘保护与利用典型案例

　　2018年以来，在公园城市建设理念指引下，成都市坚持生态优先，绿色发展，依托生态资源推动乡村产业转型，以"整田、理水、护林、改院、植业"等理念引领川西林盘保护修复，深度挖掘川西林盘的资源禀赋、人文优势和基础条件，分类推进，精准施策，积极构建以绿道为纽带，林盘、精品民宿互为支撑的生活空间与旅游目的地，依托自然景观、田园风貌植入新经济业态和新消费场景。

　　自2018年启动川西林盘保护修复以来，截至2021年5月，成都市累计投入资金32.63亿元，其中引入社会资金23.53亿元，完成修复改造林盘556个，占全市可开发林盘总数8618个的6.45%[1]。截至2022年11月，成都市先后分5批共创建了121个A级林盘景区（表1），其中，3A级林盘景区81个，2A级林盘景区40个，这些创建景区的精品林盘和特色林盘主要分布在温江区、都江堰市、崇州市、彭州市、蒲江县、新津区、邛崃市、大邑县等区（市）县，整体呈现西多东少的空间分布格局（图1）。

　　不少林盘的保护利用已初具成效，有力地促进了农商文旅体融合产业发展、农民收入水平提升、农村生态环境改善等。譬如蒲江县的明月村林盘和花开麟凤林盘、崇州市的道明竹艺村林盘和徐家渡林盘、大邑县的稻乡渔歌林盘、都江堰市的川西音乐林盘、天府新区的周家大院林盘等一批主导产业鲜明、功能配套完善、消费场景高端化与大众化并存的川西林盘，成为备受追捧的乡村旅游热点和成都市乡村农商文旅体融合发展的排头兵，公园城市建设目标下的川西林盘保护与利用取得了一系列具有重要创新价值的实践经验。

---

[1] 张耀文，卿明梁，郭晓鸣．川西林盘保护与利用：进展、挑战与突破选择[J]．中国西部，2022（1）：56-65．

表 1　2018 ～ 2022 年成都市五批 A 级林盘景区名单

| 区（市）县 | 数量 / 个 | A 级林盘景区 | 备注 |
|---|---|---|---|
| 温江区 | 15 | 永宁玫瑰院子林盘景区（3A） | |
| | | 紫薇公园林盘景区（3A） | |
| | | 原乡和林林盘景区（3A） | |
| | | 鲁家滩林盘景区（3A） | |
| | | 杨家院子林盘景区（3A） | |
| | | 连二里市林盘景区（3A） | |
| | | 万花·拾景园林盘景区（3A） | |
| | | 温江先锋川派盆景林盘景区（3A） | |
| | | 耕者俱乐部林盘景区（2A） | |
| | | 依田桃源林盘景区（2A） | |
| | | 龙腾梵谷庄园林盘景区（2A） | |
| | | 三邑川派盆景林盘景区（2A） | |
| | | 岷江书院林盘景区（2A） | |
| | | 来吧田园林盘景区（2A） | |
| | | 柏萃白居林盘景区（2A） | |
| 都江堰市 | 14 | 川西音乐林盘景区（3A） | 本书案例林盘 |
| | | 拾光山丘林盘景区（3A） | |
| | | "七里诗乡"林盘景区（3A） | 本书案例林盘 |
| | | 灌区映像林盘景区（3A） | |
| | | 玫瑰花溪谷林盘景区（3A） | |
| | | 问花村林盘景区（3A） | |
| | | 朱家湾林盘景区（3A） | 本书案例林盘 |
| | | 茶溪谷家庭农场林盘景区（3A） | |
| | | 安缇缦林盘景区（3A） | |
| | | 七彩原乡林盘景区（3A） | |
| | | 杜家墩子林盘景区（3A） | |
| | | 刘家大院林盘景区（3A） | |
| | | 青城道茶林盘景区（2A） | |
| | | 水月社区王家院子林盘景区（2A） | |
| 崇州市 | 10 | 观胜镇严家弯湾林盘景区（3A） | 本书案例林盘 |
| | | 乌尤驿林盘景区（3A） | |
| | | 道明竹艺村林盘景区（3A） | 本书案例林盘 |
| | | 廖家木艺村林盘景区（3A） | |
| | | 徐家渡林盘景区（3A） | 本书案例林盘 |
| | | 大雨村林盘景区（3A） | |
| | | 余花龙门子林盘景区（3A） | |
| | | 三官旅游新村林盘景区（3A） | |
| | | 吕家林盘景区（3A） | |
| | | 梅花三弄林盘景区（3A） | |

| 区（市）县 | 数量/个 | A 级林盘景区 | 备注 |
|---|---|---|---|
| 彭州市 | 8 | 鱼凫竹海林盘景区（3A） | |
| | | 龙门山柴村赵家湾林盘景区（3A） | |
| | | 杏林·问春林盘景区（3A） | |
| | | 金城亲子聚落林盘景区（3A） | |
| | | 西花町林盘景区（3A） | |
| | | 熙林春色林盘景区（3A） | |
| | | 九尺谢家院子林盘景区（2A） | |
| | | 昌衡村林盘景区（2A） | |
| 蒲江县 | 8 | 明月国际陶艺村林盘景区（3A） | 本书案例林盘 |
| | | 麟凤村林盘景区（3A） | |
| | | 插旗山村林盘景区（3A） | |
| | | 猕猴桃国际林盘景区（3A） | |
| | | 铜鼓村林盘景区（3A） | |
| | | 余家碥林盘景区（3A） | |
| | | 花涧藕塘林盘景区（3A） | |
| | | 铁牛村林盘景区（3A） | |
| 新津区 | 8 | 东华村"集趣东华"林盘景区（3A） | |
| | | 西蜀林盘景区（3A） | |
| | | 张河果园子林盘景区（2A） | |
| | | 月花社区林盘景区（2A） | |
| | | 方兴社区林盘景区（2A） | |
| | | 天府水碾黄林盘景区（2A） | |
| | | 纪碾石鱼河林盘景区（2A） | |
| | | 董林盘景区（2A） | |
| 大邑县 | 7 | 南岸美村林盘景区（3A） | |
| | | "稻乡渔歌"林盘景区（3A） | 本书案例林盘 |
| | | 斜源太平林盘景区（3A） | |
| | | 铸梦桐林盘景区（3A） | |
| | | 分水林盘景区（2A） | |
| | | 格林庄园林盘景区（2A） | |
| | | 老贯顶林盘景区（2A） | |
| 邛崃市 | 7 | 十方堂邛窑考古遗址林盘景区（3A） | |
| | | 天府红谷·大窑林盘景区（3A） | |
| | | 茶兰林盘景区（3A） | |
| | | 蔚崃林盘景区（3A） | |
| | | 竹上花楸林盘景区（3A） | |
| | | 陈大师林盘景区（3A） | |
| | | 源窝子林盘景区（2A） | |

| 区（市）县 | 数量/个 | A级林盘景区 | 备注 |
|---|---|---|---|
| 青白江区 | 6 | 贵和上河湾林盘景区（3A） | |
| | | 汤家院子林盘景区（3A） | |
| | | 钟家院子林盘景区（3A） | |
| | | 十八弯村刘家巷林盘景区（3A） | |
| | | 张家院子（武举苑）林盘景区（2A） | |
| | | 城厢十五里金河林盘景区（2A） | |
| 龙泉驿区 | 6 | 金龙林盘景区（3A） | |
| | | 漫香庄园莲花堰林盘景区（3A） | |
| | | 龙泉山庄林盘景区（3A） | |
| | | 葡田拾光林盘景区（3A） | |
| | | 王家湾林盘景区（3A） | |
| | | 水云涧·生态庭院林盘景区（2A） | |
| 双流区 | 6 | 黄甲八角水寨林盘景区（2A） | |
| | | 白塔林盘景区（2A） | |
| | | 云华新村林盘景区（2A） | |
| | | 临江桃园林盘景区（2A） | |
| | | 文武林盘景区（2A） | |
| | | 尹家巷林盘景区（2A） | |
| 简阳市 | 6 | 云龙千佛桃源林盘景区（3A） | |
| | | 沱江金渔桃源林盘景区（3A） | |
| | | 家风荷乡林盘景区（3A） | |
| | | 金色丙灵林盘景区（3A） | |
| | | 和乐尤安林盘景区（3A） | |
| | | 美好前锋林盘景区（3A） | |
| 金堂县 | 6 | 甘御兰石斛林盘景区（3A） | |
| | | 梨花酒乡林盘景区（3A） | |
| | | 花熳天下林盘景区（3A） | |
| | | 贺麟故居林盘景区（2A） | |
| | | 金溪湾林盘景区（2A） | |
| | | 盘海柚里林盘景区（2A） | |
| 郫都区 | 5 | 安龙村林盘景区（3A） | |
| | | 先锋"农夫记忆"林盘景区（3A） | |
| | | 君平故里林盘景区（3A） | |
| | | 诗里田园林盘景区（3A） | |
| | | 醉美海棠林盘景区（2A） | |
| 新都区 | 5 | 马家镇夏河溪林盘景区（2A） | |
| | | 拾里庭院林盘景区（2A） | |
| | | 董家时光小院林盘景区（2A） | |
| | | 汤家院子林盘景区（2A） | |
| | | 川音艺谷林盘景区（2A） | |

续表

| 区（市）县 | 数量/个 | A级林盘景区 | 备注 |
|---|---|---|---|
| 天府新区 | 3 | 茗猎户林盘景区（3A） | 本书案例林盘 |
| | | 天府官塘林盘景区（3A） | |
| | | 栖肆桃源林盘景区（3A） | |
| 东部新区 | 1 | 新希望种子乐园林盘景区（2A） | |
| 合计/个 | 121 | | |

备注：（1）林盘景区数量剔除了景区升级导致的重复名单；

（2）本书案例林盘除了上述标注的 A 级林盘景区外，还包括一些特色林盘，如温江区幸福村、天星村，郫都区战旗村、青杠树村、东林村，崇州市小罗村。

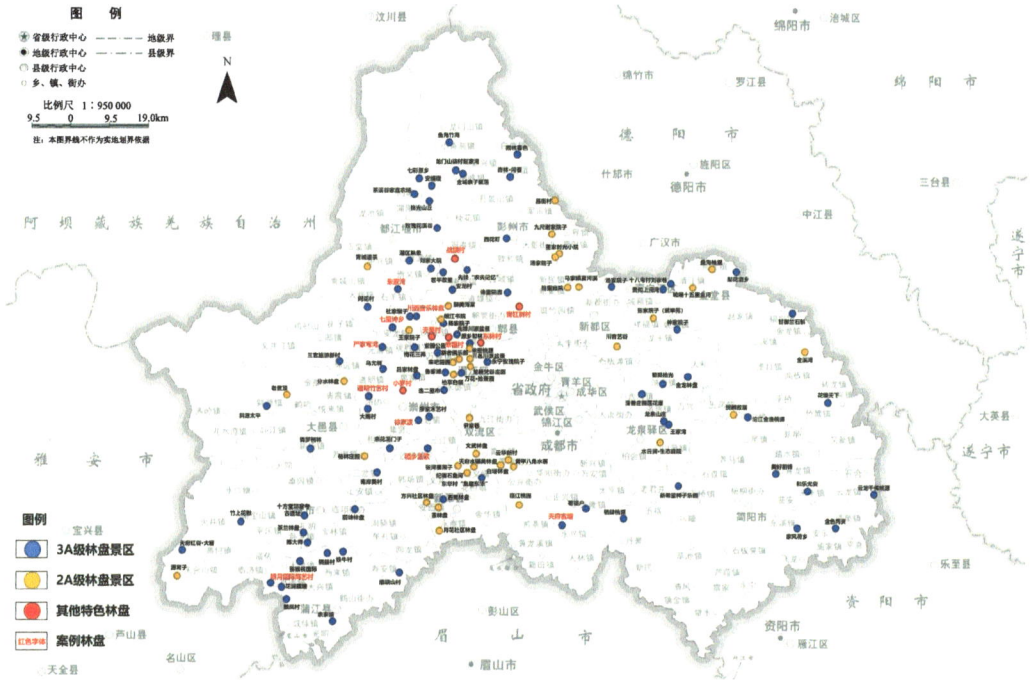

图1 成都市A级林盘景区与本书案例林盘分布

资料来源：根据四川测绘地理信息局公布的成都市标准地图[审图号：图川审（2016）018号]绘制，底图无修改。

# 第5章
# 农耕型林盘典型案例

农耕型林盘选取成都市大邑县"稻乡渔歌"林盘、都江堰市"七里诗乡"林盘、郫都区东林村林盘为典型案例，前两者是立足当地深厚的农耕传统和优美的田园风光，推动林盘产业向农旅融合发展的典型案例；东林村则是注重引入高新科创技术推动林盘农业的产业化、专业化发展。3个案例较好地展现了农耕型林盘向农业专业化生产型林盘和农业观光型林盘转型的两大发展方向。

## 5.1 现代农业技术赋能下的"农业+"样板——大邑县沙渠街道"稻乡渔歌"林盘

"稻乡渔歌"是一个以农业为基底，融合商业、文创、旅居、教育、康养等多功能于一身的林盘聚落群，包含大小林盘超过50个。"稻乡渔歌"位于大邑县沙渠街道行政范围内（图5-1、图5-2），距离大邑县城20km，距离成都市区35km，北侧紧邻成温邛快速路，东侧靠近成都市第二绕城高速，地理位置优越，交通便捷。

根据《成都市城市总体规划（2016—2035年）（送审稿）》，大邑县属于成都"西控区"即生态保育功能区范围内，分布有大规模永久基本农田，肩负着维系自然景观、保护生态底线、筑牢耕地红线、提升成都西部生态功能的重要区域使命。自成都市提出建设公园城市以来，作为成都市唯一的川西林盘保护修复示范县，大邑县将川西林盘保护修复作为建设雪山下公园城市的"主抓手"，以及实现农商文旅体融合发展的"新引擎"。"稻乡渔歌"自2017年启动建设至今，依托当地优质的农业资源、田园水系及林盘资源，逐步探索实现旅游业与当地一二三产融合共生，已建成7个特色林盘及1个集中居住区。本书涉及案例为新建林盘之一的"稻乡渔歌"艺术中心林盘（图5-3、图5-4）。

（1）从土地整理到土地规模化利用，推进农业产业现代化发展

作为大邑县田园美学模式的林盘代表，"稻乡渔歌"的成功得益于当地创新性的土地利用模式。

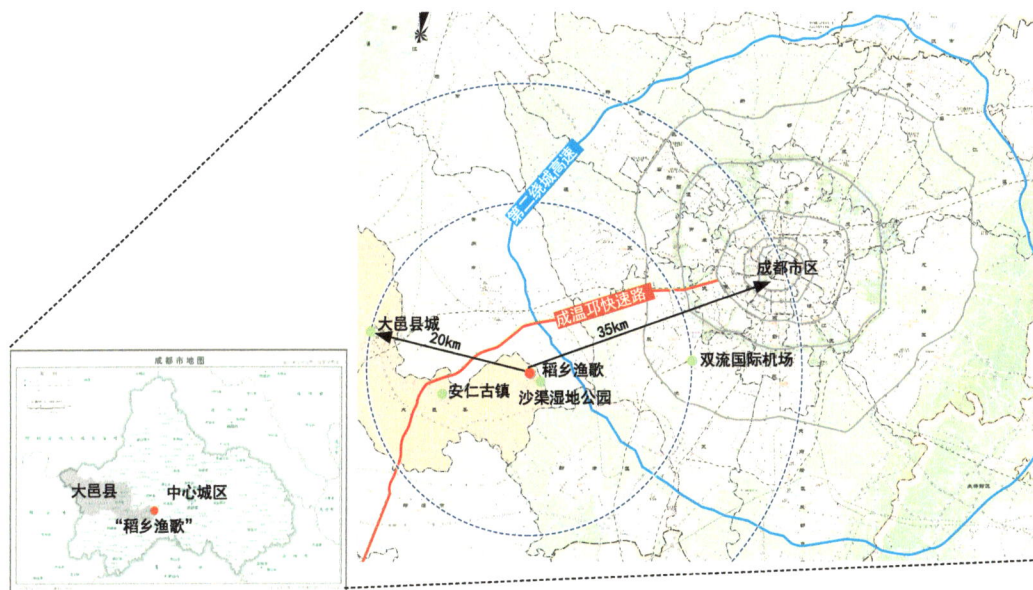

图5-1　"稻乡渔歌"林盘区位
资料来源：根据四川测绘地理信息局公布的成都市标准地图［审图号：图川审（2016）018号］绘制，底图无修改。

图5-2　"稻乡渔歌"林盘及周边村社概况

图例
❶ 应急停车场
❷ 农乐学院
❸ 狐河露营
❹ 儿童乐园
❺ 稻田摸鱼
❻ 稻田迷宫
❼ 天府一锅蒸
❽ 西江月垂钓
❾ 膳食研究所
❿ 采摘菜田
⓫ 稻田电影
⓬ 稻乡渔歌艺术中心
⓭ 大地厨房
⓮ 田园小火车
⓯ 自由旷野野餐露营
⓰ 青农创业孵化中心
⓱ 游客服务中心
⓲ 怪圈植物迷宫
⓳ 朗星家庭农场

农田
林木
宅院
机耕道
河渠

**图5-3** "稻乡渔歌"艺术中心林盘平面

**图5-4** "稻乡渔歌"艺术中心林盘鸟瞰

一方面，"稻乡渔歌"按照"提升生产能力、扩展生活空间、孕育生态效应"的理念，系统优化三生空间布局。通过"三优三保"[1]行动，按照宜农则农、宜渔则渔、宜林则林、宜耕则耕、宜生态则生态的原则，以拆旧复垦、高标准农田建设、生态修复等方式，整治各类低效用地，增加生态空间和农业生产空间，实现了耕地集中连片、建设用地减量提质发展、生态用地比例增加，为后续发展生态产业提供了所需要的建设用地指标，夯实了生态产品供给和价值实现的基础[2]。

另一方面，"稻乡渔歌"引入朗基企业投资20亿元以上作为启动引擎，以构建乡村现代农旅产业核心空间为目标，联结资本方、县镇级政府、村集体和村民共同参与土地整治与空间营造。在此过程中，政府主要承担政策调控、风险把控、组织协调、村域统筹、土地流转、土地整理、村民安置等空间主导职能；企业主要承担空间发展引导，入驻企业招商以资金流、技术流、信息流等介入林盘发展，掌握乡村空间的使用权和规划主导权[3]。在资本主导、多方参与的共同作用下，"稻乡渔歌"林盘实现了以农业为基础的多元化发展，主要体现在以下两个方面：

首先是以土地托管的经营模式创新引导走向农业产业现代化。"稻乡渔歌"项目采用土地托管模式，从农业现代化角度由农业公司实行"农业职业经理人+精品农业项目"的运营管理模式，推进连片土地规模经营。托管企业依托自身的技术资源、信息资源开发了以农业物流、农村电商等信息技术服务农业为主的产业链条，实现了农业生产的城乡流通[4]。其次是基于土地整理及差异化利用，实现空间多元化。盘活传统乡村土地资源并加以利用，是实现乡村空间转型、提质与升级的有效举措。"稻乡渔歌"通过土地整理，有效组织土地规模化利用，将原来传统的乡村空间整理成为乡村民宿酒店、农创工坊、孵化中心及预留地等，提高了土地的利用率，丰富了乡村空间的利用类型。

（2）科技赋能，打造智慧农场示范基地

为积极推进大邑县国家首批数字乡村试点县建设，"稻乡渔歌"积极探索数字技术与农业生产深度融合的路径，通过数字农业生产和互联网新型社区的应用场景打造，实现了农业产销全程数字化管理。

"稻乡渔歌"的数字农业生产应用主要体现在三个方面。一是建设农业生产环境智能监测系统。利用多光谱、近地遥感、作物模型等技术建设数字农场，形成园区农田资源环境数据"天空地"物联网采集网络，实现农田的数字化管理。同时，提供平台化的农情监测管理与预警服务，能够直观详尽地展示各项农资信息、农作物种植和生长情况以及环境状况等内容，助力实现农业数据可视化、业务信息化和决策科学化。二是建设"稻乡渔歌"一站式电商服务。将"稻乡渔歌"自有基地生产的优质农产品上线入驻

---

[1] "三优三保"指以优化农用地结构保护耕地、优化建设用地空间布局保障发展、优化镇村居住用地布局保障权益。
[2] 吴志明，周淼葭. 林盘牵引 大邑公园城市的乡村表达 [J]. 当代县域经济，2022（3）：37-41.
[3] 范颖，苟建汶，李果. 城乡融合引领下乡村空间生产与"乡村+"发展路径探讨——成都公园城市城乡融合乡村振兴典型案例的启示[J]. 农村经济，2021（7）：136-144.
[4] 范颖，苟建汶，李果. 城乡融合引领下乡村空间生产与"乡村+"发展路径探讨——成都公园城市城乡融合乡村振兴典型案例的启示[J]. 农村经济，2021（7）：136-144.

图5-5    线下产品展览（青农创业孵化中心内）

图5-6    线下产品销售（游客服务中心内）

图5-7    农产品仓储加工中心

商城，建成"绿农美好家"田园市集。以仓配分拣中心为依托，利用已有社会圈层和农贸销售资源，构建"传统＋电商＋新媒体"的综合营销手段，搭建线上营销平台，以举办"大地艺术节""天府丰收节"等活动为抓手吸引游客聚集人气，推动田园体验项目销售，从而实现线上线下相结合的营销模式（图5-5、图5-6）。截至2022年9月，园区内超过60%的特色农产品都通过"绿农美好家"田园市集商城销售。三是建设园区进销存线上管理系统。为实现生产经营中的物料流、资金流全程跟踪管理，开发进销存管理系统，将接获订单、物料采购、入库、产品加工、分拣、交货、款项管理等每一步都纳入线上管理系统，有效帮助园区解决业务管理、分销管理、存货管理、营销计划执行及监控等方面的问题[1]（图5-7）。

（3）实施田园公园化，培育乡村消费新场景

"稻乡渔歌"林盘以农业产业发展为基底，深挖区域农耕文化，做强特色产业，深度推进农商文旅体融合发展。其中，最重要的举措是塑造大美田园，推进乡村景区化，创新乡村田园消费场景。

在空间布局方面，"稻乡渔歌"林盘围绕田、林、水、路、村的共生关系，优化农田、河渠、池塘以及道路等田园景观资源，以林盘、竹木、农田等作为环境绿化，保留田园天然肌理，通过错落有致的布局手法，构建多组团复合化的现代乡村田园景观。

在环境打造方面，"稻乡渔歌"实施田边、路边、沟边"三边整治"。在铁溪河、

---

[1]    四川省农业农村厅. 四川省祥龙社区：数字赋能 打造农商文旅体融合发展新业态[EB/OL]. 2022-09-21. http://www.scs. moa.gov.cn/xxhtj/202209/t20220921640964.htm.

瓦子河、石头堰等主干河流两侧打造生态驳岸，种植水生植物，实现生态恢复，并对20km沟渠进行生态景观化处理（图5-8）。同时，结合花木打造田园花香道及展示农耕雕塑和水旱轮作的耕作示范区，并在局部农田种上经济作物，布局五彩缤纷的花卉区。通过10km绿道与观光小火车站点相结合的规划，构成田野观光游览环线，形成"林盘＋湿地＋绿道＋农田大地景观"的公园式大美田园五彩画卷。如此全面重塑美丽乡村新格局，让"茂林修竹、小桥流水"的优美林盘环境成为人们向往的去处。

图5-8　"三边整治"后的沟渠沿线景观

在林盘的建筑设计方面，"稻乡渔歌"聘请了日本、芬兰等国家和地区的设计师，以"稻"为主题，共同打造艺术民宿（图5-9），营造乡村艺术氛围。设计大量运用了林盘现有的老旧物品，以呈现返璞归真的生活场景。对川西木构老宅进行改造，墙体采用回收再利用的老青砖，以还原川西民居建筑的特点，演绎川西人的生活居所。通过艺术文化共享，重视文化延展，位于"稻乡渔歌"艺术中心林盘旁的，是规划在稻田里的艺术景观，通过艺术与乡村的结合，构建了呈现春夏秋冬的艺术装置，形成了新的文化地标，也盘活了当地的自然资源和人文资源。

图5-9　"稻乡渔歌"艺术中心林盘及周边环境

远眺"稻乡渔歌"，一条条慢行观光栈道穿插在一望无际的田野之中，形成了别样的大田景观；小火车在乡村绿道环线上缓缓行驶，串联了院落、村落、大地景观、主题民宿、游客中心，共同营造出休闲、舒适的服务场景，为村民和游客提供了休闲游览、健身运动的空间。田野里，"稻乡渔歌"艺术中心的落成，让传统川西小院实现华丽转身。植物稻田迷宫（图5-10）、田间瞭望塔、稻草人、膳食研究所（图5-11）、曲水流觞乡村美食体验中心等一系列构思精巧的文化景观，完美展现了当地的农耕文化、民俗文化与美食文化。

图5-10　植物稻田迷宫

图5-11　膳食研究所

（4）产景相融植入特色业态

"稻乡渔歌"林盘依托本地资源与文化元素，统筹推进融合模式创新，通过特色项目植入，打造多元场景，促进孵化基地、文化创意、生态旅游、运动休闲、民宿康养等新业态发展。

一是综合性产业孵化平台的建设。中国农科院在"稻乡渔歌"核心区内建设中国西南地区集农业科普示范、科研交流、技术转化、教育培训、旅游休闲于一体的综合性产业孵化平台。基地内建有建筑面积约800m²的青农创业孵化中心（图5-12），致力于打造青农创业孵化服务的窗口和平台，可提供农业技能培训、农业技术服务、农机设备共享和农创基金扶持，定期开展人才培训、Wework创业模式及技术社群分享，大力培育加快"新型职业农民"转化，为返乡农民、新迁农民、农创大学生、农村妇女等就地就业提供保障。在此基础上，进一步培育当地农民孵化"乡创品牌"，推进本土资源品牌化，陆续推出网红餐厅"绿翠小院"、"朗星家庭农场"（图5-13）、"大地厨房"（图5-14）等生态餐饮品牌。

二是特色节庆培育，打造本土IP。"稻乡渔歌"依托春耕节、丰收节等打造主题节庆IP，更形象地展示"稻乡渔歌"

图5-12　青农创业孵化中心

的特色。一般于每年3～5月开展春耕节，活动主要围绕"稻乡渔歌"的重点试验田项目，聚焦农创产业、农旅产业及文化产业与田园生态场景的共融，实现生态价值转化，促进农商文旅体进一步融合，带动本地居民增收。截至2022年，"稻乡渔歌"已开展了四届主题各异的"天府丰收节"。历届丰收节都会融入大邑民俗文化、大邑传统农耕文化，通过丰收祭祀表演、田间舞蹈、村落欢庆、书法、诗歌等丰富多彩的形式，展现多姿多彩的生活场景。除此之外，活动期间还开展以田园丰收文化为主题的民间文艺表演、以田园教育及农业科研为主题的科普活动、以川西田园文化为主题的大地艺术创作活动，以及以地方村落文化为主题的民间庆祝活动等，让更多的人了解大邑美丽乡村建设的亮点。

图 5-13　朗星家庭农场

图 5-14　大地厨房

三是回归田园的休闲体验式旅游。"稻乡渔歌"利用自然风景，将旅游业与农业巧妙结合，让人们在享受自然风光、农业风情的同时进行娱乐、休闲。人们在这里可以下稻田抓鱼，在湖边露营，在田间漫步……以"稻"为主题拓展开发的多种休闲和旅游产品，实现了集经济效益、生态效益、社会效益于一体的可持续发展。

依靠科技赋能产业，用产业创新乡村未来，通过本地农和都市农相结合、农耕＋科技＋艺术＋教育的政策，从传统的农业，到如今和高科技的融合，"稻乡渔歌"将科技赋能产业作为农业发展的金钥匙，布局了具有大邑特色的现代农业产业，多元化的产业线构成了内涵丰富的产业树。"稻乡渔歌"不断完善乡村产业链，通过农商文旅体融合发展模式，有效促进一二三产的联动发展，从而呈现了大美田园的画卷。

## 5.2　农商文旅体推动融合发展——都江堰市石羊镇（原柳街镇）"七里诗乡"林盘

"七里诗乡"是位于都江堰市原柳街镇[1]金龙社区、七里社区的8个林盘的集合体

---

[1]　"七里诗乡"原属柳街镇，2019年成都市行政区划调整，撤销柳街镇，将其所属行政区域划归石羊镇管辖。由于省级非遗"柳街薅秧歌"带有较强的地域性，与柳街这一名称关联较大，因此本书"七里诗乡"以原柳街镇为林盘描述对象。

（现属石羊镇），面积5739亩（图5-15、图5-16）。自成青旅游快速通道开通以来，柳街镇区位优势凸显，成为都江堰市对外连接的南大门，开车一小时内可到达成都市中心城区。柳街拥有省级非物质文化遗产"柳街薅秧歌"，被誉为中国民间文化艺术之乡——诗歌之乡、四川省民间文化艺术之乡、中国田园诗歌小镇，农耕与诗歌文化底蕴丰厚。依托其农业资源、文化资源、林盘院落资源，"七里诗乡"通过诗歌文化撬

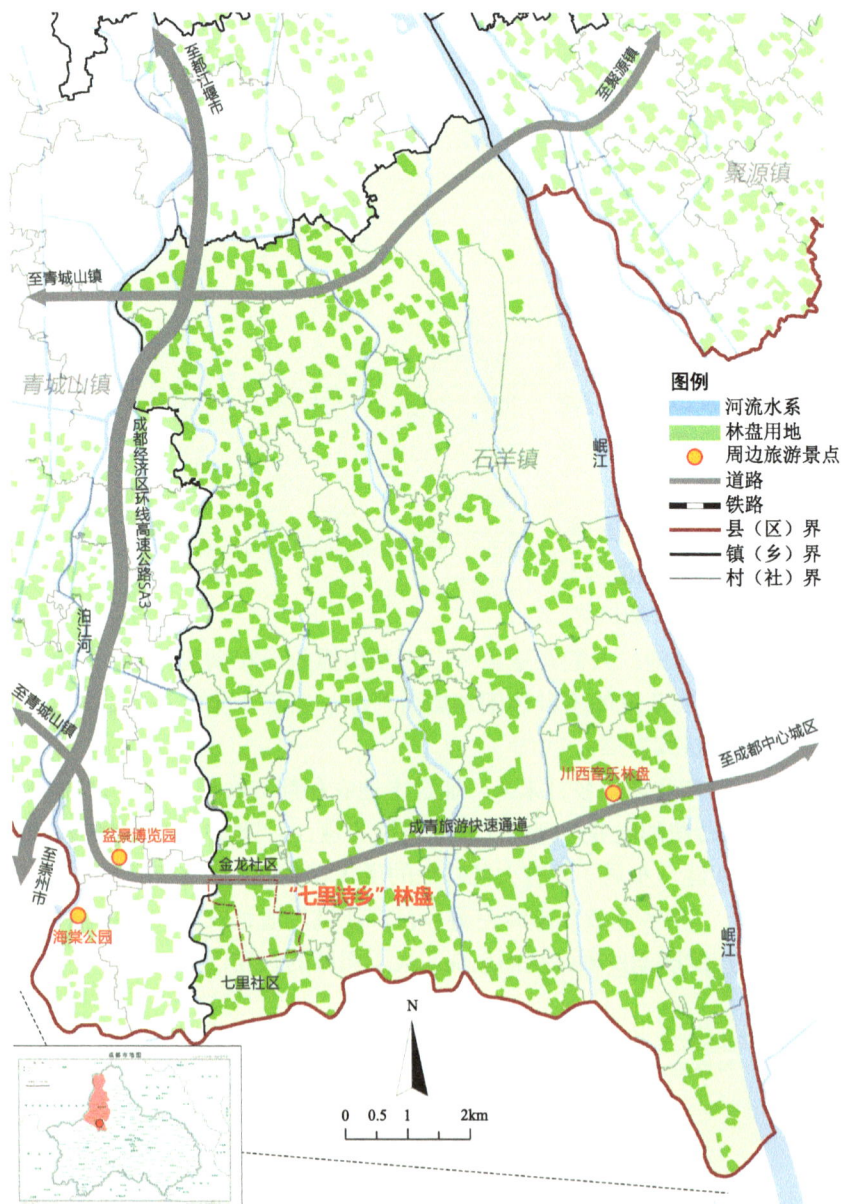

**图5-15** "七里诗乡"林盘区位
资料来源：根据四川测绘地理信息局公布的成都市标准地图[审图号：图川审（2016）018号]绘制，底图无修改。

**图 5-16** "七里诗乡"林盘总平面

动、农业产业链延伸，实现农商文旅体的融合发展，迅速发展为成都市周边著名的乡村旅游打卡点，被评为"成都市 3A 级林盘景区"，成为"中国田园诗歌小镇"的文化传承核心区、省级非物质文化遗产"柳街薅秧歌"实景演出地、首届"中国农民丰收节"全国六个分会场之一。

"七里诗乡"所在的金龙社区、七里社区原本属于发展较滞后的远郊区，金马河阻隔了其与对岸温江区的联系，农户基本从事着传统农业[1]。但当地也具有显著的"后发优势"：作为传统农业区，拥有保存完好的连片耕地、典型的川西平原田园风光。随着2007年成青旅游快速通道建成通车，"七里诗乡"区位条件实现了跨越式发展，一跃成为成都市区到青城山风景区旅游通道上的黄金地带，金龙社区、七里社区开始出现农家乐、民宿等业态。随着2014年柳街院落整治工作的有效开展、"柳街薅秧歌"被列入省级非遗，以田园诗歌为特色的"七里诗乡"林盘景区正式形成。2018年后，随着公园城市理念的提出，"七里诗乡"迎来了进一步的品质升级。

（1）活化非遗"柳街薅秧歌"，营建可观可游的田园景观

"七里诗乡"是省级非遗"柳街薅秧歌"的发源地。"柳街薅秧歌"与农耕文化息息相关，是薅秧时节在田间地头传唱的民间歌谣，是劳动人民创造的原生态农耕诗歌、音乐文化。虽然川西地区种植水稻的薅秧环节已经逐步消失，但"薅秧歌"这一文化传统

---

[1]　高纪开，陈伟. 边角地带变形记[N]. 成都日报，2007-07-23（A05）.

以农民赛诗活动、民间歌谣文学创作活动以及薅秧歌演出的形式在"七里诗乡"林盘保留下来，通过"柳风农民诗社""柳风艺术团"两支本地农民组成的艺术文化队伍传承至今。"柳街薅秧歌"为"七里诗乡"林盘的农田景观与现代农旅、文旅相融合提供了支点。借助诗歌文化特色，"七里诗乡"吸引了舒婷、杨牧等著名诗人、作家成为"新村民"，更在2015年举办了首届"中国（都江堰）田园诗歌节"，在全国范围内打响了知名度。

2018年起，在公园城市理念的指引下，"七里诗乡"林盘进一步活化"柳街薅秧歌"与田园诗歌文化，营建人文场景，将千亩农田打造为可观可游的田园景观。首先，将临近成青旅游快速通道的1000余亩连片农田进行整理，打造诗歌主题的大地景观，并通过"合作社＋农业管理公司"的模式，对农田进行统一规划、统一经营、统一管理。运用不同色彩作物的种植，形成丰富的田园文字及图案，如将南宋诗人陆游800多年前行至此地写下的《夜宿布金寺》一诗刻在田野上，展现"七里诗乡"与诗歌文化之渊源。其次，以农田大地景观为背景，举办节庆活动，打造富有诗情画意的田园舞台。在中国（都江堰）田园诗歌节、中国农民丰收节（都江堰分会场）、"都江堰·柳街薅秧歌"民俗文化节等节庆活动中，依托田园舞台进行柳街薅秧歌及其他节目的演出，以原生态的形式展现古老的薅秧歌文化。

除了观赏以外，游客还可深入农田之中，与田园风光近距离互动。"七里诗乡"林盘在农田大地景观中修建了弯曲的栈道，并沿栈道两侧点缀观景平台、诗歌碑刻，以及草垛、草牛等农耕元素景观小品。游客可穿梭于稻田或油菜花海之中，或登高观景，或合影打卡，享受农田游览的丰富趣味（图5-17）。

图5-17　"七里诗乡"林盘田园景观

（2）精细化划分农场，打造全链条农业体验场景

"七里诗乡"通过"合作社+社会资金"模式，与社会企业合作，对农田进行精细化改造与运营，使其从单一生产功能发展为集农业生产、农业观光、农事体验、农产品消费于一体的全链条农业体验功能。例如合作社与旅游机构合作，将连片稻田划分为多块10多平方米的"私家稻田"，策划"农耕教学""丰收体验"等农耕体验活动。

"七里诗乡"与现代农业龙头企业海晟隆农业发展有限公司合作打造"彩色盒子一分田会员农场"，将原有农田建设为全球良好农业操作规范认证的高标准种植基地，打造会员制的线下农业生态旅游体验场景。首期面积50余亩，划分为"盒盒厨房"（休闲活动接待区）、"盒盒萌物"（萌宠喂养互动区）、"盒盒草坪"（户外活动接待区）、"盒盒菜园"（私人订制菜园）、"盒盒鱼塘"（垂钓活动区）、"盒盒采摘"（共享菜园采摘区）以及户外露营区等多个活动区域。园区内全年开展农活课堂、农业研学、时令蔬菜采摘、萌宠互动喂养、香肠手作、手打年糕手作、户外露营派对、农友集市等活动，并根据不同季节开展季节限定活动：春季举办昆虫课堂、DIY风筝节、春耕农事等活动，夏季开展油菜籽鲜榨菜油节、青团粽子手作节、插秧体验、稻田捕鱼、钓小龙虾、田间捉青蛙等活动，秋季有蔬菜丰收节、草莓种植、水稻收割等体验项目，冬季则进行蔬菜采收、挖红薯、自制年味、年货手作节等活动（图5-18）。

**图 5-18**　彩色盒子农场体验项目分布示意
资料来源：海晟隆农业发展有限公司。

（3）整治林盘院落，植入文化休闲业态

"七里诗乡"林盘所在的金龙社区、七里社区通过构建自治体系，建立院落整治资金池并设置评比机制，有效改善了林盘的基础设施与卫生环境，并建立起持续的运维机制。

首先，划分自治院落，构建自治体系。"七里诗乡"林盘划分为14个自治院落，再以自治院落为单位，构建了"一组三会"治理架构。其中，"一组"指院落党小组，"三会"指院落议事会、院落管委会、院落监事会，形成了党小组提议、议事会决策、管委会执行、监事会监督的自治体系，建立健全了问题收集化解机制、网络化管理服务机制、利益链接机制、生态保护机制四个治理机制[1]。区域内1400余户居民均签订自治责任书、领取"责任区"，形成农户自扫责任区、保洁人员集中清运、群众投工投劳的自我管理服务机制（图5-19）。

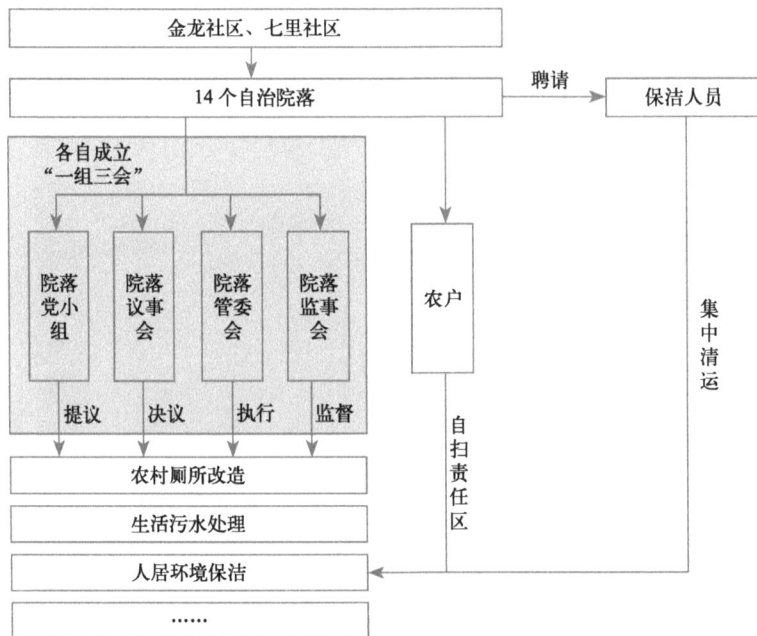

图5-19    "七里诗乡"林盘院落自治模式示意

其次，建立院落整治资金池，提升村民参与意识。院落整治资金池由自筹资金、专项资金与补助资金构成。自筹资金是由管委会倡议按20元/（人·年）的标准，由农户自筹卫生管理费用，并实行收支公示制度；专项资金则来自于都江堰市为每个村（社区）配备的不少于40万元的村级公共服务和社会管理专项资金；补助资金包括农村垃

[1]    卢胜. 突出群众共建共享 留住原乡肌理记忆——都江堰市七里诗乡发挥群众主体作用深化乡村振兴实践[J]. 先锋，2018（11）：59-60.

垃治理、土地整理、林盘保护、面源污染防治、改水改厕等的政府补助资金。这三部分资金共同构成了稳定的院落整治资金池，用于保洁人员工资发放、院落评优和卫生户奖励以及基础设施完善（图5-20）。

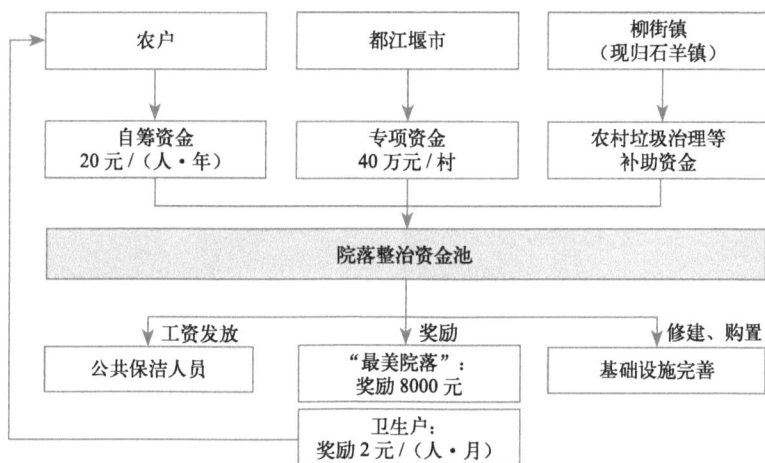

图5-20 "七里诗乡"林盘院落整治资金池运作模式示意

最后，设置评比机制，激励村民自我服务。定期开展"卫生户""最美院落"评比。一方面，对"卫生户"给予每人每月2元的奖励，农户如果有10个月及以上被评为"卫生户"，就可以收回自己缴纳的清洁费；另一方面，由乡镇对"最美院落"给予8000元的奖励，年底用奖金在"最美院落"举办坝坝宴等活动，以增进农户之间的情感交流，同时不断强化院落乃至整个社区的集体荣辱观，使村民自发维护院落环境[1]。借助该评比体系，"七里诗乡"林盘有序推进了农村厕所改造、生活污水处理、人居环境保洁三大工程。例如，金龙社区在院落内设置了垃圾分类房4个、废旧物品回收站4个、垃圾降解坑8个及分类垃圾桶400组等设施；依托沙沟河实施林盘水系治理，疏通水道1500余米，建设沟渠7800余米，良好的林盘风貌与环境为业态的植入奠定了基础。

"七里诗乡"林盘还通过"合作社+返乡创业人才""合作社+农户""合作社+社会资金"等模式，对闲置民居、院落进行适度改造，植入特色商店、餐饮、民宿、书院等文化休闲业态，与上述文旅、农旅活动形成了良性互动。"七里诗乡"共开发出大米、菜油、香辣酱、五谷杂粮、诗乡米酒、稻草编艺、木器竹器等特色旅游产品40余种，并以统一的"七里诗乡"商标增强品牌识别度，所有商品明码标价，杜绝假冒伪劣商品，营造良好的购物秩序。景区内设有多处农产品展销点，如返乡村民利用闲置旧居与合作社共同改造的"稻香生活馆"，展销当地出产的大米、黄豆、黑豆等农产品；设立"诗乡七坊"（豆腐坊、茶坊、油坊、酒坊、染坊、酱坊、米坊），在销售农产品的同

[1] 中共都江堰市委党校课题组，邓蓉. 农村散居院落环境综合整治的调查与思考——基于都江堰市"柳街实践"[J]. 中共成都市委党校学报，2017（1）：70-73.

时生动展现了川西坝子的原乡生活场景。在线上建立了"七里诗乡"电商平台，具备网上查询、预定、支付等服务功能，拓展了农产品的销售渠道。

此外，"七里诗乡"林盘还培育出一批富有川西特色的乡村旅游业态。如开展国学经典研讨与教学的"西林书院国学体验馆"（图5-21），具有川西庭院风格的"耕舍田园火锅"，闲置瓦窑改造而成的特色瓦窑文化空间"七里窑咖啡"，可一享川西农村传统佳肴的"林盘九大碗""诗乡厨坊"，珍藏了异石奇观的"西老三奇石馆"（图5-22），闲暇时可坐着竹椅、喝着盖碗茶、讲着乡土故事的"林盘老茶馆"，更引进精品民宿品牌"三棵树"（图5-23）等，提供多样化的观、游、食、住选择。

图5-21　西林书院国学体验馆

图5-22　西老三奇石馆

图5-23　三棵树精品民宿

（4）利用已有路网改造构建绿道，融入全域旅游"大盘子"

"七里诗乡"林盘充分利用现有村道、辅道、机耕道等路网资源构建了总长为30km的林盘绿道（图5-24），其核心部分长约10km。绿道自成青旅游快速通道与金龙大道交汇处起始，途经"七里诗乡"文旅中心、"七里诗乡"大地景观，到李家院子、"七里诗乡"稻香生活馆、何家院子，再到黄家大院，沿成青旅游快速通道回到起始处，形成一条环状的绿道游线。

图5-24　"七里诗乡"林盘绿道

"七里诗乡"绿道秉承天府绿道"景区化、景观化、可进入、可参与"的理念，以数千亩现代农业大地景观为背景，以诗歌文化为主题，以诗文碑林为地标，为当地村民及游客绿道骑行、徒步健身、拍照造型等提供了绝佳场所；串联青城湾湿地庄园、游客驿站、稻香生活馆等多个旅游点位，形成了"柳街特色乡村一日游""七里诗乡景区一日游"两条乡村旅游精品线路。"七里诗乡"绿道与成青旅游快速通道城区级绿道相连，让"七里诗乡"融入了都江堰全域旅游格局的"大盘子"，与周边景点（如安龙海棠公园及盆景博览园、大青城休闲旅游产业园区、温江国色天香、崇州道明竹里等）进行整体串联，通过绿道举办慢跑、自行车骑游等旅游活动，吸引成都周边优质游客资源，探索观光体验游、亲子旅游、民俗旅游的跨区域联动发展。

（5）构建社区生活服务圈，实现公共服务"互惠共享"

绿道的植入为社区生活服务圈的构筑提供了条件。以"七里诗乡"社区综合服务中心为平台（图5-25），构筑起"七里诗乡"骑行15分钟社区生活服务圈，有效覆盖了区域内金龙、七里、鹤鸣、五一等4个社区的9000余名村民。服务中心通过"亲民化"改造，整合了社区管理、文体休闲、文化教育、医疗卫生等功能，设置了如健康驿站、儿童之家、政务e站通、法律服务室、林盘诊所（图5-26）、歌舞排练室、乡村电影院、缤果盒子24h便利店和供老人休闲娱乐的老茶馆等设施。

图5-25 "七里诗乡"林盘社区综合服务中心　　图5-26 "七里诗乡"林盘诊所

"儿童之家"通过动员、链接多方力量，为周边1000多名儿童营造了一个健康快乐成长的温馨家园。"儿童之家"包含430课堂、科普图书馆、电子阅览室、小小诗人培育室、心灵之家、手工创艺空间、家园农场、儿童剧场、少儿舞蹈室、户外活动区等功能区，其日常运营由社区的志愿者、工作人员共同管理。

"林盘诊所"的设立则推动了优质医疗资源下沉，近距离服务基层群众和游客，同时利于培养基层医务人员，带动康养产业、中医药产业发展和乡村振兴。"林盘诊所"依托成都市农工党医疗专家资源优势，组织专家定期坐诊，让林盘居民在"家门口"就能看病。此外，还在"林盘诊所"开展"讲医堂"等培训班，如成都中医药大学教授冷建春的课程"细说咳嗽"即在"七里诗乡"的"林盘诊所"中开课，线下有30余名当地医务工作者参与，成都市下属区（市）县的近1000名医务工作者则通过网络直播同步收看了此次课程。

## 5.3　科创资源赋能农业产业发展——郫都区德源街道东林村林盘

东林村隶属郫都区德源街道，面积4.25km²，耕地面积4544亩，下辖村民小组21个，全村共1212户3986人。东林村地处都江堰核心灌溉区，土壤耕层深厚、疏松肥沃，境内河网及沟渠纵横、水资源丰富，农业条件优越、农耕氛围浓厚，是郫都区申报中国重要农业文化遗产的核心区之一。

东林村不仅农业底蕴深厚，是农业产业聚集区，更凭借优越的区位成为创新资源聚集区。东林村地处"国家城乡融合发展试验区"示范走廊，邻近四川农业大学水稻所、成都市农林科学院，与成都电子信息产业功能区和国家首批双创示范基地菁蓉双创小镇仅一河之隔。城乡要素资源融合和科创氛围浓厚为东林村的农业发展提供了重要的引擎，使之成为成都市城郊地区乡村复兴的桥头堡（图5-27）。

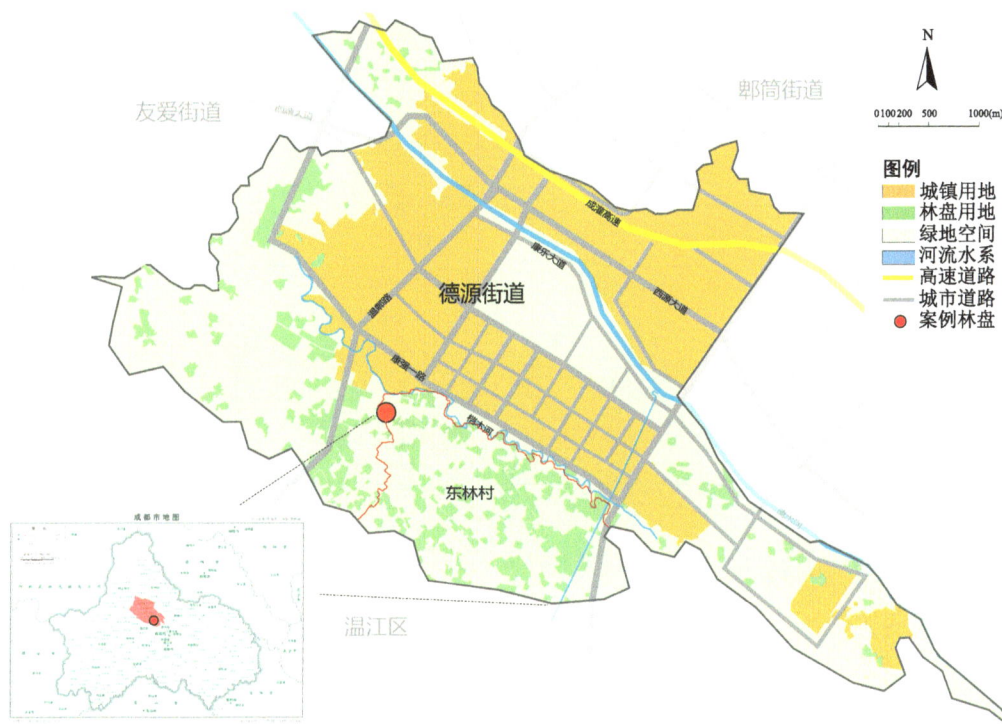

**图 5-27**　东林村林盘区位

资料来源：根据四川测绘地理信息局公布的成都市标准地图[审图号：图川审（2016）018号]绘制，底图无修改。

东林村依托国家杂交水稻工程技术研究中心成都分中心和德之源大蒜专业合作社的科创资源，大力发展水稻、大蒜种植生产与科技研发，已形成"万亩大蒜种源基地"及袁隆平杂交水稻试验田。经过多年发展，东林村所种植的德源大蒜获评国家地理标志产品，东林村也凭借大蒜入选2021年成都市"一村一品"示范村镇。

东林村依托政策支撑与政府支持的双向利好，通过合理清退低效用地、整合宅基地的方式盘整产业空间，并推出科创企业的优惠政策，以无税收、无投资强度等考核指标洼地与低密度高品质的空间环境形成科创吸引力，已与深圳步科、海格通信等总部达成入驻意向。在此基础上，东林村吸引了一批面向科创精英的配套商业及服务公司，从而不断实现产业链由一产为主延伸至三产融合发展。

此外，东林村进行土地制度创新，通过集体建设用地入市、宅基地三权分置等改革，盘活宅基地等闲置土地资源560亩，实现土地增值收益1500万元，2020年农村居民人均可支配收入达4.26万元。土地整治也为传统的农业场景转型打造大地景观、增加文化艺术场景营造奠定基础，如东林村作为"中国·成都第二届天府大地艺术季"的主会场，促进了一二三产融合发展。

　　东林村林盘案例主要涉及东林村与禹庙村交界的袁隆平国际杂交水稻科学园所在的东林里、东林汇、向家院子林盘及周边其他林盘（图5-28）。

**图 5-28**　东林村东林里、东林汇、向家院子林盘

**（1）"并小田改大田"，科技助力农业发展**

　　东林村实行"并小田改大田"的标准化农田改造，为规模化、机械化、科技化、专业化农业发展奠定了基础。2018年以来，在国家杂交水稻工程技术研究中心成都分中心和德之源大蒜专业合作社的科技支撑下，东林村持续改进耕作模式，实现农业种植的规模化与品质化提升。目前全村种植面积已超过4000亩。

　　东林村的大蒜培育历史逾200年，其主要品种"德源大蒜"是著名地标产品，具有色泽光亮、口味香浓、蒜素高等品质。得益于此，德源大蒜多年来作为"种蒜"热销于云南、贵州、广西等地。2018年5月，东林村成立德之源大蒜专业合作社，全村已有600余户农户加入合作社。在合作社的技术支持下，种蒜育种的综合成本降低60%以上，病害也大大减少[1]。同时，合作社还通过提供农业技能培训来提升农民农业技能水平。合作社每年邀请省、市农科院的专家教授开展大蒜培训会，向种植户提供田间管理技术指导，培养种田能手。此外，合作社发挥互联网优势，探索"互联网+农业"模式，积极推动农业物联网建设，完善农产品质量安全溯源、检测体系，通过签订种蒜购销合作协议，保障种植户的产品销路。

　　2021年东林村凭借大蒜入选成都市"一村一品"示范村镇。德源街道依托以东林

---

[1]　即将东林村收获的蒜籽栽种到光照条件更好的实验基地，等到东林村大蒜种植季节来临后，再将实验基地收获的蒜瓣种下。

村、禹庙村等为主的大蒜标准化生产基地建设了桤木河蒜稻种业示范园（图5-29），大蒜种植已辐射到邻近的友爱镇、红光街道，德源大蒜常年规范种植规模在2万亩以上，年产蒜薹1万吨、大蒜2万余吨，年产值4亿余元。一方面，合作社以德源种蒜培育的商品蒜回购做产品深加工，开发出泡蒜、黑蒜等产品，把控研发、制种、品牌、销售等价值链高端环节；另一方面，合作社尝试"德源种蒜总部+外地商品蒜基地"的模式，将规模化的下游种植、农产品初深加工环节布局在区外，形成上下游互动的产业联合共同体。德源大蒜不仅在云南、贵州等省销量可观，还作为中国出口品级最高的商品蒜，远销日本、韩国、老挝、越南等地，并于2021年正式获批为国家地理标志保护产品。

　　水稻是东林村另一主导农作物，与大蒜种植配合轮作形成了东林村"蒜稻轮作"的特色模式，水稻主要作为大蒜采收后的"补空"，起到改善土壤、恢复土壤肥力的作用。合作社成立后通过种植糯米、五彩稻等功能水稻，并对接淘宝店、微店、直播带货等销售平台，提升水稻种植的附加值。

　　随着2019年国家杂交水稻工程技术研究中心成都分中心落户德源街道，东林村的水稻种植亩产量和效益真正实现质的提升。科研工作者以杂交水稻科研为核心，每年都会对数千个品种（组合）的水稻进行杂交试验。此外，创新开展稻鱼、稻菜和稻蒜等有机绿色种养结合新模式的生产[1]，研究推广稻鱼立体生态循环种养，如种植适宜稻鱼综合种养的杂交水稻新品种"天泰优808"（图5-30）。实行稻鱼综合种养每亩综合产值可达万元，是单单种植水稻的10倍以上。国家杂交水稻工程技术研究中心成都分中心科研成果孵化转化基地——袁隆平国际杂交水稻种业硅谷，已于2020年获批成为成都市唯一一个国家现代农业科技示范展示基地。

图5-29　桤木河蒜稻种业示范园

图5-30　东林村袁隆平杂交水稻科学园试验田"天泰优808"测产

资料来源：郫都区人民政府。

（2）"拆小院并大院"，完善公共服务配套，腾挪建设用地指标

2018年，东林村灵活利用农村集体经营性建设用地政策，高效集约整合建设用地，

---

[1]　吴志明，周蔼葭. 融合共享 郫都走出内生型乡村振兴之路[J]. 当代县域经济，2022（5）：28-31.

盘活闲置宅基地资源。统一将周家院子、薛家院子、刘家院子、向家院子和散居马路边的散居林盘村民统一迁至新建居民点"润馨苑"。将林盘整治得到的23.04亩宅基地建设指标挂牌上市，拍得土地使用权收益3600多万元。

一方面，"拆小院并大院"使得东林村改变了过去以散居为主的模式，农村人居环境大大改善，公共服务配套越发完善。东林村"拆院并院"一期项目——润馨苑于2019年底开工建设，2021年1月正式交房（图5-31）。实行改院之后，村民人均住房面积显著增大，安置房人均综合用地面积60m$^2$，其中，30m$^2$用于住房建设，30m$^2$用于公共配套设施修建，每人实享住房建筑面积50m$^2$。润馨苑建成以后，村民的居住条件明显改善，基础设施和公服配套更趋完善，包括配置了90个标准停车位，配建了商超、养老、卫生、文化、幼儿园等公共服务设施。2021年东林村先后有200余户村民加入"拆小院并大院"计划，共腾挪出了近90亩集体建设用地（宅基地），2022年又有4个村组相继完成了宅基地的腾退。

图5-31　润馨苑鸟瞰（左）及街道环境（右）

另一方面，"拆小院并大院"腾挪出的建设用地指标，为科创产业的发展提供了空间，从而使得国家杂交水稻工程技术研究中心成都分中心项目得以落户。成都西盛投资集团、国家杂交水稻工程技术研究中心、四川泰隆农业科技有限公司三方合作共建袁隆平杂交水稻科学园。科学园包括袁隆平杂交水稻科技馆、国际会议中心（图5-32）、青少年双创中心、袁隆平院士工作站、种质资源库以及配套的"稻梦生活空间"等食宿空间，建筑面积约8000m$^2$，并配套建设高标准农田2000余亩。科学园于2020年5月正式开园。

依托袁隆平杂交水稻科技馆、院士工坊及青少年双创中心，科学园已打造成为青少年农业科普教育基地、国家级研学教育基地、青少年教育基地以及劳动教育基地。科学园开园以来，已组织科普活动、亲子研学活动超过200场，经过2年多的运营，2022年袁隆平杂交水稻科学园成为成都市唯一入选中国科协、教育部等七部委联合发布的首批

"科学家精神教育基地"的园区[1]。

图5-32　袁隆平杂交水稻科学园中的杂交水稻科技馆（左）、国际会议中心（右）

袁隆平国际杂交水稻种业硅谷作为东林村城乡融合发展的示范项目，正在吸引企业和科研机构落户（如海格通信和步科的研发总部正在筹备落户东林村），助力产业场景和文化消费场景的引入。

（3）立足生态本底，打造城市低密度"后花园"

东林村属于成都市的城边村，与成都电子信息产业功能区和国家首批双创示范基地菁蓉双创小镇仅一条梽木河之隔。东林村立足生态本底，选择最大限度地放大城乡差异感，保留林盘原有低密度格局，由此成为了产业功能区的配套空间和白领们理想的"后花园"。

在总体思路上，东林村立足梽木河、林盘和田园的良好生态本底优势，充分利用土地制度改革成果，重构乡村空间格局，导入科创动能和城市功能，推动城乡融合发展，集成"科创乡村+生态乡村+人文乡村+善治乡村+共富乡村"示范建设，实现产业高质量、环境高品质、农民高收入的"锦绣东林"美好愿景。

东林村强化环境整治，保留林盘院落，在景观提升中注重建筑原生态景观与新审美结合。一方面，东林村保留着完整的林盘风貌，充分保留了原有的格局。如新建的袁隆平杂交水稻科学园，其空间整体保持林盘原貌，其中包含不少原址树木，最大限度地体现了林盘特色（图5-33）。东林村的大蒜田、稻田、竹林、冬瓜树都充满了川西林盘往日的生活气息。另一方面，东林村基于既有生态本底，融合文化与艺术，利用2000亩稻田打造大田景观，塑造鲜花盛开的艺术景观长廊，在田埂上铺上了3m宽的木栈道，并设置了多处观景台、打卡点，将日常田园美景与外来游客共享。东林村还种植了350亩彩色油菜花田，成为以土地、特色农作物、川西林盘为元素的大地艺术作品，"大蒜绿"和"菜花黄"两种颜色，既显示了当地的农业特色，又形成了开放式的大地田园风光。

[1]　郫都区政府．授牌"科学家精神教育基地"袁隆平杂交水稻科学园弘扬传承科学家精神[EB/OL]．2022-07-08．http://www.pidu.gov.cn//pidu/c125557/2022-07/08/content_963391086274474ea19b528ff46c1a2d.shtml．

图 5-33　袁隆平杂交水稻科学园环境风貌

在此基础上，东林村在林盘空间中有机植入民宿、餐饮等配套功能业态，引入途远驿站、弥远咖啡（图 5-34）、翁鼎食府、翁鼎茶楼、日不落餐吧、见稻田园餐厅等商家，打造丰富的服务配套。其中，途远集团介入的途远驿站采用装配式建筑，由途远集团旗下的会员制民宿预订平台"趣悠悠"负责线下运营与线上推介导流，并由途远集团旗

图 5-34　途远驿站（左）、弥远咖啡（右）

下的"途礼"负责销售本地农特产品,实现了亲近自然、诗意栖居的乡村高端民宿集群营造。一方面,青砖灰瓦、白墙木门、窗格素净的民宿集群掩映在绿竹翠林间,推窗即可见花海,听稻田与风和鸣;另一方面,一系列高标准的运营管理体系使乡村住宿体验升级,乡村与城市资源的共融塑造了东林村的"网红"民宿。途远驿站均价300~2000元/晚,价格不输市区常规酒店[1]。

## 5.4　小结

　　农耕型林盘强调农业资源的利用与居住功能的优化,对其保护利用修复应注意以下两点。首先,须聚焦农业生产这一核心功能,一方面要严守耕地保护"红线",保证粮食产量,另一方面要积极推动传统农业耕作方式向规模化、现代化、科技化农业转型。其次,连片的农田与保存完好的川西林盘田园风光也是农耕型林盘发展的宝贵资源。通过适度的农田景观化改造与民宿、餐饮、文化活动等业态的植入,推动农商文旅体融合发展,提高农户与村集体收入。同时,相关机制的创新为盘活闲置资源与低效土地提供了重要保障,如大邑县祥龙社区创新"社会资金+管理公司+土地合作社"利益联结机制,通过资产运营,充分盘活集体资产,以开展农耕文化展览、特色民宿体验等方式壮大集体经济。

---

[1]　途远. 郫都途远驿站亮相成都大地艺术季,为乡村植入多元消费新场景[EB/OL]. 2021-03-15. https://www.sohu.com/a/455771222_436908.

# 第6章
# 生态型林盘典型案例

生态型林盘选取成都市崇州市小罗村林盘和都江堰市朱家湾林盘为案例,二者皆林木环抱、流水潺潺,生态环境良好,对周边地区生态平衡发挥着重要作用。在公园城市理念的指引下,二者在最大程度保护自然环境的基础上,创新性地引入业态和基础设施,成功促进了林盘生态资源的价值转化,满足了城市居民休闲康养、亲近自然的需求,生动体现了生态型林盘未来的发展方向。

## 6.1 北溪湿地公园建设契机下的生态整治——崇州市崇阳街道小罗村林盘

小罗村位于崇州市崇阳街道东北部,地处崇平镇、锦江乡交界处,交通便利,是一个典型的城乡接合部村,是城乡融合发展的节点(图6-1)。小罗村具有良好的自然资源禀赋,龙岗河、白马河由北至南纵贯全境。在白马河的孕育下,小罗村形成了多个典型的川西林盘。林盘宅院隐于高大的林木之中,与周边的高大乔木、竹林、河流和外围耕地等自然环境有机融合,形成了白马河边上一个个的"森林绿岛"。

然而伴随工业化、城市化进程的加快,小罗村林盘的发展问题也逐渐凸显,林盘人口流失严重,林盘空心化愈发显现。在2020年与高墩村合并以前,全村土地面积2.5km²,耕地面积2000亩左右,辖14个村民小组,全村总人口约2000人。随着成都市探索城乡统筹发展的一系列政策实施,小罗村迎来了新的发展机遇。2020年在四川省实施乡镇行政区划和村级建制调整两项改革(以下简称"两项改革")后,小罗村合并了相邻的高墩村,现全村土地面积3.8km²,耕地面积约3900亩,辖18个村民小组,全村总人口约4000人。现小罗村包含胡家院子、小罗寺、晏家林等多个林盘,其中胡家院子与小罗寺位于白马河边,属于典型的生态型林盘,生态资源丰富,水系风貌特征明显,具有丰富的生态价值和美学价值(图6-2)。

为深入推进乡村振兴,2019年,小罗村提出建设"北溪湿地公园",即依托白马河的原始生态景观,深入挖掘林盘的生态、美学及文化价值,打造一个体现生态价值转换

**图6-1**　小罗村区位

资料来源：根据四川测绘地理信息局公布的成都市标准地图［审图号：图川审（2016）018号］绘制，底图无修改。

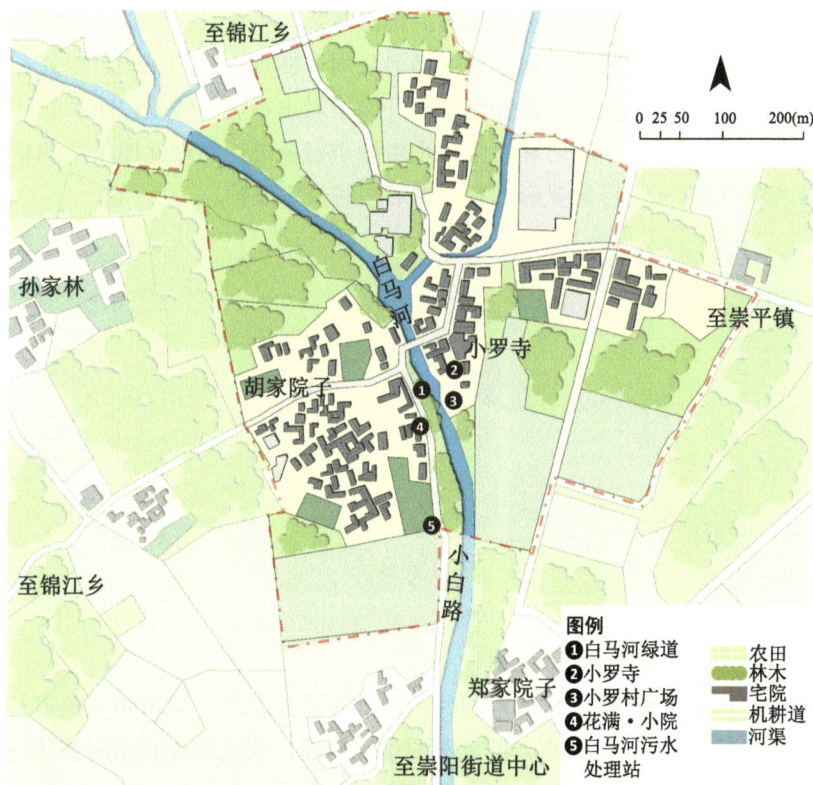

**图6-2**　胡家院子林盘及小罗寺林盘平面

理念的农商文旅体融合发展片区（图6-3）。为实现这一目标，崇州市首先对白马河及周边林盘进行全面的生态整治与保护修复，保护林盘空间格局；其次以建设北溪湿地公园为契机，充分利用小罗村"红色"和"绿色"两大资源优势，加速将生态优势转化为发展优势，探索"绿道＋""蓝网＋""公园＋"的发展模式，把小罗村建设成崇州市乡村振兴的一张名片。

（1）深入推进白马河及北溪湿地生态整治与保护

对白马河及周边林盘进行生态保护修复。白马河是小罗村十分重要的生态水系，一条白马河串起了1000多亩的苗木基地，多年来与小罗村内林盘共生共存，滋养孕育了小罗村内林盘的形成和发展。另外，小罗村林盘内水系连通性强，具有很高的景观价值，与林、田、院等交融共生。然而近二三十年来，随着城乡一体化的快速推进，白马河遭受到一定程度的破坏，林盘内的沟渠也受损严重，杂草丛生、淤积严重，因此，对白马河的水系生态修复与林盘整治保护迫在眉睫。在崇州市乡村振兴局的统筹下，小罗村全面开展了以"整田、护林、理水、改院"为主要内容的林盘综合整治。

一方面，对白马河及周边林盘水系进行工程修复，疏浚沟通现有水系，完善林盘的水网体系和排水系统，在白马河边修建了污水处理站等设施（图6-4）。另一方面，进行生态修复，坚持水岸并治，采取岸坡整治、生态护岸、岸边绿化等措施，保护自然岸线并对驳岸进行生态化处理，因地制宜地打造生态防洪排涝系统，不仅具备防洪、排涝功能，且不破坏生态系统并提升景观效益。通过对白马河及周边林盘水系的保护、修复和管理，使水体恢复流动活力，实现人与自然和谐发展。除了对水系进行修复，小罗村还在最大化保持乡村原有风貌的前提下，对林盘内林木资源进行梳理，整理林地杂乱的植被，丰富植物种类和空间层次，实行景观形态和环境形态的整体保护。

图6-3　小罗村鸟瞰　　　　图6-4　白马河边的污水处理站

动员全村积极投身白马河绿道建设。秉承着公园城市的核心思想，2020年崇州市开启了白马河精品绿道的建设，通过低影响、低成本的景观构建，实现景观元素的整体连续性和多元性，提升绿道的实用性和景观价值，充分发挥绿道的生态效益（图6-5）。

在白马河绿道建设中，崇州市通过公众参与机制，让村民全体参与到白马河绿道的建设中。从2020年4月初开始，白马河沿线3村联动，发动村两委成员、党员、志愿者等200余人积极参与，不到1个月的时间，村民们便初步完成了4000m绿道、游步道、木栈道、观景台的施工建设，打造了花卉景观小道[1]。

图6-5　白马河及沿河绿道

　　白马河绿道全长5km，途经白石村、永安村、小罗村等村。小罗村坚持以绿化提档升级为重点，增加湿地绿量，提高绿化档次，打造精品绿道。白马河绿道由多样化的绿道作为主要构成要素，沿着白马河建设有步行慢跑道、自行车道和花卉景观道等，并且考虑使用者人群属性及需求，在绿道边上设置了停留节点（图6-6）。停留节点设有便捷的配套设施，为使用者提供便利。同时，崇州市也逐步把白马河沿线三村一河两岸打造成特色休闲景观带，建成水清岸绿、鱼翔浅底、水草丰美、白鹭成群的生态价值转换试验区，使其成为亲近自然的绝佳之地。

图6-6　白马河多样化绿道及停留节点

[1]　宿箭，李卓婕，严浩. 崇州又一湿地绿道"出道"了，就在城边上[EB/OL]. 今日崇州，2020-05-14. https://mp.weixin.qq.com/s/IwbUEMb_KSOL_Fs3vw9iNw.

依托白马河原始生态景观打造北溪湿地公园。崇州市将北溪湿地公园作为城乡融合发展示范区之一，依托白马河的原始生态景观资源，集聚城市郊野、原生湿地、风光田园、川西林盘等多元景观资源，形成丰富的湿地景观和文化氛围，建立起"林盘＋湿地"的特色模式（图6-7）。在北溪湿地公园建设中，始终强调把湿地保护放在首位。首先，北溪湿地公园在现状基础上规划水系、水网及水域，结合巡河、整治、提升等方法，对湿地公园核心景观区域进行治理和生态修复，严管严控污染源，充分保护湿地水系良好的自然本底，通过自然与人工的双重调节，实现恢复过程及恢复后的自我维持，打造出可观光、可休闲、可自净、可调节的水系景观。其次，崇州市充分考虑北溪湿地公园生态系统的可持续性，保护和改善湿地的生物多样性，通过植物群落的构建，进一步改善北溪湿地公园的生态环境，在湿地公园内形成丰富的湿地动植物观赏区。

北溪湿地公园现拥有全长约5.4km的观景栈道、3km健身步道、1km游步道、1.4km木栈道和2处观景台，为市民及游客打造出面积3.7km$^2$的休闲空间和观光区域，成为广大市民和游客跑步、骑行、休闲打卡的又一个好去处，其中2km$^2$在小罗村辖区之内。小罗村作为崇州市北溪湿地公园的核心区域，依托北部区域1000亩园林，将小罗村内的多个林盘与北溪湿地公园有机结合，相得益彰，对湿地资源进行合理利用，打造服务于城市、集旅游与休闲为一体的休闲园林式公园（图6-7），将北溪湿地公园优良的生态本底和自然禀赋，转化为乡村振兴和城乡融合发展的资本。北溪湿地公园现已成为崇州市崇阳街道实践公园城市建设乡村表达和探索城乡融合发展的重要载体[1]。

图6-7　北溪湿地公园

（2）盘活"绿色＋红色"资源，推动生态价值转换

小罗村以白马河绿道及北溪湿地公园建设为契机，通过把握属于自身特色的生态湿地与红色文化等资源，进行多元化的资源盘整，以良好的生态本底和独特的文化魅力，

实现"林盘+"发展模式，推动林盘生态价值的转换。

结合绿色生态资源，推动生态场景建设。在打造北溪湿地公园的基础上，小罗村按照"政府主导、市场主体、商业化逻辑"，坚持"片区开发、整体招商、一体运营"的思路，营造出创新协调的机会场景、绿色开放的生产场景、多元共享的生活场景、诗意栖居的生态场景，打造城市农商文旅体综合体。

崇阳街道结合小罗村的区位优势和文化底蕴，通过"改院植业"，保留具有文化特色的建筑，并围绕产业进行适当修缮，植入新的功能业态，引入"新村民"，重新激活房屋的使用价值。"花满·小院"就是崇阳街道探索以消费场景植入带动片区功能提升和服务配套完善，培育核心IP，发展集体经济的试水之作（图6-8）。"花满·小院"以"北溪会客坊"为定位，与湿地风光、自然景观等资源有机结合，围绕"吃住行游购娱"六大旅游要素，满足多样化需求，面向当地群众、游客、文化人群，实践"林盘变公园、农房变客房、产品变商品、劳作变体验"的发展理念。另外，小罗村依托现有的100亩盆景园，打造崇州市内的高端川派盆景展示和交流区，以生态场景营造为多元产业提供空间并提升体验，让林盘成为生态价值转化的场景、融合发展体验的单元。

图6-8　北溪湿地花满·小院

让乡村形态更丰富、品质更凸显、场景更多元，是崇阳街道引入"新村民"的方法，也是撬动社会资金、吸引城市居民、引进市场主体"下乡兴业"的关键。依托生态场景的建设，带动周边群众、形成示范效应，加快乡村振兴的形态、城乡融合的样板呈现。按照规划，北溪湿地公园将结合生态资源特点、产业发展基础，在保留生产生活功能的基础上，植入消费业态、引入休闲场景、打造游览空间，推动农商文旅体融合发展。

盘活"英雄林盘"等红色文化资源。小罗村不仅拥有良好的自然资源，还具有宝贵的红色财富，位于小罗村一组的晏家林盘因为挖掘出了成都十二桥烈士晏子良等英雄人物，一直以来被当地人称作"英雄林盘"。小罗村充分把握晏家林盘特有的红色资源，将晏家林盘作为北溪湿地公园建设的一环，打造崇州市红色精品林盘，形成林盘的经济示范点位，进一步加快林盘的生态价值转换。

另外，小罗村继续深挖文化资源，形成商业空间场景，开展小罗寺风貌改造升级工作，对小罗村260m长的小罗寺老场镇进行修复，打造湿地生态下的历史文化商业古街，引入小火车、碰碰车等游玩设施，配套农耕园艺、田园餐饮、亲子互动等项目，提升"后花园"服务能力[1]。

动员村民参与生态整治，实现林盘共建共治共享。在小罗村晏家林盘投资兴业的企业家蒋廷友，以极大热情带头参与"英雄林盘"建设，与小罗村村民群策群力对林盘周边环境进行整治，积极投身林盘建设，共同摸索出一种符合该林盘实际情况的发展模式。以"农户+村集体+企业"的合作方式，让所有的村民都成为股东，农户以宅基地作价或现金等形式入股，村集体以道路、沟渠等集体资源作价入股，企业投入资金对林盘进行运营打造。当林盘项目盈利之后，实行"6-1-3"的利益分配模式，即村民得收益的60%，10%作为村集体经济收入，而企业仅收取30%的收益，作为管理运营费用，以此实现林盘的共建共治共享[2]（图6-9）。

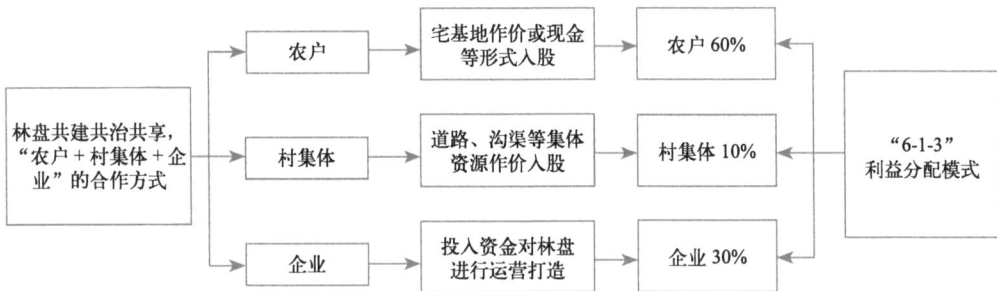

图6-9 小罗村林盘共建共治共享利益分配模式示意

## 6.2 依托生态修复和绿道建设激活生态价值——都江堰市石羊镇朱家湾林盘

朱家湾林盘位于都江堰市南端的石羊镇，距离成都市区约71km，距离都江堰市区约21.6km。朱家湾林盘所处的地理位置优势显著，林盘北面紧靠驾青路，西面邻近成都经济区环线高速，周边拥有闻名世界的旅游景点——青城山（图6-10）。

[1] 崇州市崇阳街道办事处. 崇阳街道多措并举助力北溪湿地提档升级[EB/OL]. 2021-08-24. http://www.chongzhou.gov.cn/chongzhou/c139364/2021-08/24/content_39a19d8f1e11440d8e6007f72ec39148.shtml.
[2] 叶含勇，袁波. 四川小罗村：一个城乡接合部的乡村振兴试验[EB/OL]. 新华网，2021-09-29. http://www.news.cn/politics/2021/09/29/c_1127918153.htm.

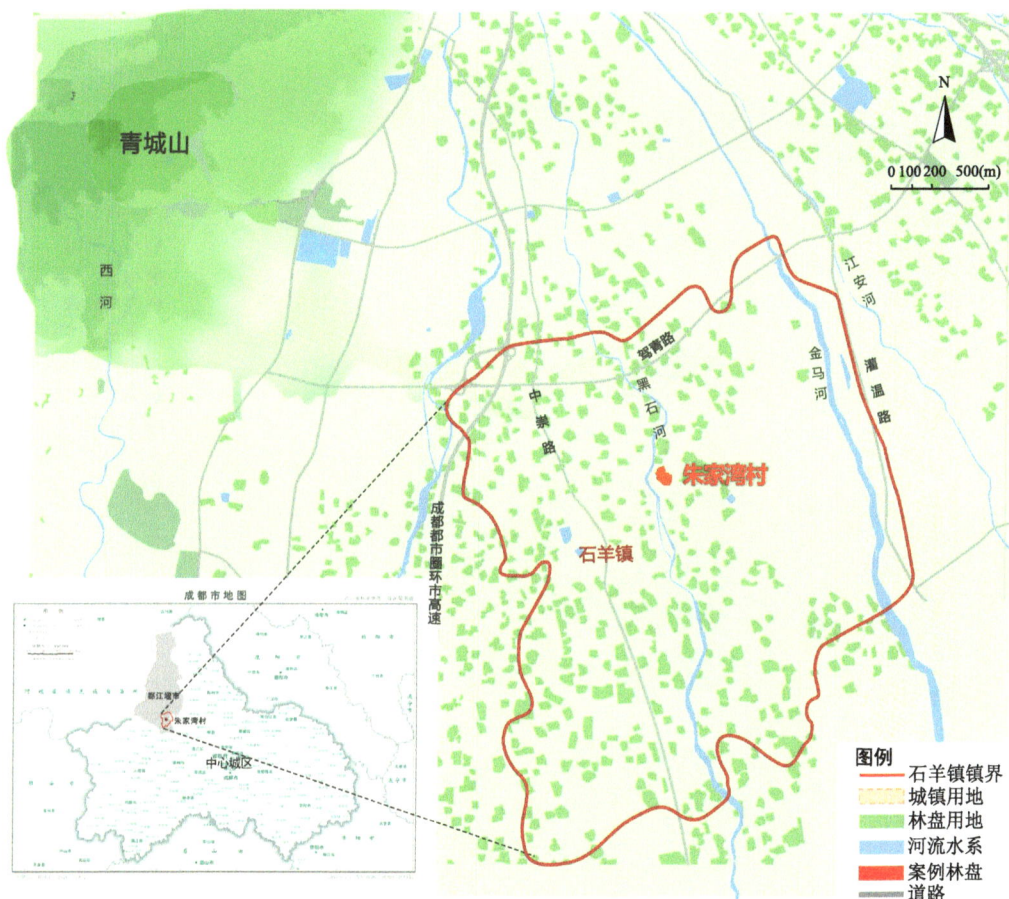

**图6-10**　朱家湾林盘区位

资料来源：根据四川测绘地理信息局公布的成都市标准地图[审图号：图川审（2016）018号]绘制，底图无修改。

　　朱家湾林盘由石羊镇的马祖社区7组、8组、9组、12组4个村民小组构成，总面积约500亩，由朱家院子、范家院子、黄家院子、叶家院子、大刘家院子、小刘家院子大小6个院落组成（图6-11）。林盘内集体建设用地面积约93亩，现有住户101户、353人。朱家湾林盘位于川芎原产地地理标志核心种植区，可称作"川芎之乡"；同时，其南靠千年古刹马祖寺，西邻黑石河，具有丰富的自然景观资源和马祖禅宗文化资源。

　　朱家湾最早形成于清朝初年"湖广填四川"期间，朱姓两兄弟入川后分别于今聚源与石羊镇古青城暂时落脚，经过多方考察，选择在古青城至青城山必经之路建房定居。后由朱家秀才朱凌云发展壮大，吸引范姓、梁姓两家来此定居，俗称"朱一湾、梁一岗、范家住在埂子上"。随着时代发展，婚丧嫁娶，范姓、梁姓人口逐渐减少，黄姓、叶姓及刘姓逐渐壮大，形成今天的朱家院子、范家院子、黄家院子、叶家院子及刘家院子。

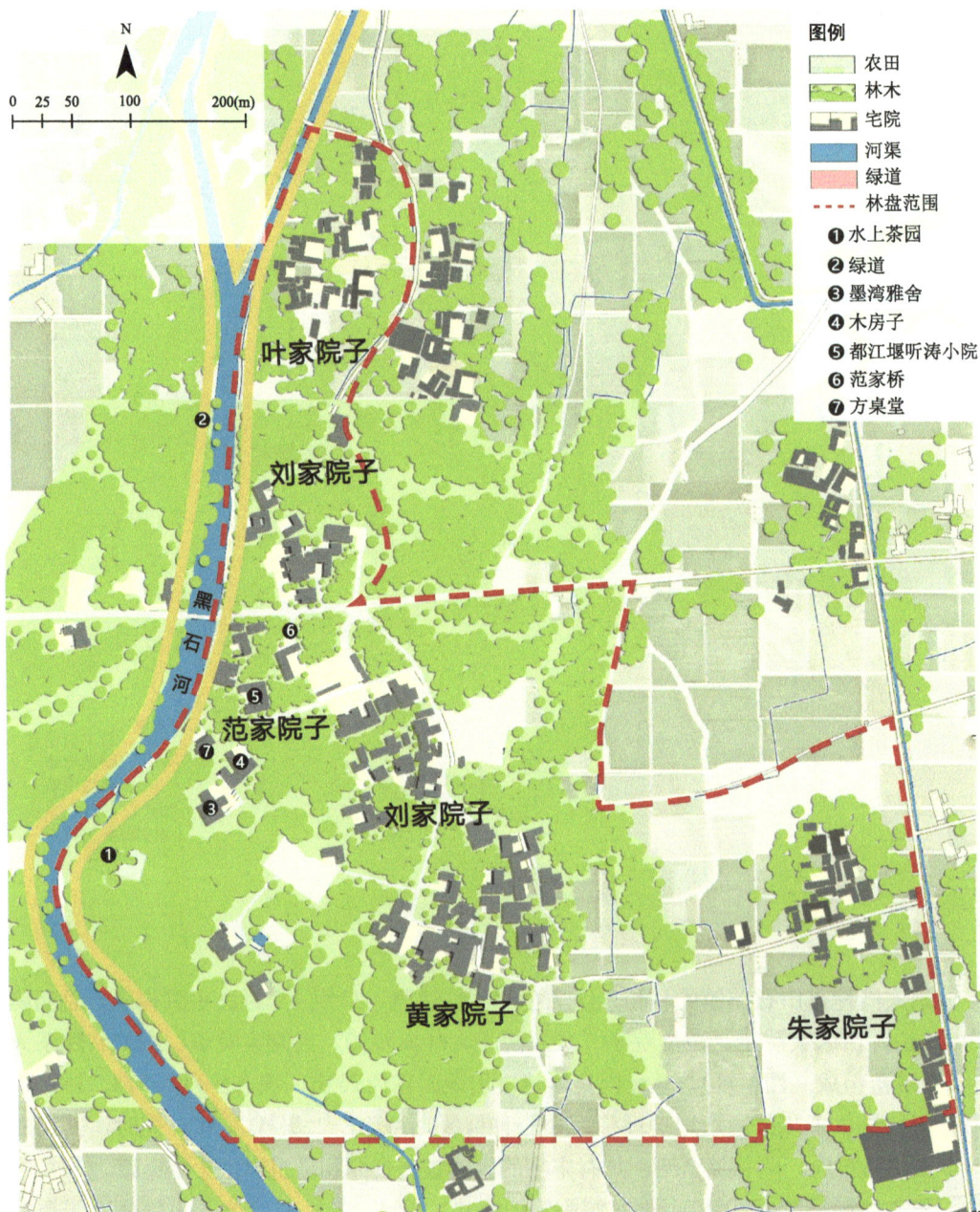

图例
- 农田
- 林木
- 宅院
- 河渠
- 绿道
- --- 林盘范围
- ❶ 水上茶园
- ❷ 绿道
- ❸ 墨湾雅舍
- ❹ 木房子
- ❺ 都江堰听涛小院
- ❻ 范家桥
- ❼ 方桌堂

叶家院子

刘家院子

黑石河

范家院子

刘家院子

黄家院子

朱家院子

**图6-11** 朱家湾林盘平面

　　朱家湾林盘具有典型的"院、林、水、田"川西林盘格局，属于森林景观型的生态型林盘（图6-12）。其家家户户房前屋后种植花卉灌木，菜园遍布，苗木成片，瓜果飘香，林盘周围地势平坦，土壤肥沃，农业生产条件得天独厚。黑石河景观性强，水量充足，从朱家湾林盘的林间穿过，河畔两岸森林茂密，沟渠水系环绕良田，纵横交错，绵延不绝，自然环境十分优美。林盘内植被茂盛，植物品种繁多，以水杉、银杏、竹子为主，不仅具有开发价值，也能维持周边生态功能。

图6-12　朱家湾林盘全貌

　　伴随着城镇化的发展，由于人口流失，朱家湾林盘一度缺乏有效管理，林盘的特色并未彰显。2016年底，随着周边区域乡村旅游的逐步升温，马祖社区对朱家湾林盘进行了生态修复和环境整治，同时基础设施建设也进一步得到提档升级，滨河绿道、生态停车场等公共基础设施的建设完成，使得朱家湾林盘开始逐步嵌入到区域生态休闲格局之中。从2018年10月开始，为深入贯彻落实成都市川西林盘保护修复工程安排部署，朱家湾林盘实施了以全域旅游为重点的绿道提质改造，并依托绿道沿线丰富的银杏、水杉等乔木资源，植入丰富的滨水休闲空间。

　　作为公园城市建设的乡村表达，朱家湾林盘在保护修复过程中，注重保留地域自身特质，依托良好的自然生态资源本底，对农业、文化资源进行进一步的特色挖掘，并提出永续利用与提升发展的针对性举措，以实现林盘生态、农业、乡村旅游价值的转化，并通过一系列的乡村治理措施，保障与提升乡村人居环境，改善了林盘的居住品质，实现了"人、地、产、村"的融合发展，描绘出一幅传统与未来对话交融的公园城市乡村画卷。

　　朱家湾林盘在启动保护修复工程的初期，重点从生态修复与管护角度来加以推动，着力再现和重塑川西林盘的自然生态环境面貌。中期阶段，在林盘生态修复的基础上，启动黑石河绿道建设、林盘建筑风貌的传承利用等，逐渐恢复形成生态优美、特色鲜明的滨水川西林盘聚落。朱家湾林盘坚持"景观化、景区化、可进入、可参与"理念,加强统筹协调,合理、科学利用自然生态旅游资源,走绿色生态发展与农商文旅体的融合发展之路,成功将传统经济转换为"美丽经济",实现了林盘"生态价值的转化"。

（1）通过生态修复夯实林盘生态本底

朱家湾林盘植被茂盛,植物品种丰富多样,院落与周边的高大乔木、竹林、河流以及外围耕地等自然环境有机融合。林盘内经济树种主要以桂花树与银杏树为主,水杉林也是朱家湾林盘的标志之一,此地得天独厚的地理条件孕育出了原生态的水杉林（图6-13）。

图6-13　朱家湾林盘的水杉林

受人口流失影响,朱家湾林盘一度缺乏有效的管理,生态斑块破碎,林盘生态价值难以发挥。朱家湾林盘的保护修复首要在于林木的保护修复。通过护林来保护林盘生态,维护天然林生态系统的原真性、完整性,促进人与自然和谐共生;结合绿道建设进行穿越林木道路的景观化改造提升,来激活林盘生态价值,吸引游客,为朱家湾生态型林盘新型业态的植入提供生态基础。朱家湾林盘通过生态修复,保护了乡村自然生态、山水生态和水系格局,为公园城市生态产品供给提供了重要载体,有利于推进人居环境与自然山水有机交融,有利于创新生态型产业发展模式,强化公园城市发展生态底色（图6-14）。

（2）"轻建设"森林绿道,激活林盘生态价值

朱家湾林盘保护修复最具代表性的是其"轻建设"森林绿道（图6-15）。2013年朱

图6-14　黑石河沿河生态景观

家湾开始修建绿道，绿道初现时就吸引到来自龙泉驿区、温江区、崇州市等地的游客。2017年朱家湾开启林盘修复，将绿道与川西林盘连成一体。朱家湾绿道连接范家桥，与石羊生态绿道对接，从朱家湾林盘穿境而过，长约1.7km。绿道的建设使森林区可进入、可体验，促进了林盘旅游业的发展。漫步绿道，既可乘凉避暑，赏川西林盘，又可感受黑石河生态水资源的清幽凉爽，还可以尽情体验都江堰水利工程孕育的独特天府养生地以及当地的文化。

除绿道建设本身外，绿道沿线零散院落也得到整治，并依据当地营建智慧进行空间品质提升和业态植入，发展休闲服务产业，实现了林盘生态价值的转化。依托融创文旅集团的业态资源，以绿道为脉，构建人与自然交融、文化与生态互动的蓝绿交织的公园体系。

（3）大力推进人居环境整治，设施建设提档升级

朱家湾林盘的保护利用重视人居环境整治，依托传统村落保护格局，加强院落改造，落实林盘内道路交通设施、公服设施、基础设施等的提升。随着林盘修复和旅游开发，石羊镇及马祖社区指导当地居民修通了林盘休闲游览路，强化了朱家湾林盘的可达性和道路的连通性，并充分利用现有的道路体系进行绿道改造，注重沿路的生态绿化景观化塑造，道路建设结合黑石河与农户庭院景观，借助林盘的生态景观资源优势，将林盘乡村道路营造为风景长廊（图6-16）。

图6-15　朱家湾林盘绿道

图6-16　朱家湾林盘的道路

在林盘建筑和院落整治提升方面，由于朱家湾林盘的宅院具有典型的川西地域文化特色，其院落环境的整治对于林盘风貌的完整性、原真性有着十分重要和不可替代的作用。朱家湾林盘按照"乡土化、现代化、特色化"的原则进行林盘建筑和院落改造。依据林盘的地形地貌，最大限度地保留林盘及周边独有的农耕文明和川西民居建筑特色，使林盘生态资源保护与院落修复结合，充分利用丰富的院落空间，提升宅院的功能承载力，延续庭院与生态环境相互渗透的空间特征。

在朱家湾林盘保护修复初期，石羊镇马祖社区推动成立了朱家湾林盘院落党小组，积极宣传林盘修复的重要意义，组织党员带头进行环境整治，从而带动群众一起参与到林盘环境整治行动中。通过政府出资、群众投工投劳的形式积极推动朱家湾林盘的环境整治和院落景观提升，农户房前屋后的环境得以整洁和美化（图6-17）。随着乡村旅游业的发展和朱家湾林盘景区的构建，在维持川西民居特色的基础上，村民结合民宿的旅游需求与地域特色，积极探索了适应现代生产生活方式和新业态需求的宅院空间形式，有效促进了民居建筑的保护更新和院落整治，有机延续了建筑群体的组合形态和肌理。

**图6-17** 民居建筑及院落

朱家湾林盘开展保护与修复以来，为应对日益增长的乡村休闲旅游需求，逐步对基础设施与公服设施进行了提质升级，新建了生态停车场、休憩绿地、游步绿道等公共基础设施。目前，林盘景区的入口形象区、综合服务核心区、新型服务核心区、新型农业综合开发区、花卉主题休闲区等功能区已基本成型（图6-18）。

（4）充分挖掘资源特色，深入推动农商文旅体融合发展

2019年，朱家湾林盘获评为成都市第二批3A级林盘景区。此后，朱家湾林盘在乡村生态旅游的基础上开始逐步向农商文旅体融合发展。石羊镇党委、政府积极推动朱家湾林盘的旅游与传统农业、人文历史等深度融合，用好生态旅游资源，走好绿色发展之路。

图 6-18　露营（左上）与游客中心（右上）、景区标识（左下）与厕所（右下）

　　朱家湾是川芎原产地地理标志核心种植区（图6-19），其出产的川芎声名远播。朱家湾林盘依托特色农业资源禀赋和已有发展基础，结合区位条件，发展现代农业、景观农业，通过农田规模化、景观化改造，打造主业突出、特色鲜明的现代川芎农业功能区，塑造朱家湾川芎农业产业品牌，通过品牌效应吸引投资，提升川芎种植的经济价值

图 6-19　川芎种植区

和景观价值[1]。2020年，朱家湾林盘社区和四川天禾药业有限公司签订了占地100亩的川芎产业园项目，朱家湾林盘社区居民可通过土地入股，获取农业地租的增收。

在农旅产业延伸方面，朱家湾林盘通过农田景观化塑造，发展田园观光、康养、农家乐、露营等新型业态，以农带旅、以旅兴农，促进农业与旅游业融合发展。朱家湾林盘以黑石河丰富的滨水景观及绿色健康为特色，充分发掘川芎制品养生模式，为游客提供多样选择，让游客体验独特的滨水生态休闲风光以及中药康养度假生活。此外，朱家湾林盘依托传统的聚落肌理与民居风貌，充分挖掘林盘民宿的地域特色和人们的生态康养需求，实现以精品民宿搭配生态休闲及农事体验的创新"混搭"。

此外，朱家湾林盘还按照"以文塑旅，以旅彰文"的总体思路，挖掘特色文化资源。在保护修复过程中，梳理有关当地林盘文化以及地域特色的文献史料，挖掘"禅宗文化"和古井资源（图6-20），在黑石河岸建造"禅宗文化展示馆"，打造以禅文化、川芎文化、花蕊夫人文化为特色的林盘文化体验基地。

图6-20 朱家湾林盘的古井

目前，朱家湾林盘民宿发展态势良好，并呈现精品化、品牌化和运营专业化的发展趋势（图6-21）。朱家湾林盘民宿不仅提供住宿产品，还向多领域延伸拓展，在推动朱家湾林盘的全域旅游发展、引领消费、保护生态、传承文化等方面发挥着积极的作用。

---

[1] 汪小琦，高菲，刘欣，等. 成都市生态绿隔区管控探索[J]. 规划师，2020，36（2）：54-58.

图 6-21　朱家湾林盘的民宿

## 6.3　小结

在公园城市建设的理念下，成都市生态型林盘坚持生态优先，绿色发展，依托生态资源推动产业转型，深度挖掘生态型林盘的资源禀赋、人文优势和基础条件，通过激活林盘生态价值，结合新业态和新消费场景营造，实现生态型林盘的价值转化。本章选取小罗村林盘、朱家湾林盘2个生态型林盘典型案例，从区位条件、周边资源、保护修复成果、环境整治、产业业态发展、参与主体等方面，总结其通过生态修复、绿道建设激活林盘的生态价值，充分挖掘林盘内农耕、文化资源特色，延伸产业链条，植入新业态，推动农商文旅体深度融合发展的实践经验。

生态型林盘一般植物种类丰富，多邻近河流，具有优良的生态景观资源优势。随着城镇化的逐步推进，林盘的农业耕种和居住功能会减弱，聚落空间缺乏管理，生态环境较多地遭到一定程度的破坏，林盘的生态、景观价值难以发挥。因此，生态型林盘的保护修复，一方面，是要夯实林盘生态基底，通过林地、河流整治提升生态环境品质，提升对游客的吸引力；另一方面，道路建设、绿道建设与生态修复相结合，可使生态资源得到景观化提升，让原先不可进入、不可参观的生态资源成为可进入、可体验的生态旅游资源，从而充分促进生态型林盘旅游业的发展。同时，绿道建设多与道路修建、河流整治、景观节点打造相结合，在绿道建设的同时植入旅游业态，串联重要景观节点，将绿道沿线打造为特色休闲景观带，布局民宿、茶舍等休闲服务功能，使绿道成为生态景观资源和旅游业态衔接转化的桥梁。小罗村在林盘保护利用之初就进行了全面的生态修复，采取岸坡整治、岸边绿化等措施进行白马河及周边林盘水污染治理、水生态修复。朱家湾林盘将林盘生态修复、环境整治与基础设施建设相结合，既吸引了游客，又改善了居民生活环境。此外，小罗村和朱家湾林盘都进行了绿道建设，以绿化景观提档升级为重点，营造联通便捷的绿道网络，进而沿绿道两侧发展民宿、特色餐饮等新业态。

生态型林盘可在深入挖掘生态资源优势及特色的基础上，逐步延长生态农旅产业链，结合新业态和新消费场景营造，走上农商文旅体融合发展之路。本章中的小罗村林盘依托北溪湿地的特色中草药资源，将中草药沿绿道两侧集中栽种造景，将自然生态和科普教育融为一体，推动农业观光产业发展，促进农旅融合发展；并且充分把握晏家林盘特有的红色资源，打造红色精品林盘，包括规划打造亲子基地、民宿、历史陈列馆等。朱家湾林盘作为川芎原产地地理标志核心种植区，以放大其川芎产业品牌效应为起点，打造现代化、景观化农业；通过挖掘禅宗文化和古井等当地特色文化要素，打造以当地特色文化要素为核心的文化空间载体，并与林盘生态环境有机融合，推动农商文旅体的融合发展。

# 第7章
## 乡村旅游型林盘典型案例

早在20世纪90年代，被当地人称为"农家乐"的乡村旅游便已在成都风靡，至今已遍布成都近郊地区[1]。成都市农家乐的发展植根于林盘深厚的人文与生态本底，可认为是旅游型林盘的一种初级形态[2]。但这种农家乐式的乡村旅游整体业态较为单一，文化内涵与品牌符号性有待提升，且缺乏对林盘环境生态要素的整体性保护开发[3]。

从2018年成都市开启公园城市建设以来，城乡土地、资本、消费等要素加快流动，一些资源与区位条件好的林盘以建设公园城市的乡村表达为媒，率先推动空间优化提升与旅游功能植入，很多消费业态新颖、场景营造吸睛、运营主体多元的新型林盘旅游产品不断涌现，走出了新时期高质量的创新发展路径。梳理公园城市建设背景下乡村旅游型林盘的发展经验，有利于为大量潜在的乡村旅游型林盘的发展及传统农家乐的转型升级提供思路。本章选取成都市崇州市徐家渡林盘、都江堰市川西音乐林盘、天府新区官塘村林盘3个乡村旅游型林盘典型案例，分别梳理亲子娱教、演艺休闲、会展接待功能主导的乡村旅游型林盘的发展特征。

## 7.1 集乡土体验与现代休闲风尚于一体的乡村生活新场景——崇州市隆兴镇徐家渡林盘

徐家渡林盘坐落于崇州市隆兴镇山泉村10组，因历史上位于铁溪河渡口且以徐姓人家为原村民主体而得名[4]。徐家渡林盘是崇州市10万亩稻香旅游环线的重要节点，有着旖旎的自然风光和深厚的农耕文化传统（图7-1）。当前，徐家渡林盘有住户35户，居民129人，占地面积约42亩，连片的农田和潺潺的铁溪河环绕于徐家渡林盘外围，富有川西特色的民居院落散布于原生态的树林、竹林中，延续着地域景观特色和传统的生

[1] 何景明. 成都市"农家乐"演变的案例研究——兼论我国城市郊区乡村旅游发展[J]. 旅游学刊, 2005（6）: 71-74.
[2] 陈其兵. 川西林盘景观资源保护与发展模式研究[M]. 北京: 中国林业出版社, 2011.
[3] 何景明. 城市郊区乡村旅游发展影响因素研究——以成都农家乐为例[J]. 地域研究与开发, 2006（6）: 71-75.
[4] 唐辉, 唐云. 新乡贤在乡村振兴中作用的彰显和重构——以崇州市凡朴生活圈为例[J]. 实践与跨越, 2020（1）: 68-79.

产生活风貌。

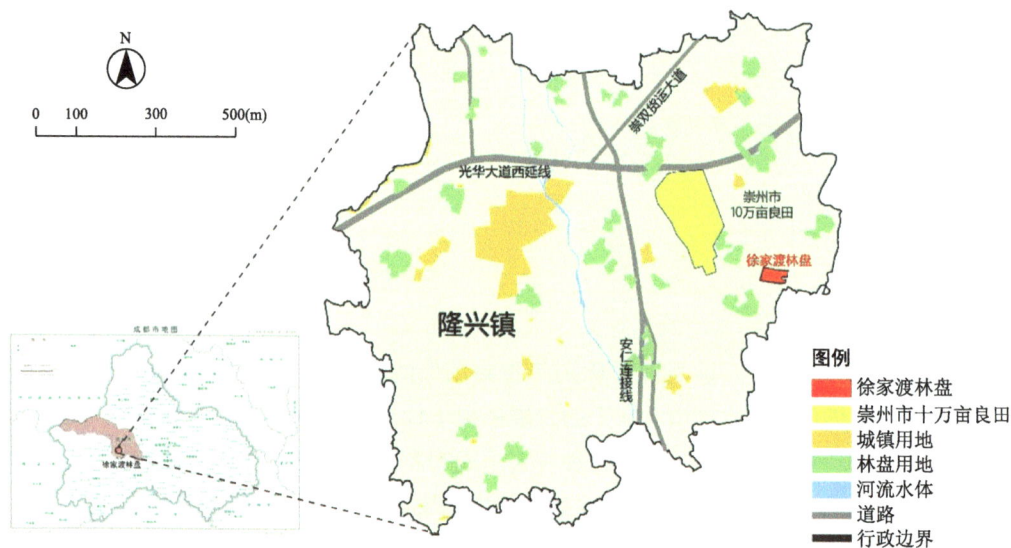

**图7-1**　徐家渡林盘区位
资料来源：根据四川测绘地理信息局公布的成都市标准地图［审图号：图川审（2016）018号］绘制，底图无修改。

　　2017年，伴随成都市"东进、南拓、西控、北改、中优"城市空间发展战略的提出，秉持西控片区"以控促优，保护自然文化景观，提升生态功能"的发展方向[1]，徐家渡林盘立足于本地的自然生态资源和文化传统，系统地推进和深化了林盘的保护和修复工程。一方面，结合此前建设基础，把徐家渡林盘划分为居民聚居区、乡村旅游发展区和基本农田保护区，开展有针对性的"整田、护林、理水、改院"工程，持续修复林盘生态环境、完善林盘基础设施、提升林盘风貌形象。另一方面，积极响应崇州市以特色林盘助推全域高质量发展的政策指引[2]，通过集体建设用地折资入股的方式，与凡朴文化发展有限公司组建乡村旅游运维联合体，创新性地围绕"自然永续、返璞归真"的发展理念，建成涵盖木屋别墅、生态树屋、轻食餐吧、荒岛书吧等绿色休闲体验项目的微型田园综合体"凡朴生活圈"。以"凡朴生活圈"为起点，徐家渡林盘持续辐射山泉村周边地区发展，陆续开发了"凡朴白房子民宿""凡塔夕文创中心""凡朴童场"[3]等一系列文旅衍生项目，不仅迅速聚拢了大量的游客，还联动林盘内的35户村民共营、共治、共享，孵化出老兵农家菜、凡朴休闲苑、凡朴蒸菜馆、凡朴鲜豆花等乡村业态，在优化徐家渡林盘单一经济结构、提升村民收入的同时，也打造出一个集乡土体验与现代生活风尚于一体的新时代林盘案例（图7-2）。

---

[1]　庞淼. 新发展理念下绿色高质量发展的转型与创新——以成都市"西控"区为例[J]. 农村经济，2020（6）：99-105.
[2]　潘兴扬. 生态引领崇州特色林盘书写"西控"答卷[J]. 当代县域经济，2020（9）：48-51.
[3]　凡朴童场是由问渠社和凡朴文化发展有限公司牵头，汇聚各方教育力量，联合共建的一个面向未来的教育创新幼儿中心，不仅是创造型自然社区和引领教育革新的平台，而且是家校间学习共同体的桥梁和终身学习的社群空间。

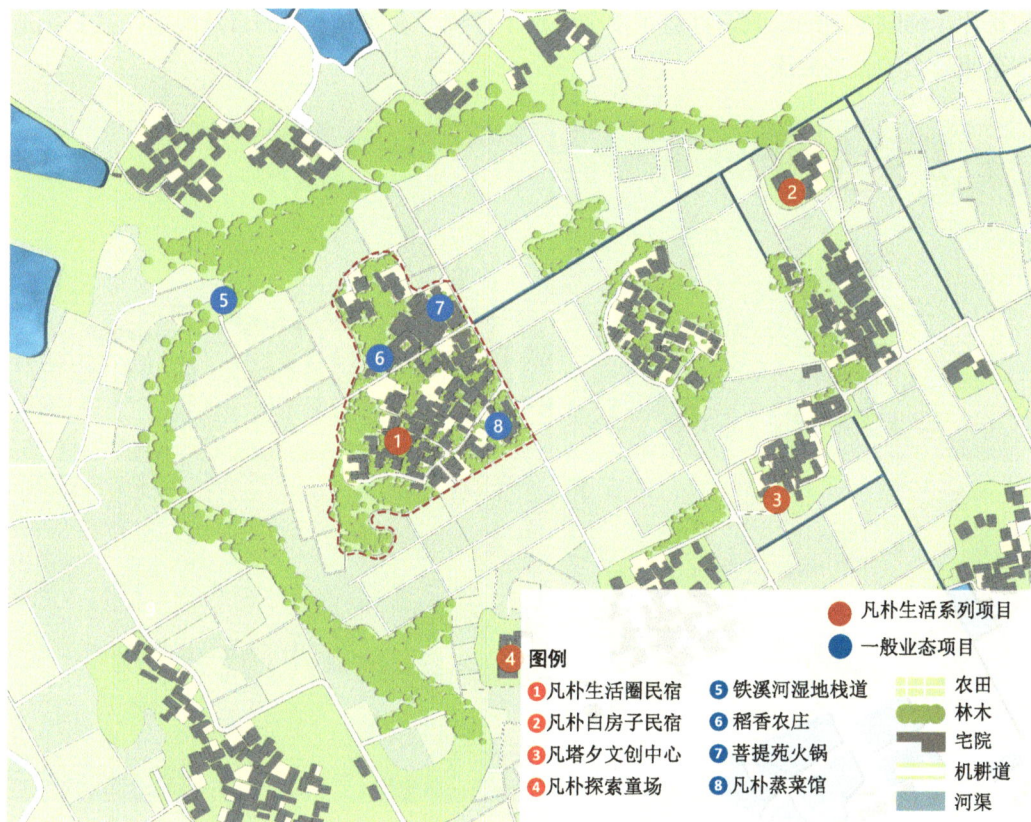

图例（红色）凡朴生活系列项目　（蓝色）一般业态项目

①凡朴生活圈民宿　⑤铁溪河湿地栈道　农田
②凡朴白房子民宿　⑥稻香农庄　林木
③凡塔夕文创中心　⑦菩提苑火锅　宅院
④凡朴探索童场　⑧凡朴蒸菜馆　机耕道
　　　　　　　　　　　　　　　　河渠

**图7-2**　徐家渡林盘平面

（1）以公园城市理念为引领，创新打造林盘新场景

总结徐家渡林盘的建设经验和发展模式，其重要经验在于充分挖掘了自身毗邻高质量农业生产区，农耕传统深厚、生态环境优越的优势，顺应建设公园城市新时代背景下人们对绿色健康生活、亲子互动休闲等方面的迫切需求，积极引入社会资金，与凡朴文化发展有限公司联合打造了业态特色别具一格的"凡朴生活圈民宿""凡朴白房子民宿""凡塔夕文创中心"和"凡朴童场"等4个项目。4个项目各有明确的主题定位，在功能上互为补充，在主题上互相承接，实现了乡村生态资源的创新性转化（图7-3）。

其中，"凡朴生活圈民宿"为4个业态项目中的一期项目。项目原址为一片堆满垃圾的林中荒地，以修复林盘生态环境、延伸林盘产业链为方向，村集体与凡朴生活圈项目创始人联合召集当地的村民、工匠和多位义工，应用本地的乡土材料和林盘更新所遗留的废旧材料，通过造型设计和特色彩绘等形式，共同设计共同营建，实现了从林中荒地到理想家园的转化。

"凡朴生活圈民宿"从项目的建成到业态的引入，皆充分体现了"自然永续、返璞归真"的发展理念。

一是在林盘整治更新和业态项目的打造中，充分取材于当地有生活印迹的旧木头、废瓦片，辅以生动的涂鸦，打造了多个区别于传统"水泥盒子"的自然民宿，其新颖造型迅速吸引了大量关注。

图7-3    徐家渡林盘及周边4个项目

　　二是在项目的体验上，充分体现了时兴的生活需求，为游客提供体验独特的业态项目。如在饮食项目上，徐家渡林盘以当地丰富的绿色农产品为基础，鲜明地打出了"品质轻食"品牌，民宿所提供的饮食大多以清蒸、清汤、窑烤为主，迎合了当下的健康饮食风尚。在住宿体验上，徐家渡林盘亦区别于一般民宿，以"凡朴生活圈民宿"内的3栋木屋民宿为例，在规划设计阶段便鲜明地定下了"草木织染""土布乡情""竹编香韵"3个截然不同的设计主题，不同木屋或是装饰着由当地传统草木染料染织而成的布料，或是摆放着由手工艺人制成的传统竹艺作品，既为游客提供了富有文化的住宿体验，也创新了传统技艺的展示平台。

　　三是在业态项目的持续延伸性和延展性上，通过一系列有针对性的发展举措，延展业态项目，形成功能上互为补充、体验上互相延展的"凡朴"主题旅游目的地。如其中的二期项目"凡朴白房子民宿"，以纯朴的白色为底色，民宿中配备了丰富的活动项目和高品质的生活设施，弥补了"凡朴生活圈民宿"以木质材料为主题，在容纳游客数量和基础设施上的不足。同为二期项目的"凡塔夕文创中心"则是在居住的基础上延伸和拓展了文旅消费业态。此外，为进一步激活徐家渡林盘及其周边丰富的自然生态资源，凡朴文化发展有限公司进一步联合创新教育机构"问渠社"，打造了以亲子自然教育为主要功能的"凡朴童场"业态项目。4个业态项目主题相近，且在功能上互为补充。游客在徐家渡林盘不仅可以栖息在原生态的竹林中，品味当地乡土美食，还可在如童话中走出来的"凡塔夕文创中心"体验当地的传统技艺、购买特色文创产品或是体验特色烘焙，在"凡朴童场"体验观鸟捕蜂、采摘垂钓的乐趣（图7-4）。

图7-4　凡朴生活圈民宿内场景

（2）从"修宅改院"到"护林理水"，在保留原貌基础上再造林盘新场景

除打造新型业态项目外，在林盘人居环境的整治方面，徐家渡林盘亦有所投入。得益于特殊的区位和历史文化积淀，徐家渡林盘的整治、修复和建设较早便得到了政府和社会的重视，早在2010年，崇州市政府便对徐家渡林盘进行了重点摸查，系统梳理了其聚落内部建筑坍塌严重、植物群落杂乱、基础设施不足、水污染严重、对外交通不畅等一系列问题。为了系统修复林盘生态，延续地域文化特色，盘活林盘资源价值，崇州市遵循"在保留原貌基础上再生"的林盘修复理念，进一步制定了实操性较强的崇州市川西林盘修复"3456"守则[1][2]。徐家渡林盘是"3456"守则的第一批践行者，在2013～2015年间，崇州市政府在徐家渡林盘持续投入了上千万元，铺平了道路，铺设完成了自来水、天然气、雨污分离管道和弱电管网，显著地改善了徐家渡林盘居住环境恶劣和基础设施严重不足的老大难问题。在此基础上，2015年3月，徐家渡林盘召开居民大会，对新时期林盘的修复与建设工作达成了共识。在业主辐射带动与集体产权制度改革的双重作用下，村集体整合前期租金收益，筹资100万元用于徐家渡林盘的整体修复，形成了富有代表性的建设成效：

一是深入挖掘崇州市传统林盘在建筑材料上多以砖石、竹夹墙、木结构为主体，在建筑色彩上以枣红色、浅黄色、木色为主体，院坝多以竹篱或矮墙围合，挑檐多以小青瓦铺就的传统风貌特色，应用源于本地的乡土材料和夯土工艺，对林盘内的各户民居院

[1]　"3456"守则指的是崇州市根据地域特点与发展诉求制定的实施性修复守则。其中，"3"指的是三先，即先共识后共建、先生态后项目、先公建后产业；"4"指的是"四不"，即不大拆大建、不挖山填塘、不过度设计、不冒进求洋；"5"指的是五原，即最大程度地保护原生态、留下原住民、保留原住房、尊重原产权、使用原材料；"6"指的是六项基础工作，即"清、理、补、改、拆、通"，清理垃圾、杂物，理顺河渠水系、视线通道，补齐公共配套、景观景致，改厨改厕改围墙，拆除违章建筑，通自来水、天然气、互联网、排污设施和道路互联互通。

[2]　陈秋渝，杨俊熙，罗施贤，等. 川西林盘文化景观基因识别与提取[J]. 热带地理，2019，39（2）：254-266.

落进行统一的整治和更新，再现徐家渡林盘的传统风韵（图7-5）。在公共生活空间的建设和提质方面，则尤为强调周边老房屋所拆除旧材料的应用，大量的旧窗格、旧木条、废瓦片被应用在篱笆与景墙上，通过原村民集体彩绘的方式，记载了徐家渡林盘的乡村故事，不仅以较低成本提高了林盘的景观品质，还显著地增强了公共空间的情感凝结（图7-6）。

图7-5　徐家渡林盘宅院风光

图7-6　徐家渡林盘使用旧材料打造的公共空间

　　二是将徐家渡林盘的修复和建设重点，从聚落本身进一步延伸到林盘的外围环境，通过开展河道清淤、肃清污染源头、构筑生态驳岸、增设亲水木栈道等一系列理水工程和清除荒废林木，增种水杉、水蒲桃、菖蒲、水芋等湿生植物的护林工程，重塑了徐家渡林盘母亲河铁溪河的景观环境和生态底色（图7-7）。

图7-7　整治后的铁溪河风光

三是开展林盘人居环境的整治攻坚行动，拆除历史遗留的违章建筑及田间窝棚，清除垃圾乱堆乱放行为，从前的垃圾填埋场变为了当前的林中空地，盘整出的集体建设用地为承载多元业态提供了可能，实现了林盘生态价值向经济价值与社会价值的转化。

当前，徐家渡林盘的修复与建设已取得了突出成效。走进徐家渡林盘，沿着用鹅卵石点缀的石板路向前，两侧是风貌统一的明黄色夯土墙和向外延伸的青瓦挑檐。1m多高的院墙上点缀了雅致的花窗，与院落内村民种植的蔬菜、瓜果、花卉相映成趣。重建的铁溪古渡牌坊、津渡文化广场等景观节点展现了浓郁的地域文化特色，新建成的"凡朴生活圈民宿"内造型别致的树屋、木屋亦大量应用了周边地区拆迁后卸下来的梁柱、木椽、旧砖和旧窗格，与林盘整体风貌相和谐。一系列修复工程的开展，既延续了徐家渡林盘的生态基底和地域文化特色，也很好地满足了当下的生活需求，打造出一幅自然环境优美、景观特色鲜明的新时代林盘画卷（图7-8）。

（3）共同治理、利益共享，构建共建共享的林盘发展新模式

以盘整出的3亩集体建设用地折资入股为起点，徐家渡林盘的建设与发展历程，生动体现了"企业＋集体经济组织＋村民"的联动发展模式。一方面，在山泉村党支部与凡朴文化发展有限公司党支部的共同引领下，吸引社会资金，以文化创意进一步激活乡村资源；另一方面，鼓励村民盘活闲置土地，将农村产业发展与农民创业就业结合起来，让村民充分享受发展红利。徐家渡林盘村民和成都市凡朴文化发展有限公司共同组建了崇州市凡耕农业旅游有限公司，村民以集体建设用地入股的方式，参与实施"凡朴生活"民宿项目，山泉村10组即徐家渡林盘村民所占股份为15%，每年按照股份取得相应的收益，再将收益分配给村民，有效保障了村民的稳定增收。"凡朴生活圈民宿"等业态的建成为徐家渡林盘带来了大量的人气，大量村民返乡就业创业，短短数年间，徐家渡林盘的农家乐项目由最初的2个增加到当前的6个，近3年农村人均可支配收入年均增长26.9%，显著地提升了徐家渡林盘的经济发展水平。

图7-8　徐家渡林盘鸟瞰

## 7.2　音乐主题推动林盘强势出圈——都江堰市石羊镇（原柳街镇）川西音乐林盘

　　川西音乐林盘位于都江堰市柳街镇（现石羊镇）[1]红雄社区，占地面积约130亩，有26户村民，总人口75人，森林覆盖率51%，具有良好的自然环境禀赋。其交通区位良好，毗邻成都市主城区通往青城山景区的重要通道——成青旅游快速通道，旅游资源丰厚，所处的柳街镇素有"川西水乡""兰草之乡""诗歌之乡"的美誉，周边集聚着多处乡村旅游节点，如七里诗乡景区、青城湾湿地庄园、水月民宿、堰香阁玫瑰庄园等（图7-9）。

　　近年来，都江堰市立足"绿植筑景、引商成势、产业聚人"理念，注重深度挖掘川西林盘的生态价值、生活价值和生产价值转换，聚力改革创新，探索出一条转化林盘生态价值、推动乡村振兴的新路径。红雄社区对林盘的保护与建设始终坚持"景区化、景观化、可进入、可参与"理念，川西音乐林盘自启动规划建设之初，便将林盘及周边区

---

[1]　2019年成都市行政区划调整，撤销柳街镇，将其所属行政区域划归石羊镇管辖。由于川西音乐林盘与省级非遗"柳街薅秧歌"延展紧密，带有较强的地域性，与柳街这一地名关联较大，故本书川西音乐林盘以原柳街镇为林盘描述对象。

域作为开放式旅游目的地来整体规划，以保持原生态和留住乡愁为出发点，按照生活实用性、乡土记忆性和旅游观赏性的需求，坚持就地取材、变废为宝，完整保留了茂林、修竹、古井、小桥、流水等原乡肌理和田园特色。

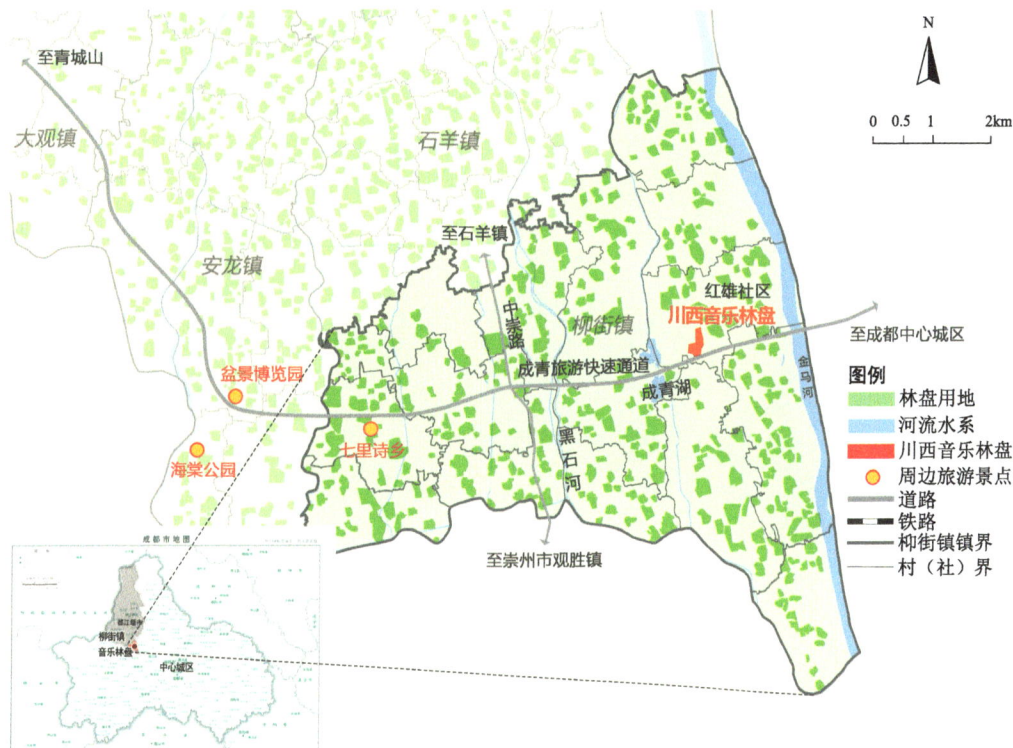

**图7-9**　川西音乐林盘区位

资料来源：根据四川测绘地理信息局公布的成都市标准地图［审图号：图川审（2016）018号］绘制，底图无修改。

按照农商文旅体融合发展的思路，红雄社区在音乐林盘的建设中大力推进田园变景区、农房变客房、农特产品变旅游商品，引入阿坝师范学院川西音乐原创工作室、陈明志声音景观工作室等，培育音乐创作及演艺、民俗体验等10余种业态融合发展，开发文创产品、民宿床位等，实现了林盘绿色生态资源向经济价值和民生效益的转化。

音乐林盘最大的特色是坚持以音乐为主题，积极培育契合城市游客的生活消费新场景，打造一站式乡村旅游综合体和网红旅游打卡地。延续传统林盘的"茂林修竹""沟渠环绕""蜀风雅韵""生态田园"等特色，培育出猪圈咖啡、堰香阁农庄、音乐工作室、林盘诊所、大地景观等游客青睐的农商文旅体多元融合的消费场景（图7-10、图7-11）。同时，林盘发展将"文化为魂"的理念贯穿始终，立足当地诗歌文化和农耕文化两大特有品牌文化，成功打造了属于自己的文化IP。2018年，川西音乐林盘被评为成都市首批AAA级林盘景区。2019年上半年，川西音乐林盘接待游客超10万人次，旅游收入超过500万元。

图7-10 川西音乐林盘平面

图7-11 川西音乐林盘入口

川西音乐林盘遵循"不破坏原有生态植被、不改变原有水系景观、不拆迁原有建筑遗迹"的"三不"原则，保留茂林、修竹、古井、小桥、流水等原乡肌理和田园特色，在此基础上，结合原有的竹林、水池等自然景观打造休憩、活动空间，提升自然要素的功能性、文化性，使人与自然充分互动。

农田修整以维护传统农田的自然肌理为原则，保留原有田园特色。柳街镇在都江堰市打造国际生态旅游名城的建设目标下，依托镇域内的资源优势和田园文化本底，延伸农业产业链条，植入"农业+"体验项目，推动传统农业向农业观光与农业体验消费转变，乡村旅游得到了快速发展。

（1）整田护林理水，结合文旅功能融合发展

川西音乐林盘完整保留了当地的乡土树种、竹林、古树名木，呈现出原汁原味的原乡景观。在林木修复基础上，充分利用自然林地，设置茶座、观景台、健身设施等功能空间，使游人与自然林木互动，体验自然之美（图7-12）。

在理水方面，川西音乐林盘因地制宜，在尽可能尊重原有水系格局的基础上，对水系加以景观化改造。如融合新型业态，将原有的水池作为重要的景观元素加以塑造，成为景区的画龙点睛之笔：川西音乐林盘中的"水上小剧场"就是在原有水池上进行的简单设计改造，使水池景观与音乐活动充分融合，既完整保留了原生态的水系空间，提升了水质，又保证了滨水空间的开放性，促进了产业发展，使音乐场景有了更丰富的表达（图7-13、图7-14）。

（2）改院筑景，盘活院落空间

林盘宅院是川西林盘风貌的核心，是林盘形态要素的重要组成，多为典型的川西民居，建筑样式精美，通常具有尺度适宜、绿荫环绕的庭院，是川西林盘吸引游客的主要元素，发展林盘休闲经济的重要载体。然而，随着村民外流、生活方式现代化，许多传统的宅院被闲置、荒废，既不利于林盘风貌与文化的保护，亦是资源的浪费。

图7-12　林中观景台

图7-13　利用原有水池改造而成的水上小剧场

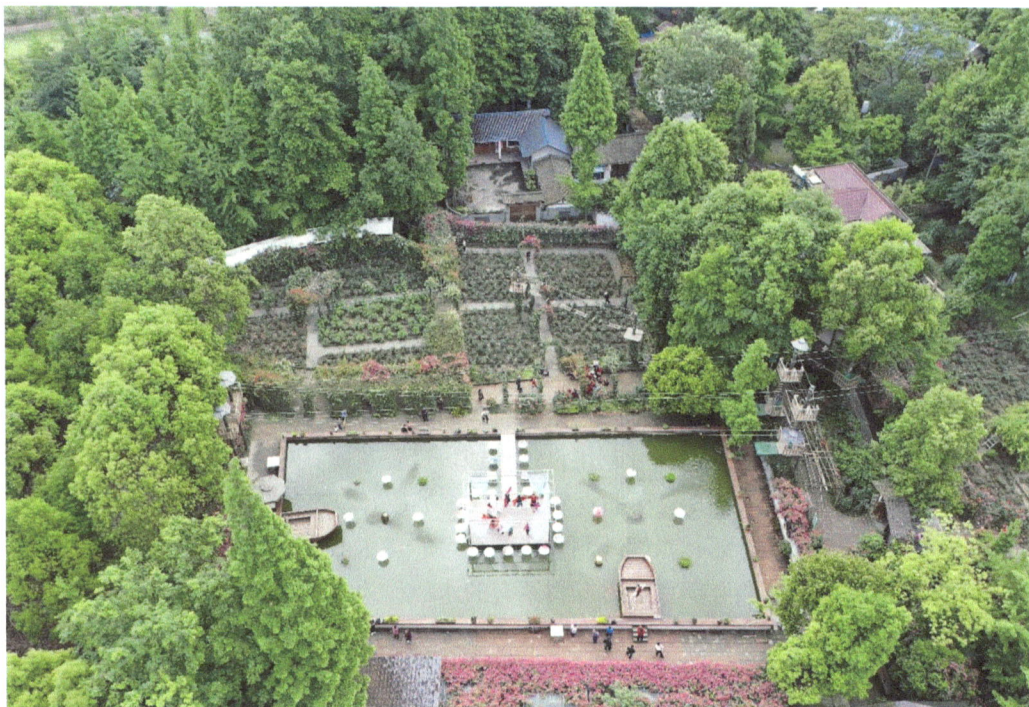

**图 7-14**　水上小剧场鸟瞰

　　为破解这一困境，川西音乐林盘在尊重原有建筑形态、肌理的原则下，将院落改造、造景与业态植入相结合，借助音乐等文化符号来盘活院落空间，在保护的基础上发展乡村旅游。在院落改造过程中，遵循传统建筑群体的组合形态、肌理，控制建筑的体量、高度、风格、色彩、材料，形成协调统一、富有地方特色的林盘聚落。在改造修缮过程中，改变过去农村大拆大建、大规模集中建设居住区的做法，鼓励原址重建、原屋修缮、原貌修复，尽量保持原有林盘格局；同时按照生活实用性、乡土记忆性和旅游观赏性需求，坚持就地取材、变废为宝，充分利用原宅院空间打造公共节点，利用废弃的农村物件形成微场景、微景观。通过盘活闲置宅院资源，使传统宅院能够被持续利用，有效延缓了传统宅院的衰败。网红咖啡馆"猪圈咖啡"即是由闲置的猪圈与周围宅院改造而成：利用猪食槽、石磨盘、鸡公车、大竹筐等农家物件做成装饰品，将青石板、透水青砖等乡土材料作为地面铺装，以绿植、竹子、青砖围合出节点、路径空间。

　　川西音乐林盘基于林盘宅院的原始风貌，就地取材改造宅院、增设景观，赋予其文化气息，使其在保留乡土风貌的同时吸引游客目光，成为旅游品牌特色，其成功做法获得了人民网、新华网等主流媒体的关注（图 7-15）。

　　川西音乐林盘的宅院保护修复也与音乐相关业态结合，利用宅院空间发展音乐艺术产业，有利于传统宅院得到进一步的修缮、提升，充分发挥其文化底蕴，营造文化意境。同时，音乐林盘通过就业带动、保底分红、股份合作等形式，引导农户将空闲农房

和宅基地等资源以入股、出租、联营
等方式与社会资金、合作社等合作经
营，从而盘活宅院空间，使其成为发
展林盘特色业态的重要资源，并促进
当地富余劳动力就地就业。

　　例如，当地一户农民长期在二楼
居住，一楼150m²房屋处于闲置状态，
通过将一楼出租给著名作曲家和指挥
家陈明志打造声音景观工作室，既能
按租赁协议在10年内每年收入8000
元，还可通过为工作室负责清洁卫生
获取劳务收入[1]。

图7-15　猪圈咖啡

（3）完善基础设施与公共服务，推动林盘可持续发展

　　在众多社会力量的支持下，政府着力于民生领域，完善基础设施与公共服务，保障
川西音乐林盘的可持续发展。做美林盘形态，实施完成改厨改厕改水改电，动员群众进
行原址重建、原屋修缮、原貌修复，实现生产生活的软硬件环境与旅游景区同步匹配，
呈现出精致的现代乡村生活方式和生活美学，成为游客向往的度假胜地。

　　例如，柳街镇政府投入100多万元建设绿道，使川西音乐林盘融入天府绿道系统。
又如，农工党成都市委与都江堰市人民政府共建"林盘诊所"，实行专家坐诊机制，定
期或不定期邀请名医开展坐诊，为群众"问诊把脉"，村民不出村、游客零距离就能享
受到优质的诊疗服务。此举促进了医疗卫生资源向景区景点、绿道、田园综合体等重要
节点延伸，使其能够更加精准地服务全域旅游。

（4）道路修复与音乐主题绿道建设相结合

　　乡村道路同样是川西林盘的重要文化景观之一，川西音乐林盘以音乐主题串联绿
道，在保护乡村道路原真性的同时，提升了道路观赏性，串联了旅游体验节点。在川
西音乐林盘及周边建设了与干线绿道串联贯通的音乐主题绿道4275m，串联起音乐林
盘牌坊、音乐玫瑰园、猪圈咖啡、羊马河等公共节点（图7-16）；通过适度的景观化打
造，以五线谱地绘、音乐墙绘、景观小品，将林盘村道塑造为具有乡土风情的景观长
廊，提升了林盘的通达性与吸引力；绿道的设计建造延续了林盘村道的尺度、形态肌
理，使用青石板、碎石片、鹅卵石、青砖、竹条等乡土材料进行底界面的铺设与侧界
面的围合。

（5）聚焦音乐文化主题，延伸文旅产业链

　　柳街镇的诗歌文化成为川西音乐林盘重要的文脉基础，为音乐林盘带来了文化氛

[1]　谭凌云，汪彦，张涛. 绿色生态资源价值转换路径探析 以四川都江堰市川西音乐林盘为例[J]. 当代县域经济，2019
（11）：50-52.

围、文化人才与文化知名度，而川西音乐林盘则在诗歌文化的基础上加以延展，以音乐为主题延伸出创意、观演、美食、住宿等文旅产业链，做到每个规划充满创意、每个角落尽善尽美、每个细节体现特色。例如，川西音乐林盘在入口处精心布局建设水景舞台、五线谱绿道等音乐主题元素展示平台，在内部植入风铃廊、黑白琴键等音乐互动体验场景。

音乐产业还提升了传统的餐饮、民宿等乡村旅游业态，使传统观光向兼顾休闲度假与深度体验转变。比如，通过举办乡村民谣音乐会等主题旅游活动，逐步将对川西音乐林盘的旅游观光从"过境游"变为"目的地游"，开发原乡民宿接待床位100余张、旅游纪念品和伴手礼30余种等。再比如，网红品牌"猪圈咖啡"不定期邀请常驻林盘的阿坝师范学院川西音乐原创工作室展示他们的原创音乐，以传统民族乐器奏响中华经典之声，为游客带来精彩的民乐盛宴。

音乐产业同时促进了林盘夜经济的发展，将音乐、美食、休闲、娱乐等消费场景融合起来，延长消费时间与消费内容，极大地推动了经济发展。比如2020年8～12月举办的为期4个月的林盘音乐节，包括了丰富的美食体验活动、"林上小剧场"夜间演出活动和"水上小剧场"水雾音乐演艺，以及每月举行的餐饮业高质量发展论坛（图7-17）。

图7-16　川西音乐林盘牌坊　　　　　图7-17　光影林盘音乐节

川西音乐林盘以音乐主题为核心，为林盘植入了全新的商业模式和消费场景，以音乐艺术培育林盘经济，又以林盘经济扶持地方文化、保障公共服务，从而实现了音乐创作及演艺、特色餐饮、民俗体验、花园婚庆、林盘诊所等10余种农商文旅体业态融合发展。

（6）多元主体投入，活化林盘资源价值

川西音乐林盘坚持以"政府引导、群众主体、市场参与"为原则，拓展多元主体参与林盘打造。音乐林盘以资金扶持机制、长效管护机制，激励当地群众与返乡村民共同参与林盘营造，共建共享；通过基础配套、创业补助、政策性扶持、产业基金等方式，汇聚社会企业参与林盘开发；通过培育林盘文化、休闲业态，促进周边区域招商，从而引入客流反哺林盘。通过多种方式吸引多方力量共同建设，以较小的政府资金投入撬动更多的社会资金投入林盘打造。

音乐林盘建立了以党员干部带头示范、动员群众共同参与的林盘长效管护机制。注重发挥新乡贤在院落治理中的作用，并引导社区组建"一组三会一联盟"（即以林盘院落为单位的党小组、议事会、管委会、监事会和林盘乡村旅游联盟），将林盘管理纳入村民自主管理的治理体系，形成了党小组提议、议事会决策、管委会执行、监事会监督的群众自治体系，实现院落治理问题有人收集、处置有人研究、落实有人负责、效果有人监督。

音乐林盘还通过合理的制度设计，让村民在乡村振兴的故事中担当主角，秉持"泰山不让土壤，故能成其大"的理念，鼓励返乡人才带动群众参与林盘开发，共建共享，最大化焕发林盘发展的生机与活力。用村民自己的故事打造极具乡村特色、个人特色的独立IP，并投入到家乡的创业就业中。资金上，实行"政府补贴三分之一、旅游协会支持三分之一、农户自筹三分之一"的资金扶持机制。2017年，返乡村民宋建明在柳街镇基层干部的鼓励下，租下邻居破旧的猪圈和周围院落，投入200多万元进行原生态改造。宋建明在"猪圈"里植入书吧、咖啡馆等业态，成为集乡村茶艺、农耕文化、时尚咖啡为一体的展示体验院落，打造出远近知名的"猪圈咖啡"，2018年实现营业收入超600万元。随后，宋建明创办了川西猪圈林盘餐饮服务有限公司，吸收了周边60多位村民就业，村民们在宋建明的指导和带领下发展起了猪圈豆花等3家私房菜餐馆。2019年上半年，林盘及周边村民65人通过参与经营实现人均增收近4000元。

音乐林盘选择性引进社会企业参与林盘开发建设，跳出传统农业的固化思维，在林盘中着力培育与当地诗歌文化、农耕文化相契合，功能上互补的时尚休闲、服务型产业业态，为当地发展带来全新的资金要素、生产模式、市场观念和创新活力。通过就业带动、保底分红、股份合作等形式，引导农户将空闲农房和宅基地等资源以入股、出租、联营等方式与社会资金、合作社等合作经营。例如成都演艺集团投资建设"业丹音乐创意坊"项目，以每年2万元的价格租赁2户闲置农房20年，合作社以预付房屋业主前5年租金20万元入股，获得项目每年盈利5%的分成，既有效盘活闲置房屋等"沉睡"资源，又促进富余劳动力就地就业。

音乐林盘还实现了"以商招商"。通过多方主体参与和社会资金进入，营造新商业场景，音乐林盘的产业结构实现了由农业一元化向三产多元化转变，成为盘活整个周边区域价值的强大引擎。音乐林盘及周边区域已成功招引蓝绿双城·桃李春风、北大资源·嘉祥国际教育小镇等社会资金产业化项目16个，协议总投资达93.6亿元。在林盘周边布局打造嘉祥国际教育小镇和桃李春风旅游休闲度假区，既为当地注入新的发展动能，又能带动更多各类资本竞相进入。项目建成投运后，预计将为该地每年带来游客达100万人次。

川西音乐林盘的打造，实现了项目投资从"冷门"到"洼地"的转变、闲置资源从"沉睡"到"唤醒"的转变以及乡村生活从"粗放"到"美好"的转变。

## 7.3　会展接待促进林盘高质量提升——天府新区正兴街道官塘村林盘

　　官塘村隶属于天府新区成都直管区正兴街道，村域面积 6.34km²，下辖 6 个村民小组，户籍人口约 4000 人。官塘村交通区位条件十分便捷，周边 2km 内有地铁 1 号线、6 号线和 18 号线等多条线路的多个站点，距离中国西部国际博览城、天府新区总部商务区及成都科学城等重要城市功能区仅 10min 车程（图 7-18）。官塘村属丘陵地带，老南干渠由北向南蜿蜒流过村庄西部，耕地、林地、鱼塘密布，形成诸多林盘聚居点，孕育了乡村传统种植、养殖业，具有乡村特征的生产、生活、生态景观风貌保存完好。在文化方面，官塘村水运墟市文化源远流长，因紧靠古代官河驿道水码头而得名，宋代文豪陆游于官塘登岸饮酒留下的诗作《广都江上作》广为流传。

图7-18　官塘村区位
资料来源：根据四川测绘地理信息局公布的成都市标准地图［审图号：图川审（2016）018号］绘制，底图无修改。

　　作为天府新区加快公园城市建设的重点项目，在以中国西部国际博览城为核心的世界级会展会议综合体带动下，2019 年官塘村开始打造官塘国际会展小村林盘项目（又名官塘小村、官塘生产队项目，以下称为官塘国际会展小村林盘）。作为天府新区生态会展小镇的先行启动区，官塘国际会展小村林盘着重发展商务会议、非遗展览、特色餐饮、住宿休闲、原乡观光等业态，以乡村会展接待及旅游发展推动项目所在地官塘村刘家林盘的区位与生态价值释放。

官塘国际会展小村林盘打造的成功经验突出体现在以下三点：第一，以可利用土地整治盘整为基础，在通过民居集中安置盘整出较大规模的集体经营性建设用地后，凭借近郊区位、良好生态本底和连片可利用空间，官塘村率先承接城市功能的辐射，引进高规格会展接待项目；第二，官塘国际会展小村林盘致力于打造极具川西韵味的林盘风貌与场景，通过高度契合地方文化与生态特色的空间营造手法实施植业改院、整田护林、设施完善、社区重构等，推动官塘国际会展小村林盘环境修复与景观多元化提升，营造可玩可赏可体验的高品质生态乡村消费场景；第三，官塘国际会展小村林盘采用"政府＋国企＋村集体＋农户"多元主体合作的项目运作模式，保障了官塘国际会展小村林盘项目的顺利进行。整体而言，官塘村在对接城市功能导向下，以项目市场化运作撬动官塘国际会展小村林盘的高质量保护、整治、修复与利用，其模式具有可持续性、可复制性和可推广性。

（1）土地整治，创造发展先决条件

开展土地整理之前，官塘村的民居分散在各处，使得建设性用地与农地均碎片化分布，无法供给成片的集体经营性建设用地用于发展规模化产业，土地开发利用整体效益较低。在政府推动、村民主体、市场参与模式下，官塘村通过民居集中建设以进行土地整理，盘整出连片规模化的集体经营性建设用地，不但为村民提供了设施齐全、品质提升、宜居美丽的居住空间，而且通过生产生活空间的合理布局，破解了缺乏连片成规模的产业空间的困境。具体做法是，由村民自选股东代表成立成都市天府新区官塘土地整理公司，在符合村民意愿的基础上开展土地整理与集中建房，引入垫资公司保障新居建设的顺利进行。在"小规模、组团式、微田园、生态化"建设理念指引下，官塘村积极推进乡村生活、生产及生态空间的重构优化，由此得以盘整出可流转的连片集体经营性建设用地，并通过公开拍卖的方式将集体经营性建设用地入市交易，拍卖价款则用于新村居民点建设成本偿还以及后期村集体的建设管理、项目引进[1]，形成集体资产的良性运营模式。

在具体成效上，土地整理促进了集体用地使用权流转，取得了人居改善、空间增值、村民增收等正向效益。2015年初，官塘村启动村居集中建设一期项目5社、8社、10社3个点位的整治，拆旧面积98亩，建成新房311套，总投资8000万元。2017年6月，启动村居集中建设二期项目，建成新居1584套，总投资4.8亿元[2]。经过两次拆迁安置，共有890余户居民入住官塘新村居。村民集中安置后，对其原住宅处的宅基地、农田、农房等进行整治，盘整出连片空间资源，由此官塘村得以陆续引进1个休闲服务业项目和多个现代农业项目，包括国际会展小村、丝路农博园、天府龙门阵田园综合体、台湾

---

[1] 刘宣佑. 农村集体经营性建设用地入市问题研究——以成都市官塘村为例[J]. 农村经济与科技, 2019, 30（21）: 37-39.

[2] 韩俊杰. 看！官塘美丽蜕变![EB/OL]. 天府新区统筹城乡发布, 2020-09-04. https://mp.weixin.qq.com/s/BfjIJbFQU2Gqg-8pm9Bm4mg.

智慧农业、禾悦农业项目等（图7-19）。至此，官塘村总计流转近6000亩集体经营性建设用地与农业用地，农民人均收入增加3万余元。

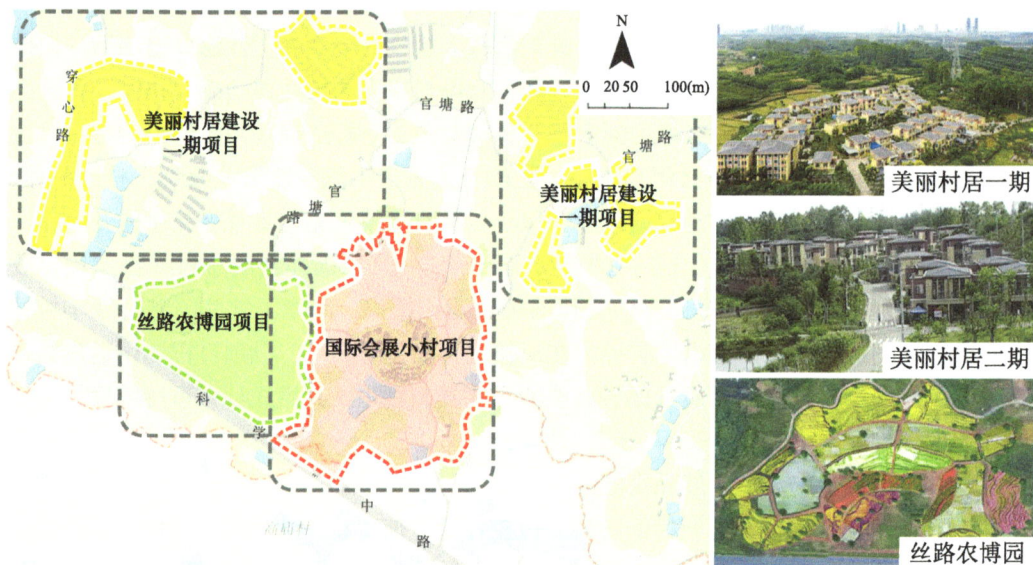

图7-19　官塘村项目布局
资料来源：布局图为自绘，照片源自天府新区正兴街道办事处。

（2）城乡融合，高位谋划官塘国际会展小村林盘

公园城市建设背景下，在中国西部国际博览城（以下简称西博城）会展综合体和天府新区乡村振兴示范环线等重要功能区辐射带动的多重契机下，官塘村凭借区位与生态优势，率先成为天府新区生态会展小镇的启动区。随着社会经济水平的提升，高收入人群对高品质休闲旅游的需求日益旺盛，且公园城市的建设也要求加快川西林盘的保护修复和乡村绿道的建设，因而开发利用生态环境优美的林盘作为承接城市功能的新型消费载体蔚然成风。在区域态势方面，由中国西部国际博览城、天府国际会议中心、天府新区总部商务区等组成的中国中西部最大规模的会展综合体，是成都乃至中国西部地区的重要城市功能区，官塘村与其仅10分钟车程的距离，使官塘村具有承接会展综合体功能辐射的绝佳区位优势。此外，天府新区着力打造"农业科技高地、都市农业典范、乡村振兴窗口"，通过构建"一心一带两环"[1]空间结构诠释公园城市建设的乡村表达，官塘村即在环科学城都市科技农业示范环线上，可依托国家农业科技中心发展生态休闲产业。官塘国际会展小村林盘位于官塘村南部近科学城中路处，核心范围以官塘村4组原刘家林盘为主，总占地面积约500亩，包含约30亩核心建设区与470亩农田景观区。官塘国际会展小村林盘肩负着国际级会展会议商务接待、川西历史人文展示、公园城市建设在乡村的实践探索等重任，致力于构建国际级非遗展示乡村、川西林盘建筑活体博物

---

[1]　天府新区乡村振兴"一心一带两环"指的是国家农业科技中心、乡村振兴示范带、环科学城都市科技农业示范环线、环文创城农商文旅体验示范环线。

馆、成都公园城市田园示范区[1]；总体策划以"乡村＋"的方式引入会展论坛、大师工作室、非遗文化展示、高端生态酒店、原乡观光等业态，秉承低影响开发理念对林盘的田、林、水、宅、路等要素进行修复提升，打造具有浓郁川西特色且与西博城会展综合体功能高度互补的生态休闲型旅游林盘（图7-20、图7-21）。

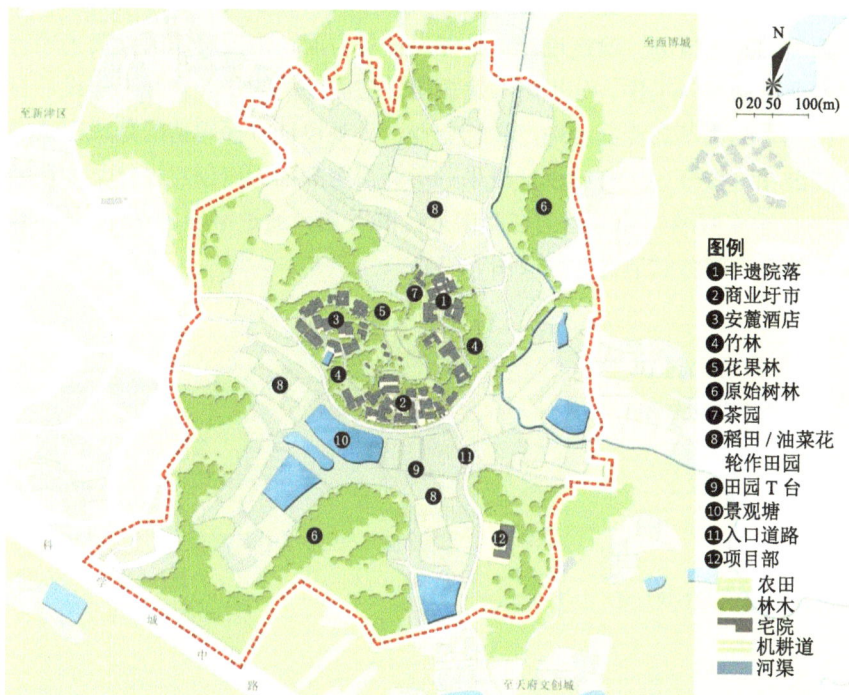

图 7-20　官塘国际会展小村林盘平面

图 7-21　官塘国际会展小村林盘鸟瞰
资料来源：天府新区正兴街道办事处。

[1]　天府正兴. 正兴官塘，官塘正兴！揭开一座小村落的前世今生！[EB/OL]. 2021-09-19.https://mp.weixin.qq.com/s/FQP63ZcY3MUrhvzlzGB54g.

由国资企业主导官塘国际会展小村林盘项目的投资、策划、建设与运作，确保了林盘开发与保护利用的方向与建设品质。官塘国际会展小村林盘项目在政府的牵头下，引进成都天府新区投资集团有限公司进行投资开发，该公司是经成都市委、市政府同意，由四川天府新区管委会批准成立的国有独资公司和市级国有重要企业，是天府新区建设公园城市的重要运营商，在基础设施、产业园区、公服市政、农业发展等方面的投资运作经验丰富。在项目的总体策划、建筑设计、景观设计等方面，由天府新区投资集团有限公司邀请知名专业团队参与工作，如规划与建筑设计方面聘请的华泰众城工程设计有限公司是四川本地知名的主题商业文旅地产设计企业，景观设计方面聘请的是成都景虎景观设计有限责任公司，该公司凭官塘设计成果一举夺得金熊猫天府创意设计奖。在酒店运营方面，引进高端度假酒店安麓酒店在西南地区的首店，通过举办国学研学体验、摄影展、康体水疗等活动服务高消费客群（图7-22）。

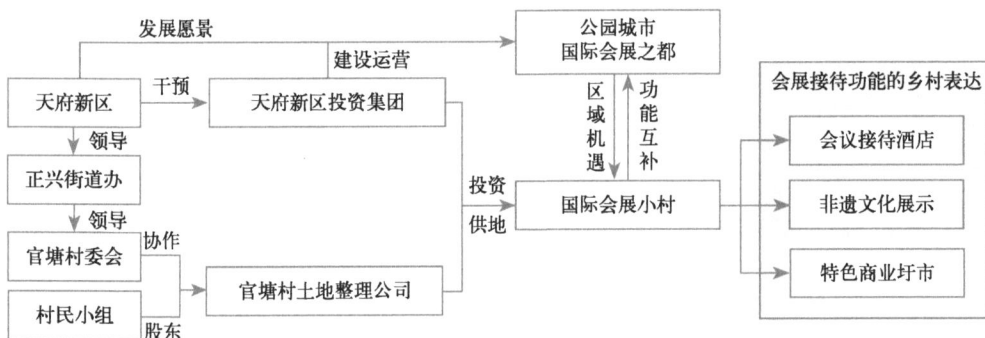

图 7-22　官塘村城乡融合式发展路径

（3）植业改院，植入接待展示功能

官塘国际会展小村林盘构建了多元复合的会展产业功能生态圈。借鉴浙江嘉兴市乌镇乌村"文化＋会展＋旅游"的发展模式，围绕商务酒店、会展服务、非遗文博、美食餐饮等核心产业，延展特色餐饮美食、高端民宿酒店、乡野院落商业、会议会展服务、田野文创艺术、田园休闲度假、自然运动休闲等多元复合的会展上下游产业链。通过总建筑面积约2.52万 $m^2$ 的林盘式会展服务建筑群来承载相应的服务功能，依据高低错落的地形在空间功能组织上形成非遗文化展示、川西特色商业圩市、体验式度假酒店三大组团，修复重构的川西制式宅院恰如其分地隐于丘田之中，背山面田，围塘而聚，水渠环绕，形成诗情画意的林盘生产生活场景。

非遗文化展示组团，是川西林盘建筑的活体博物馆。组团引入1项世界级非遗项目、5项国家级非遗项目及3项省级非遗项目，包括蜀锦织造技艺、蜀绣、荥经砂器烧制技艺、成都漆艺、川剧等，奠定了"国际会展小村"品牌的文化底蕴。在空间组织上，组团由5个独立且布局灵活自由的院落构成，分别是荥窑砂器博物馆、荥窑砂器美食体验馆古窑夜宴、蜀锦博物馆、古法川菜体验馆八珍楼以及集合川剧表演和成都漆器等非遗展示的院落鹴鹴，均为从四川省内其他地区易地整体搬迁过来进行修缮利用的百年老宅。建筑改造遵循川西民居范式，保留主体结构框架，一个个院落、天井、室内展厅被串联成为体验丰富的展示功能空间，并且植入大师工作室等文化创作和待客会谈等接待服务功能（图7-23）。

图7-23 非遗文化展示组团
资料来源：天府新区正兴街道办事处。

川西特色商业圩市组团，是具有川西乡村风情的餐饮商业市集。其中，名为南野际的官塘小村集市是荟萃成都多种特色美食和评书、金钱板等表演的餐饮休闲街，引入了田野土菜馆、拙园活鲜馆、荒野火锅、野巷茶等多家餐饮店。组团临乡道呈带状布局，以曲折而灵动的一条主街串联各商铺，两端留有通向其他组团的接口，并以多处台阶式出入口导向车行乡道。官塘村自古是商贾云集的驿站，四川本地亦有"赶场"的风俗，为了延续这一风俗，在主街节点处布置了用于公共活动的"场坝"。圩市组团的建筑风格较非遗文化展示组团更偏向公共化、近代化、亲民化，建筑构造多选取砖木结构，传承川西近代民居"穿斗木结构+砖墙"的建筑制式；在立面设计上则大面积使用青砖、灰砖、红砖三种不同形式的砖（图7-24）。

图7-24 川西特色商业圩市组团
资料来源：天府新区正兴街道办事处。

体验式度假酒店组团，其建筑面积约8000m²，包含34间面积不等的客房，以及餐厅、茶书房、水疗吧等服务功能空间。酒店建筑自然散落在竹林间，建筑以夯土墙壁、茅草屋顶将蜀地的风雅恬淡、隐逸修行演绎得淋漓尽致。隐于山林的独栋合院、联排宅院、外廊式客房等，为住客提供了具有多样化选择的舒适休憩之地；而面朝稻田的酒店客房，则将美丽田园延伸到安睡休憩的空间之中。配套部分设计建造有无边泳池，以吸引年轻群体打卡。无边泳池向田野远方延伸，人与树的倒影在如镜的水面上清晰可见，传统建筑风格与植入的现代功能和谐交织（图7-25）。

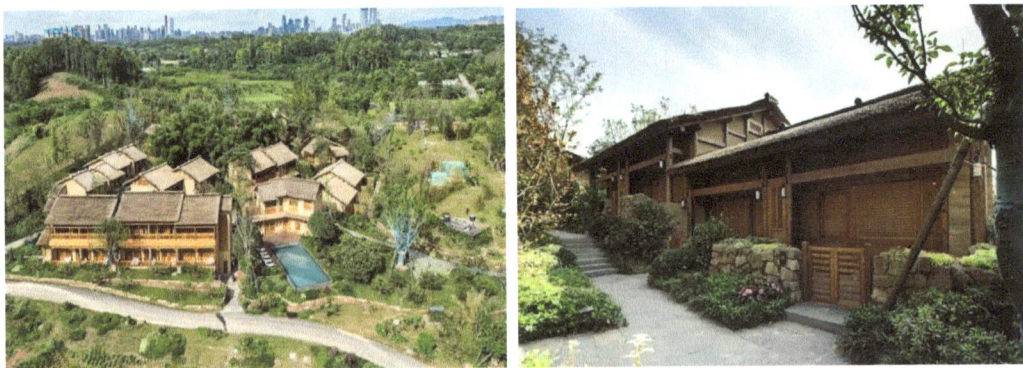

**图7-25** 体验式度假酒店组团
资料来源：天府新区正兴街道办事处。

#### （4）整田护林，营造原乡消费场景

官塘国际会展小村林盘的规划设计建设基于原有生态环境骨架，保留稻田耕地、荷塘堰坝、山丘林地等，以展现农田景观的原乡原味。围绕乡野生态、农耕文化、大地农田等休闲观光农业功能，在空间上进行分区，并对植物与农作物品种的选择做出指引。在农田林地的布局呈现上，让竹林、花果林、农耕田园、景观池塘、原始树林等不同植物作物斑块交织，提升农田农林生态系统的复合性。规划希望通过保留当地"日出而作，日落而息"的农耕场景，向参观者展示川西地区传统的农耕文化，因而大部分农业景观都得到了保留，包括村口的老树、林间的小道、茂密的竹林、大片的稻田、取水的老井等，这些具有符号性的标志性景观都得到保留，并被融入到新的景观营造中。在新的景观营造中，建筑周边保留了体现乡村生活行为习惯的菜地空间，以展现产居一体化的川西林盘农耕生活风貌。经整治后，林盘四周林木的外层是原始树林、稻田、荷塘，中间层是花卉、果树、竹林、树木，内层是宅院绿地景观，形成疏密有致、层次丰富、高低错落的景观空间格局（图7-26）。

此外，在如画的林盘生态环境及街市、院落空间中开展丰富的文化体验活动，也是消费场景营造的重要一环。在2021年9月19日举办的官塘国际会展小村林盘项目开业仪式上，在官塘村百亩稻田之中的田园秀场（田园秀场主要包括田野T台和田野中的小型活动广场），举办了一场以"大地·非遗"为主题的非物质文化遗产演艺秀（图7-27）。活动围绕"寻觅非遗""川蜀风情""成都记忆"三大主题，将非遗文化与T台走

图 7-26　川西特色官塘国际会展小村林盘场景营造
资料来源：天府新区正兴街道办事处。

图 7-27　非遗文化展示田园 T 台
资料来源：天府新区正兴街道办事处。

秀、沉浸式戏剧三者有机融合，用当代文化展览演出的形式诠释了非物质文化遗产。活动当天，还在特色圩市、非遗文化展示组团及景观塘周边举行了"烟火·传承"非遗游园会活动，游客在体验地图打卡寻宝之余，漫步于市井街巷，品美味小吃、泡老茶馆、享特色餐饮，欣赏古琴、变脸、杂耍等民俗表演；夜晚还可以体验逛灯会、猜灯谜、玩飞花令、做兔儿灯、放河灯等活动。多样化的文化演出、娱乐、品鉴、休闲活动的举办，使得官塘国际会展小村林盘的消费场景从静态转为动态，成为可进入、可体验、可参与的趣味十足的消费场景。

为提高出行与游玩的畅享体验，需完善游径慢行系统与车行交通系统。在游径慢行系统方面，各功能组团内部均由一条青石板主街组织串联各建筑单体。游径系统与周边的丘田林地自然风光浑然一体，迂回穿插在各景观节点之间，时而开阔时而局促，变化丰富。在车行交通方面，建筑群整体布局由 3 个临乡道的组团聚成环状，每个组团各设置 1～2 处车行出入口，且各个组团之间相互连通。为服务于公共交通出行的市民游客，开设了往返于地铁 6 号线松林站与天府官塘站之间的假日公交接驳线，中途设置多个停靠点，便于游客前往官塘不同的景点游玩。

总体而言，官塘国际会展小村林盘的空间营造，是以乡村新消费业态激活重塑传统川西林盘的典型案例。在功能组织方面，将非遗文化展示院落、特色商业圩市、体验式度假酒店 3 个组团环状布局，隐于丘陵地形之中；在环境造景方面，营造可参与、可体验的川西非遗文化及农耕田园文化展示新消费场景；在建筑设计方面，选用传统川西民居风格与现代功能融合的建筑色彩、材质、形态等，甚至引进部分老宅和老构件易地修缮改造。官塘国际会展小村林盘项目，以川西特色的会展接待场景营造引领林盘修复提升，在多元主体参与协作之下，走出了一条乡村振兴和林盘保护利用融合发展的可行路径。

# 7.4　小结

　　成都市基于"公园城市建设在乡村的表达"的目标导向，加速川西林盘保护修复工程实践，通过对林盘田、林、水、宅、路等要素的整治提升，以川西特色浓郁的高品质场景营造为核心吸引点，大力推进都市休闲功能与新消费业态进入发展基础好的传统林盘，以主题鲜明的新型旅游产业激活林盘闲置资源，走出具有可持续性的高质量旅游型川西林盘发展路径。本章从发展业态、载体、场景、模式等方面切入研究，深入剖析徐家渡林盘、川西音乐林盘、官塘村林盘等案例经验，归纳出公园城市建设下的乡村旅游型林盘发展具有特色消费业态植入、本地特色空间营造、多元主体运维等核心要点（表7-1）。

表 7-1　乡村旅游型林盘案例特征梳理

| 名称 | 区位 | 规模 | 主打市场与旅游产品 | 主要场景营造 | 项目运作 |
|---|---|---|---|---|---|
| 徐家渡林盘 | 崇州市隆兴镇山泉村 | 42亩 | 主打亲子娱乐休闲市场，包括儿童自然教育、儿童文创、别墅式民宿、树屋、轻食餐饮等 | 自然教育场景 | 外来企业+政府+村企合作公司 |
| 川西音乐林盘 | 都江堰市石羊镇红雄社区 | 130亩 | 主打音乐演艺体验市场，包括音乐剧场、音乐工作室、音乐咖啡吧、餐饮等 | 音乐绿道；露天音乐剧场；音乐玫瑰花园 | 政府+旅游行业协会+村民运维组织+高校+商户 |
| 官塘国际会展小村林盘 | 天府新区正兴街道官塘村 | 500亩 | 主打会展会议接待市场，包括生态高端酒店、成都荟萃式餐饮、非遗文化展示等 | 川西传统建筑群；田野文化艺术展示T台 | 政府+本地国企+村集体+商户 |

　　依据自身禀赋，在明晰的市场定位下打造特色鲜明的乡村新型消费旅游产品。依托林盘本身所拥有的特色文化、生态、农业资源及地处城市近郊的区位优势，面向整个成都及其周边的大都市区域休闲消费市场，精准面向核心服务客群，在众多旅游业细分领域里找到与林盘适配的发展方向，引入旅游新理念、新产品、新体验，形成主题鲜明、亮点突出、创新创意的旅游消费业态体系。如徐家渡林盘依托有机农场，发展亲子自然教育、农业创意、树屋民宿等旅游产品；川西音乐林盘重点植入音乐演艺会场、音乐工作室、音乐咖啡吧等业态；官塘村在国际级博览会议中心带动下，打造乡村生态接待酒店和川西文化展示活体博物馆。

　　充分融合川西地域民居特色与旅游功能植入的需求，提供业态定制型的林盘建筑载体。基于林盘定位与业态体系，提供满足农文艺创、文化展示、零售商业、咖啡休闲、民宿酒店等不同业态功能需求的空间载体，同时在建筑设计方面强调融汇具有川西民居特色的建筑体量、布局、结构、材质、色彩等。梳理案例林盘实践来看，农创、文创、艺创类载体往往内部需要较为开敞明亮的空间，便于布置具有一定展示性的空间，也能用以满足创作教学空间的功能需求。文化展示载体在官塘村林盘的演绎则是通过易地搬迁改造川西的传统宗族大宅院，其室内空间、天井乃至建筑本身都可作展示之用。零售商业类和咖啡休闲类载体可租用村民闲置住宅进行改造，更有甚者如川西音乐林盘中的猪圈咖啡店，保留原有猪圈空间结构且使用大量乡土特色材料，打造出了现象级网红打卡点。民宿酒店类载体既有以夯土墙壁、茅草屋顶建造的川西乡土民居体验式高端酒店，也有造型简洁别致的现代联排别墅型酒店，更有架设在空中使用木材建造的笼形树屋民宿。

善于通过田、林、水、宅、路的整治提升，搭建富有吸引力的乡村创意旅游消费场景。深入挖掘人文价值、生态价值、休闲价值、场景价值，在林盘生态生活空间修复整治与优化提升的基础上，通过不同主题与功能刻画、布局、营销林盘休闲消费场景，充分展现林盘风光风貌之美。如徐家渡林盘量身定制空中走廊、沙池、小桥流水、攀爬网、涂鸦墙、穹顶、小森林探索等趣味儿童活动场景；川西音乐林盘围绕音乐主题着重打造五线谱绘就的音乐绿道、露天音乐剧场、音乐景观小品等音乐特色休闲场景；官塘村通过川西多个年代风格的建筑群落、田野文化艺术展示T台、文化游乐活动布景等集中展现川西特色荟萃的文化体验场景。

实行政府、行业协会、企业、村集体、商户合作组织等多元主体共建的旅游项目运作模式。政府需充分发挥在林盘保护利用工作中的主导作用，监管与进一步规范集体经营性建设用地入市，通过土地整理推进闲置、低效、零散的空间资源转换成连片集中的可利用建设用地、农田、农房等，同时在林盘开发前期，可通过成立工作组、引介专家能人、牵线社会资金、完善基础设施等举措助力林盘高质量发展。在政府引导下形成"专业化企业+集体/农户合作经济组织+农户+商户组织"的项目运作主体，农户通过土地、房屋等资源入股，集体或农户合作经济组织负责统筹资源配置，专业化企业负责组织投资、策划、文宣、招商、物业等经营管理，商户可组建如蒲江县明月村乡村研究社的合作组织为项目建设和运营提供服务。此外，部分林盘还积极寻求与高校、行业协会合作，借助专业力量指引林盘发展，如川西音乐林盘联合阿坝师范学院等多所高校设立音乐工作室等。

# 第8章
# 特色产业型林盘典型案例

得益于环境、土地、气候、文化等要素加持，成都市特色产业型林盘形成了具有资源优势、区位优势和传统优势的乡村优质产业，如温江区林盘的盆景栽培、花木种植等花卉苗木产业，大邑县林盘的猕猴桃、柑橘、梨等经济林果产业，崇州市林盘的藤编、竹编等手工制作产业等，这些产业都具有产品辨识度高、形态丰富等基本特征。然而，囿于碎片化的产业资源零散分布，村集体组织经营能力与投资能力欠缺，个体经营模式规模小、信息局限等因素，传统特色产业的发展潜力难以得到充分挖掘。

在成都市公园城市建设的理念下，特色产业型林盘逐步注重加强对内生产业的挖掘与培育，许多林盘通过功能置换与产业转型，以农商文旅体联动发展与特色产业的场景打造，推动特色产业的产业链衍生与融合发展[1]，目前已形成多个产业发展兴旺、保护利用成效突出的特色产业型林盘案例。基于此，本章选取成都市崇州市严家弯湾、崇州市竹艺村、蒲江县明月村3个林盘典型案例进行详细解读与分析，呈现其通过特色产业植入，实现林盘多元化和差异化保护利用的路径。

## 8.1　以川派盆景产业打造新增长点——崇州市观胜镇严家弯湾林盘

严家弯湾为崇州市观胜镇联义村5组林盘，辖区面积500余亩，涉及42户、162人，距崇州市区约21km，北与都江堰市的石羊、安龙两镇为邻，西接三渠汇集的沙沟河，与元通古镇隔水相望（图8-1）。严家弯湾林盘位于成都市大美田园乡村振兴示范走廊核心区，为成都市首批3A级林盘景区之一，富含川派盆景、鸳鸯竹[2]、沙沟河等乡村特色文化，是具有丰富人文景观层次的乡村旅游林盘村落（图8-2）。严家弯湾位于崇州市北部水乡旅游环线上，距崇州高铁站16.4km，距崇州客运中心12.9km，拥有便捷的交通条件。作为川派盆景文化发源村之一，严家弯湾因分别是严姓人聚居地、道路弯曲和川

[1] 王凯. 成都川西林盘群保护利用路径探析[J]. 山西建筑，2021，47（17）：34-36.
[2] 传说并列生长在一个根茎上的联体竹一青一黄，数万竿竹不可得其一，古人称"合竹"，亦称"鸳鸯竹"；而严家弯湾"鸳鸯竹"遍野，茂密如屏，成为一道亮丽的风景。

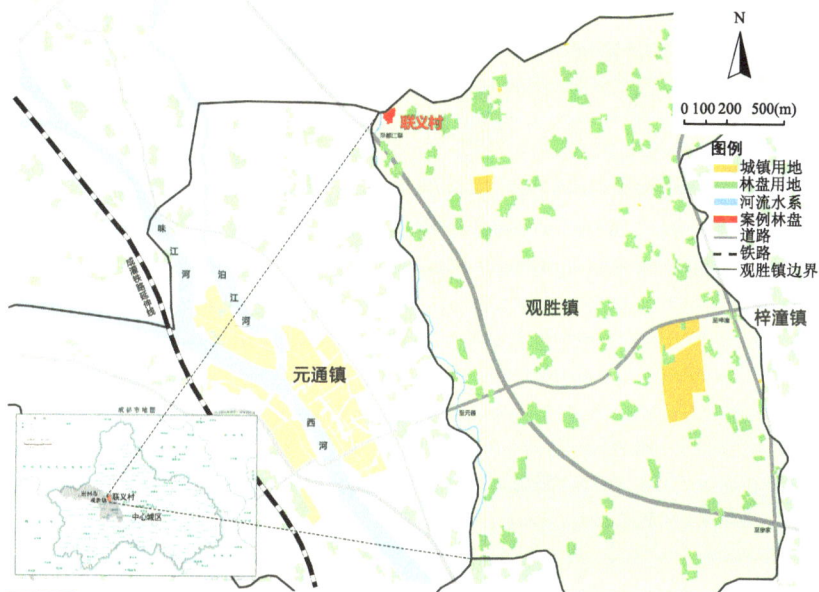

**图 8-1** 联义村严家弯湾林盘区位

资料来源：根据四川测绘地理信息局公布的成都市标准地图[审图号：图川审（2016）018号]绘制，底图无修改。

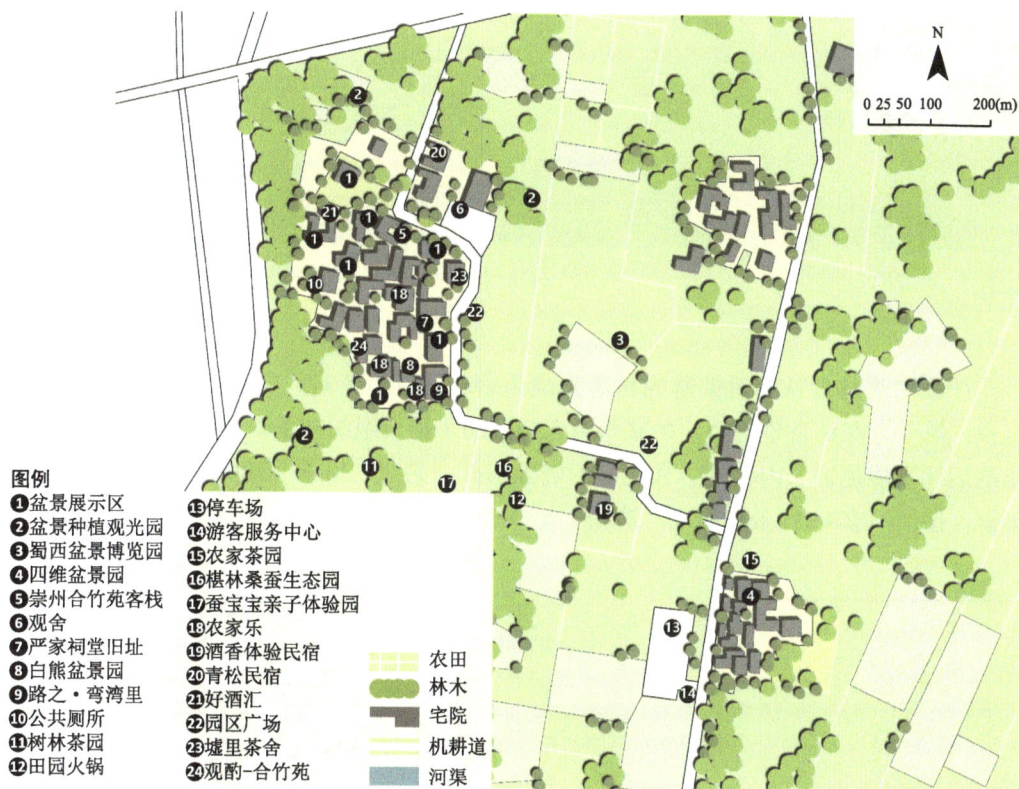

**图例**

❶盆景展示区
❷盆景种植观光园
❸蜀西盆景博览园
❹四维盆景园
❺崇州合竹苑客栈
❻观舍
❼严家祠堂旧址
❽白熊盆景园
❾路之·弯湾里
❿公共厕所
⓫树林茶园
⓬田园火锅
⓭停车场
⓮游客服务中心
⓯农家茶园
⓰椹林桑蚕生态园
⓱蚕宝宝亲子体验园
⓲农家乐
⓳酒香体验民宿
⓴青松民宿
㉑好酒汇
㉒园区广场
㉓墟里茶舍
㉔观酌-合竹苑

农田
林木
宅院
机耕道
河渠

**图 8-2** 严家弯湾林盘平面

派盆景制作手法——"三弯九倒拐"、毗邻沙沟河等而得名"严家弯湾"[1]。

严家弯湾林盘地处成都市空间发展战略"西挖区域"、崇州市"北游南农"[2]过渡区，在"生态优先、绿色发展"和"以控促优"的理念带动下，严家弯湾林盘在建设之初就主动融入崇州市"两区一基地"布局[3]，明确乡村绿色发展路线，有效串联休闲带和农业功能区，力图打造成为崇州市都市现代农业发展样板区和全域旅游示范先行区。同时，以促进农商文旅体融合发展为目标，严家弯湾林盘大力发展乡村旅游，以实现生态价值转化为思路，统筹推进林盘保护性修复和升级改造（图8-3）。

图8-3  严家弯湾林盘入口
资料来源：成都市发展和改革委员会。

严家弯湾林盘从相对偏僻的村落到成为著名网红打卡地，其成功蜕变得益于以下三点：第一，在林盘整治中，严家弯湾充分调动了社会组织和群众参与的积极性，为林盘的后续发展提供了内生动力和良好的资源基础；第二，秉承"随物赋形"的盆景制作理念，按照国家4A级景区标准"筑景"[4]，突出林盘内盆景、竹景、水景、乡景"四景"

[1] 严家弯湾的渊源：因为这里是严姓人家的聚居地，所以名字中的前两个字为"严家"；"弯"字则有两层寓意，一是因为整个村子的道路很弯曲，二是源于村里的川派盆景制作手法——"三弯九倒拐"；严家弯湾中的"湾"字是河湾的湾，指的是林盘旁边的沙沟河。
[2] "北游南农"，是崇州市域差异协同的现代旅游产业体系发展格局，即市域北部形成以精品景区加精品线路为核心，以康养旅游为IP的"旅游+"互促发展格局；市域南部以美丽乡村郊野公园为载体，实现"+旅游"的农商文旅体产业一体化融合发展格局。
[3] "两区一基地"，即成都市现代农业发展样板区、国家全域旅游示范区、成都市重要的先进制造业基地。
[4] 唐辉，唐云，郝儒杰. 乡村经济新形态发展的路径探析——以四川省崇州市严家弯湾样板区打造为例[J]. 中共乐山市委党校学报（新论），2020，22（5）：46-54.

相融的文化体验与文化内涵；第三，以生态优先的农业高端产业为发展方向，按照"农业景观化、农居景点化、农村景区化"的标准、"全域旅游、全业旅游、全域景区"的发展规划，形成交通围绕旅游先行、农业围绕旅游调整、商业围绕旅游搞活的全域旅游发展战略，实现经济、生态、社会效益的有机统一。

（1）规划先行、群众参与，夯实川派盆景资源条件

严家弯湾盆景受川派盆景的影响深远，制作技艺精湛，特色分明，如树桩盆景苍劲雍容、山水盆景粗犷沉雄等。地处西南，崇山峻岭将外界阻隔，为川派盆景创造了稳定的发展环境。川派盆景源于盛唐，被誉为"无声的诗，立体的画"，在唐代的一些宗教题材的石刻、石窟中，可得到见证；至宋代，苏轼、陆游等文人留下了有关川派盆景的诗句；清代，树桩蟠扎技艺在花农中兴起并迅速发展，川派盆景技艺形式也逐渐偏重于树桩造型的程式化、规则化；清代后期，每年农历正月成都青羊宫会举办花会（相当于今日之庙会），将各地花农和盆景艺人送来的盆景进行展示、品评、销售。然而，过去的盆景产业依赖各家人脉而兴起，世代传承的盆景技艺在新时代优势已不复存在。严家弯湾林盘村落区位偏僻、盆景制作收益低且不稳定、村落老旧不具备吸引力等问题，使严家弯湾的盆景产业发展陷入困境。

为帮助严家弯湾的盆景产业走出困境，崇州市各级政府积极行动起来，充分发挥模范带头作用。崇州市政府有关部门梳理严家弯湾资源清单，在市级部门指导、镇村直接参与、社会有机进入、村民主动配合的模式下，整合各级政府各部门资金1600万元，撬动严家弯湾村民和社会资金3000余万元，采用"林盘＋园区＋景区"模式对严家弯湾进行建设和开发，将严家弯湾打造成为成都市3A级林盘景区和盆景民俗文化村。一方面，政府预先投入资金对林盘进行整治，如观胜镇政府对林盘的院落、巷道乃至林盘整体进行保护性升级打造，投入5000余万元完成基础设施配套建设；同时，成立合作社经营停车场、民宿、园区等，带动集体经济发展壮大，增强当地经济造血功能。另一方面，政府发动群众将自家盆景、苗木"寄养"在规定区域；坚持"把市场搬到家门口"的理念，引导设计打造大田景观、盆景展销区域，实现景观与市场的互促共赢。

村民主动参与林盘改造治理，萌生"和合共生"的弯湾精神。为实现严家弯湾"川派盆景民俗文化第一村"的发展目标，在林盘建设过程中，村民积极出谋划策，配合发展大局。如严家弯湾村民在200m长的"同心路"修建过程中共建共享，以平摊方式捐献土地3亩，还自发捐献价值30万元的大弯银杏、紫薇笼子、海棠盆景、罗汉松、铁甲松等用于美化环境；观胜镇群众自筹1000余万元改善院落居住环境，基本实现了川派盆景（图8-4）、"鸳鸯竹"、沙沟河与本地乡村文化内涵的完美结合。村民积极响应政府"将市场搬到农民家门口"的号召，夯实林盘引资基础，打造以盆景产业为特色的川派盆景民俗文化村田园综合体。

行业组织带头，"专业合作社＋盆景技艺传承人"参与拓展新市场。严家弯湾林盘在改造中涌现出行业自律性组织，组织盆景匠人、创作团队、民宿达人通过设立创作

图8-4 川派盆景场景
资料来源：崇州市人民政府。

室、打造消费空间等方式，在农家小院里拓展出多元产业形态。如盆景大户、盆景匠人等50余人自发组织成立了崇州盆景协会、鸳鸯竹乡村民俗旅游专业合作社，辐射盆景资产2000万元。此外，还成立了"严家弯湾风貌管控委员会"，制定了严家弯湾风貌管控工作章程。林盘发展势头好了，不少年轻人纷纷回乡，学习盆景技艺并自主创业，通过网上直播卖盆景等渠道，年销售额可超百万元，将"绿水青山"的自然本底充分转化为"金山银山"。同时，严家弯湾"网红打卡地"的打造，为当地提供了新的业态发展范例：一方面，实现了村民在游客接待、旅游服务等行业就业，多渠道促进村民致富增收；另一方面，严家弯湾获得了提质增效的强有力支撑，为更多产业注入了持续发展的动能。

（2）基底修复、空间改造，建设标准化"全景式"主题体验场景

开展生态基底修复，实行保护性升级打造。严家弯湾林盘十分注重对传统川西盆景文化特色的保留，立足川派盆景主题，以农田、河流、绿地景观形成生态绿隔，构筑盆景小镇，实施成片保护修复。在大田景观提升方面，利用成片闲置农田种植景观苗木，营造脱离城市喧嚣的独特气氛，供游客观赏体验宁静、清爽、原生态的田园生活。在水系整治方面，以沙沟河生态保护治理为重点，尽量维持现有的水系格局，纠正沟渠处理"三面光"的做法，尽量恢复原有的自然堤岸和本地的植物配置，做到水体可赏、可游、可乐。在统筹林木保护方面，要保护林盘内丰富的花卉苗木资源，特别要保护其中的古树名木；对房前屋后的竹林、树林不宜随意砍伐，对有价值但又没有挂牌保护的古树要

适当维护。

开展人居环境升级改造，实现空间整治与提升。为提升林盘居住环境和卫生质量，共建清洁美好环境，严家弯湾按照景区化标准打造林盘，实现了林盘内盆景、竹景、水景、乡景"四景"相融[1]。在道路提升方面，畅通景区旅游通道，将严家弯湾的道路与崇州市北部10万亩粮经旅综合示范基地环线连接，方便游客观光；在院落改造方面，以青瓦、白墙、熟褐色木作为建筑主体色彩控制元素，体现川西民居的风貌特色（图8-5）；在基础设施提升方面，通过对供排水、天然气、电力等设施提档升级，100%实现水、电、气入户和改厕，保证景区经济活动的正常运行。严家弯湾林盘通过人居环境整治，引导村民、市场、资本等各方面投资踊跃进入，并带动群众从事旅游接待服务，以小投资撬动大市场，助推农村建设。

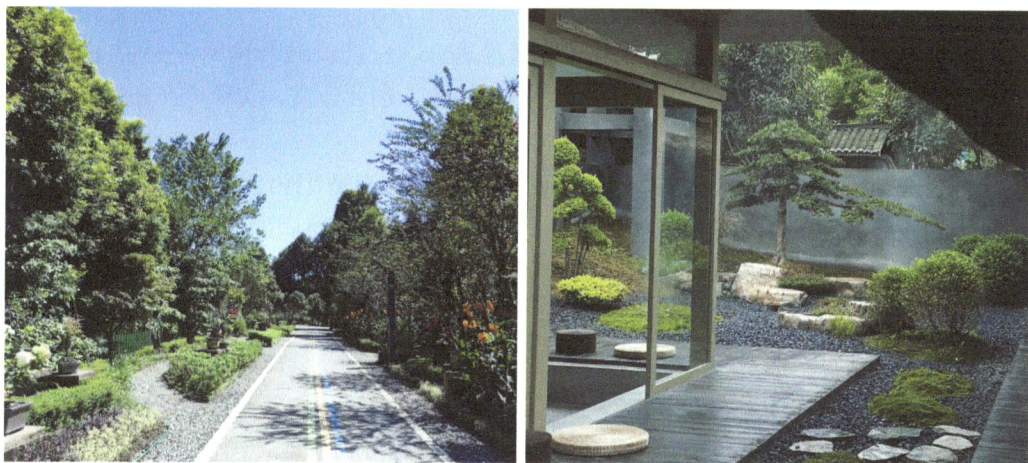

**图8-5**　严家弯湾林盘人居环境升级改造后的风貌

进行标准化景区打造及"全景式"盆景主题风貌提升，促进林盘的盆景产业发展。严家弯湾人用树人的态度作盆景，人景相融，景文合一，不断追求"因心而塑，因景而命"的盆景神韵。近年来，严家弯湾在保留其独有的川西盆景文化的基础上，增加三雕、三塑、藤编、竹编、棕编等传统手工艺品，并进行保护性升级打造，逐步丰富旅游景区的旅游元素。按照景区化标准，村集体对景区50户农户住房外墙风貌进行集中整治，统一规划、精心设计、分步实施；投资建设盆景主题广场、盆景美学馆、棋盘广场、户外草坪、银杏林广场5处公共活动空间，打造以盆景为主题的"全景式"农村风貌，从点点盆景到步步皆景（图8-6）。

（3）业态融合、功能组合，打造"林盘+园区+景区"的全域旅游新模式

严家弯湾林盘注重川派盆景、"鸳鸯竹"、沙沟河与本地乡村文化内涵的完美结合，

[1] 唐辉，唐云，郝儒杰. 乡村经济新形态发展的路径探析——以四川省崇州市严家弯湾样板区打造为例[J]. 中共乐山市委党校学报（新论），2020，22（5）：46-54.

图8-6　严家弯湾林盘以盆景为主题的农村风貌
资料来源：崇州市人民政府。

提档升级盆景产业，推进全域旅游，高质量推进一、三产业融合发展，全面推行"合作社＋农户＋公司"融合模式，以实现农民就业增收、创业致富，实现"产和兴村"。具体做法如下。

空间融合，有效串联休闲带和农业功能区。崇州市遵循"控红线优生态、控门类优产业、控强度优品质"的思路，加快推动"北游南农"差异协同的现代旅游产业布局的深度融合、联动发展。因此，重塑人文地产理念，有效串联起旅游休闲带和农业功能区，加快形成现代农业功能区的组织架构和经济运营模式至关重要。为把安闲舒适的天府文化浓缩在林盘院落中，严家弯湾林盘首先植入精品民宿、特色餐饮、非遗传承、亲子体验等多元空间。在后期专业化的运营管理公司介入后，严家弯湾林盘开始打造大型体验基地，如投资3.8亿元的"西蜀盆景园"项目，集特色餐饮、民宿酒店、金弹子博览馆、盆景培训中心和展示中心等多空间于一体；同时，建设中的总投资5000多万元的"又见稻香·亲子田园"项目，将打造160亩沉浸式亲子田园，与"西蜀盆景园"形成互补和联动。这些丰富的消费业态将进一步促进严家弯湾林盘农商文旅体融合发展，为打造"林盘＋园区＋景区"的全域旅游新模式提供良好的基础（图8-7）。

图8-7　严家弯湾林盘的新型消费场景

业态融合，推进形成新型产业链和核心IP。严家弯湾林盘致力于打造崇州市特色川派"盆景＋"林盘体验基地，构建"林盘＋园区＋景区"的全域旅游新模式，以盆景艺术品收藏、休闲、旅游度假功能提升产业附加值，联动周边发展乡村经济及城市旅游、文创等新兴业态，推动乡村振兴落地落实。在"景区"的打造上，建成"路之·弯湾里""观酌－合竹苑""观庐""墟里茶舍"等盆景主题民宿、文创项目，着力打造一批高品质的乡村体验、消费和生活场景；在"园区"的打造上，"观舍"盆景文博体验馆、"又见"花木盆景云平台中心等项目已经完成，投资近亿元的盆景博览园项目正在建设中。坚持业态融合，推动形成核心IP，打造新型特色产业链，把绿水青山转化为金山银山。

功能融合，打造农商文旅体融合发展品牌。严家弯湾林盘积极探索"西控区域"发展新模式，构建综合性的项目、服务和市场营销体系。以传承天府农耕文明为核心，加快推进天府绿道、天府国际慢城、陇海三郎国际旅游度假区等重大项目，打造一批融入川西林盘风光的多功能项目，强化农业园区景区化、生态服务区功能体验化，让严家弯湾逐步破茧成蝶。通过多元化的宣传方式，实现产创融合发展，打造电商平台。一方面，拓宽严家弯湾农副产品、文化旅游产品销售渠道；另一方面，加强旅游资源推广，宣传推广"乡村民俗文化旅游""川派盆景特色民俗村"等特色旅游品牌。继严家弯湾园林合作社成立后，村民利用电商这个大平台，推出"严氏"川派盆景，形成集中、统一销售的产业链。作为成都市川派盆景民俗文化艺术村，严家弯湾推进"旅游+石观音板鸭""旅游+盆景文化""旅游+民宿文化"的深度融合发展；并通过开展调研专题座谈会、民乐赏析会、乡村音乐分享会等丰富多彩的文化和文艺活动，丰富乡村经济新形态的特色体验。

总体而言，严家弯湾林盘的空间营造是以传统民俗为内涵，通过构建全景式旅游模式、打造新时期乡村经济新形态来重塑川西林盘的典型案例（图8-8）。在土地整合方面，严家弯湾林盘优先为本地村民安排高品质新居，市级部门、镇政府、村集体、社会企业等主动有机介入，村民、盆景匠人、创作团队等积极配合与创新，共同建设"川派盆景民俗文化第一村"，为林盘的活化提供了不竭的内生动力；在环境造景方面，营造可欣赏、可参与、可体验的全景式川西盆景、竹景场景，以乡村大田苗圃竹林为景观背景，将严家弯湾林盘建设成为具有丰富人文景观层次的乡村旅游村落[1]。

[1] 唐辉，唐云，郝儒杰. 乡村经济新形态发展的路径探析——以四川省崇州市严家弯湾样板区打造为例[J]. 中共乐山市委党校学报（新论），2020，22（5）：46-54.

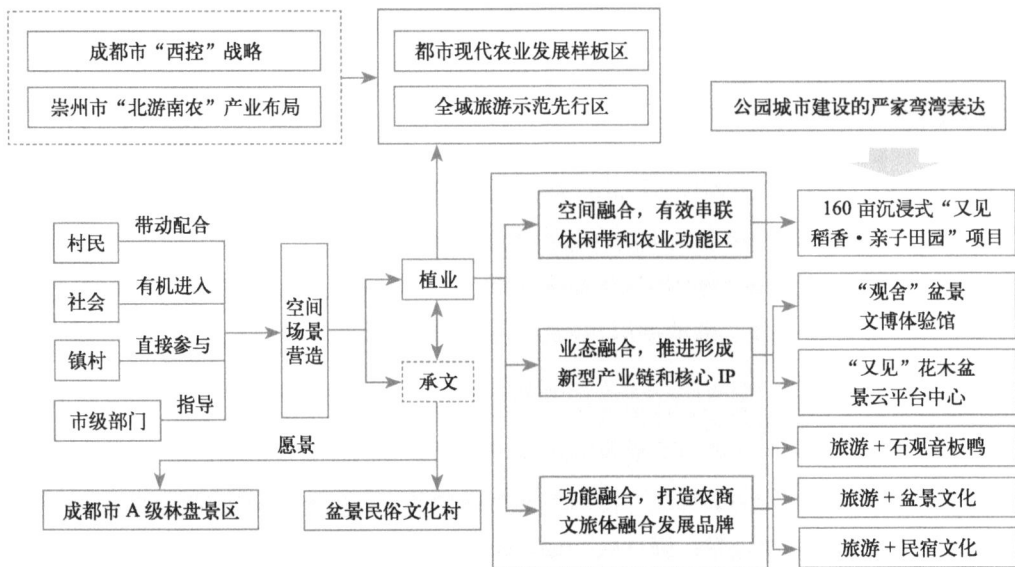

**图 8-8** 严家弯湾林盘发展模式

## 8.2    以竹编非遗资源打造高附加值林盘产业——崇州市道明镇竹艺村林盘

竹艺村位于国家级非物质文化遗产竹编小镇——崇州市道明镇,是由道明镇龙黄村第9、11、13村民小组所组成的乡村聚落,占地面积8.2hm²,总人口86户、295人。竹艺村背靠无根山,临近崇州市著名旅游景点白塔湖,网红旅游公路重庆路穿村而过,与成都市中心城区相距约50km,车程约1h,交通十分便利,地理区位和自然生态资源优势明显(图8-9)。

近年来,国家一直强调把发展"乡村产业"作为乡村发展的助推力,培育乡村自我造血能力。在此背景下,非物质文化遗产作为有效激活乡村内生动力、推动乡村产业发展和文化建设的重要因素,得到政府、企业和村民等乡建主体的高度重视[1]。竹艺村是以非遗资源打造高附加值工艺品牌、保护活化川西林盘的典型代表。其依托"道明竹编"国家非物质文化遗产资源,以精品工艺竹编作为价值创造核心,打造现代竹编设计品牌,带动传统日用竹编的转型和产业化发展,从而形成本地化的"非遗竹编+"的价值共创和发展共生模式。此外,竹艺村妥善利用了原有林盘的"田林水宅"四大要素,较好地保护和修复了传统聚落空间,将传统林盘打造成了能够反映地域特色、时代风貌、尊重村民生产生活习惯的美丽新林盘。目前,竹艺村已建设成为国家4A级旅游景区,打造了"道明竹编"特色产业,年接待游客60万人次,村综合年收入1.9亿元,大幅提

[1]    肖远平,王伟杰. 非物质文化遗产助力乡村振兴的"西江模式"研究[J]. 文化遗产,2019(3):23-28.

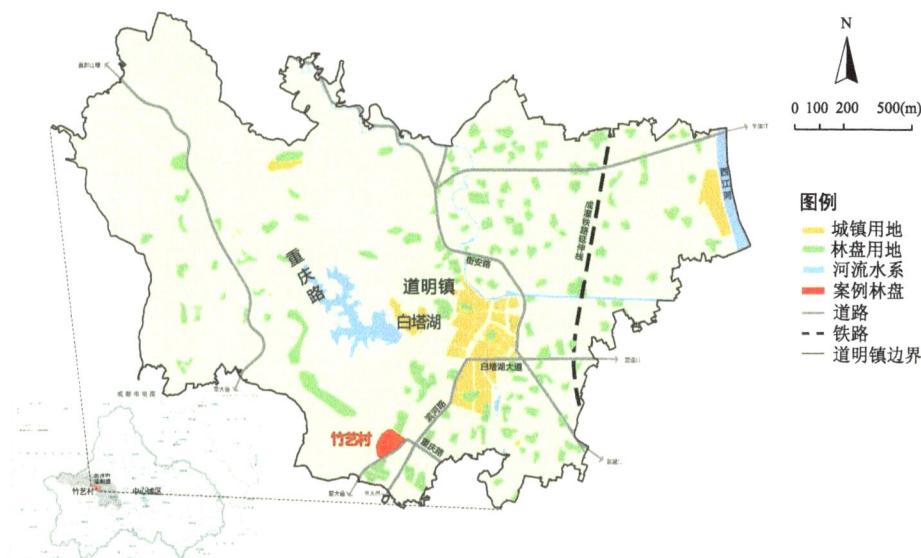

图 8-9　竹艺村区位
资料来源：根据四川测绘地理信息局公布的成都市标准地图[审图号：图川审（2016）018号]绘制，底图无修改。

高了在村村民收入，为特色产业型林盘的发展提供了可借鉴的经验（图8-10）。

（1）"城市功能+乡土情怀"，建设林盘特色竹艺场景

竹艺村自古产竹，以竹闻名，清朝初年就有平面竹编、瓷胎竹编等手工艺品生产，20世纪80年代成都市超过80%的竹编花篮由道明镇生产提供，拥有较多竹编匠人[1]。由于竹编产品利润微薄、农业产业收入低等因素，竹艺村竹编产业停滞，年轻人外流，林盘出现空心化、老龄化等发展问题。2013年，中央美术学院与崇州市政府在道明竹编非遗文化项目上开展深入合作，将位于重庆路旁的道明镇龙黄村第9、11、13村民小组打包为竹艺聚落群。2018年后，道明镇政府联合当地国有企业四川中瑞锦业文化旅游有限公司（以下称为文旅公司）开始介入竹艺村的保护利用。

首先，文旅公司利用崇州市作为农村宅基地改革试点的政策机遇，推动竹艺村林盘闲置资源的整合，为林盘的保护修复腾挪空间。道明镇政府推动竹艺村成立土地合作社，引导村民将农田、闲置宅基地、空置住宅、山林地等资源通过入股、租赁的方式加入土地合作社，并盘整出资源性土地资产4536.9亩、经营性土地资产19.63亩、民宅17栋，以10~20年为一期与村民小组及村民进行签约出租[2]，统一流转给文旅公司，由文旅公司对竹艺村进行整体的规划改造和经营（图8-11）。

[1] 赵先旭. 竹艺村乡村旅游平台化发展案例研究[D]. 成都：西南财经大学，2019.
[2] 曼琳. 资本与地方性知识：传统乡村社会的当代调适——以道明竹艺村为例[J]. 农村经济与科技，2020，31（22）：201-204.

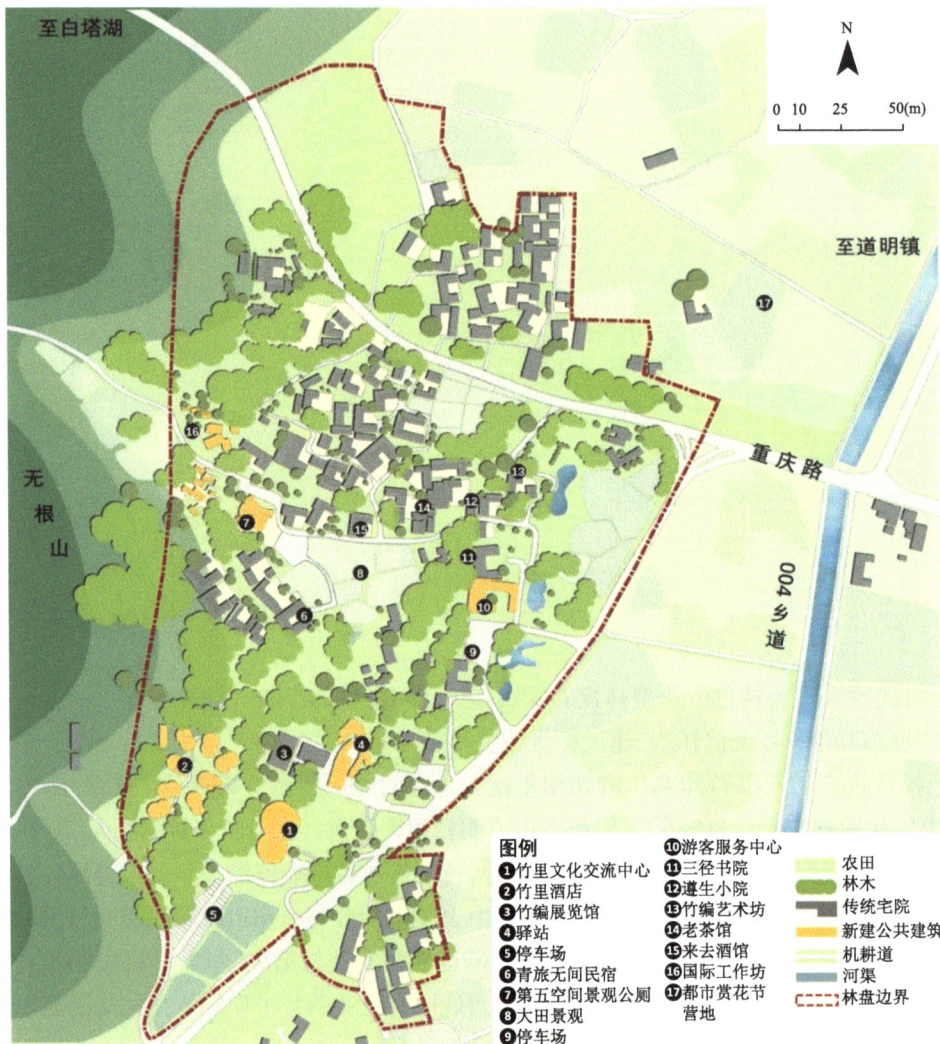

至白塔湖

N

0  10  25  50(m)

至道明镇

重庆路

无根山

004乡道

图例
❶竹里文化交流中心
❷竹里酒店
❸竹编展览馆
❹驿站
❺停车场
❻青旅无间民宿
❼第五空间景观公厕
❽大田景观
❾停车场
❿游客服务中心
⓫三径书院
⓬遵生小院
⓭竹编艺术坊
⓮老茶馆
⓯来去酒馆
⓰国际工作坊
⓱都市赏花节营地

▨ 农田
▧ 林木
▨ 传统宅院
▨ 新建公共建筑
▨ 机耕道
▨ 河渠
┄┄ 林盘边界

**图8-10**  竹艺村平面

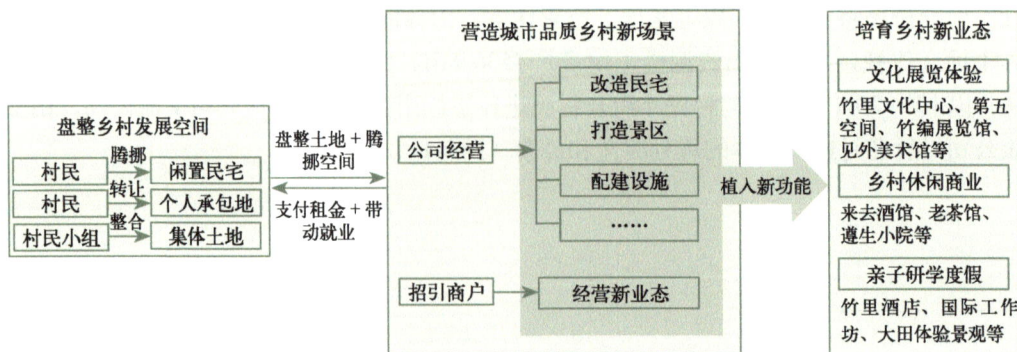

营造城市品质乡村新场景

盘整乡村发展空间

| 村民 | 腾挪 | 闲置民宅 |
| 村民 | 转让 | 个人承包地 |
| 村民小组 | 整合 | 集体土地 |

盘整土地+腾挪空间

支付租金+带动就业

公司经营 →
改造民宅
打造景区
配建设施
······

招引商户 → 经营新业态

植入新功能

培育乡村新业态

**文化展览体验**
竹里文化中心、第五空间、竹编展览馆、见外美术馆等

**乡村休闲商业**
来去酒馆、老茶馆、遵生小院等

**亲子研学度假**
竹里酒店、国际工作坊、大田体验景观等

**图8-11**  竹艺村功能转换路径

其次，开展筑院造景，打造林盘新建筑新节点。文旅公司锁定都市人群，立足当地的竹编文化，以宋朝诗人陆游的《太平时》一诗为主题发起设计竞赛，征集林盘规划设计的高品质方案，谋划打造大都市近郊的竹主题文创体验示范区。同济大学袁烽教授团队的"∞"方案在竞赛中脱颖而出，其建筑造型以太极八卦为意象，构建了一个内向重叠的环形造型。在融入装配式建筑预制化构架的基础上，屋顶采用当地小青瓦进行铺设，外墙采用竹编技艺制作外立面，内墙利用竹子的外壳形状形成肌理，整个建筑充满竹木、水石等建筑要素，与周边民居、竹林、山体相得益彰[1]，营造了自然野趣与城市品质兼备的现代中式文化交流展示场景，成为竹艺村最早建成的项目——"竹里"文化交流中心（图8-12、图8-13）。

再次，其他公共服务设施建设项目沿用了相似的建筑语言和竹编材料（图8-14）。如村落门户的"双L"造型游客中心，通过柔滑的屋脊线条围合出中心的公共广场，提供了服务大厅、商店、展厅等公共空间；在村落中心的"第五空间"，采用竹编制成的"X"形曲线屋顶，不仅作为连接林盘水渠与油菜花田的景观休憩桥，也是公厕、座椅、儿童游玩场等服务设施的集合[2]。坐落在村落后山竹林中的竹里酒店，以相似的拓扑造

**图8-12**　竹艺村"竹里"文化交流中心鸟瞰

[1] 向镜如. 乡村振兴战略下非遗小镇的发展路径研究——以成都竹艺村为例[J]. 经贸实践，2018（16）：202-203.
[2] 袁烽，郭喆. 智能建造产业化和传统营造文化的融合创新与实践 道明竹艺村[J]. 时代建筑，2019（1）：46-53.

图8-13    竹艺村"竹里"文化交流中心屋顶造型

游客服务中心

第五空间

图8-14    竹艺村部分新建公共服务设施建筑

型，分点建设了8个起伏连续的圆形民宿，提供了置身自然的起居休闲空间。环境建成后，竹艺村以文旅公司为平台中介招募从事艺术、文创、休闲服务的"新村民"进行新业态的经营和培育。如引进了三径书院、遵生小院、来去酒馆、归野民宿等商户，组织了展览沙龙、生活美学、中医养生、手工DIY、田野耕读为主题的一系列文化活动，为游客提供餐饮、住宿和其他综合性服务，打造可体验可消费的高品质乡村游玩场景，营造高雅精致的生活美学氛围。

　　这些新建和改建的服务设施建筑以当代的建筑艺术表达手法、灵活的竹材料利用和精妙的乡村文化场景营造，彰显了川西林盘的乡土美学价值，成为村落的标识性节点，得到了广泛关注。尤其是最早建成的"竹里"文化交流中心，不仅在建筑专业领域获得高度认可，多家知名杂志和上海电视台《匠新》等多个电视栏目也争相对其进行了报道，还作为中国"建设未来乡村"的实践作品参加了国际威尼斯建筑双年展，引起了广泛的讨论，让竹艺村这种远离都市纷扰的安静祥和的意境迅速出圈，获得了巨大流量。

（2）"品牌构建+功能复合"，推动林盘竹编产业转型

竹艺村以精品建筑"竹里"文化交流中心的走红，带动人们对竹编文化的关注迅速提升。以此为契机，文旅公司作为整体运营方，链接当地手艺人、高校科研院所、社会企业三方资源，组成"竹编设计联盟"，设计竹编工艺精品，推动道明竹编在设计-生产端的转型升级。

第一，竹艺村充分利用本村代表性竹编传承人丁志云、杨隆梅的手艺资源，积极引进周边乡村的继军竹编、赵思进竹编、陶亭竹编等规模较大、传统竹编技艺突出的竹编大户落户竹艺村进行手工生产，形成较为集中的竹编手艺人聚落。文旅公司与竹编大户以"物业承租+设计管理"的模式进行合作，文旅公司为竹编大户提供经过改造升级和功能置换的单栋民宅，作为其个人的工作室。

第二，文旅公司积极调动中央美术学院师资，带动本村村民和竹编大户竹编作品的创作设计与技术改良。2018年10月，中央美术学院在竹艺村建立四川成都传统工艺工作站，邀请国内外竹编研究专业团队，开展竹编工艺、产品创作、市场合作交流活动，并聚合了工艺研究、市场推广等社会专业机构资源，打造道明竹编传承创新创客基地。2019年起，工作站以院校资源带动竹艺村竹编从业者的人才建设，推动丁春梅、杨隆梅等道明竹编新生代传承人提升现代竹编设计意识和竹编生产管理能力。一些高校师生也参加工作站的驻留计划创作作品，成为竹艺村新的传统竹编设计者。在高等院校、企业、传承人三者联动下，新老村民打造了"竹子+陶瓷"的雅致茶具、"竹子+时尚"的精致女士包袋服饰、"竹子+起居"的室内竹编软装等新竹编产品。在竹艺村网红流量加持下，竹艺村的竹制品迅速走红，受到大量游客喜爱。这些新的竹编制品成为传统"老手艺"保留原有乡土美学魅力并实现创造性转化的典型代表，重新提升了"道明竹编"的认可度。

第三，竹艺村也积极对接社会企业，改良传统家族式生产的小规模经营模式，以"手工制作+机械介入"的方式推动竹编产品的规模化制作，打开市场推广渠道。2019年，竹艺村成立竹编合作社，以竹编大户为龙头，集中挖掘鼓励本村及周边近300户普通村民加入合作社，对普通村民开展培训，为竹艺村竹编生产培育专业人才。由文旅公司、竹艺村竹编合作社合作成立的四川道明竹艺产业发展有限公司（以下称为竹艺公司），主要负责竹编产品的市场营销、订单管理等业务。竹艺公司带着竹艺村的竹编产品先后参与和承办了各级别的展览交流会，如第十九届四川国际茶博会、第七届中国成都国际非物质文化遗产节分会场等活动，运用竹编元素进行软装。通过线下展览、线上宣传等方式，道明竹编产品在室内软装、产品包装等细分市场中逐步具有知名度，其中，竹艺村本地培育的"丁知竹"个人品牌与景德镇陶瓷达成长期合作关系，合作研发生产竹编陶瓷产品；"继军竹编"成为成都、北京部分酒店、餐厅的室内竹编装置品供应商。这些竹编产品具备了新的文化创意包装、景观建筑制造和场景空间营造的能力，

极大地提高了竹艺村竹编产业的经济产值。

第四，竹艺村积极拓展"竹编+"的多元消费产品的衍生，通过手工体验、文创商业、精品商业、非遗集市等业态，拓展竹产业的深度和广度。如竹艺村村民丁春梅、杨隆梅等年轻竹编手艺人在竹艺村开设了竹编体验馆、展览馆等展销店铺，成为游客体验消费、学习竹编非遗技术的重要平台；又如竹艺村官方运营的非遗小院等精品商店，经营文创研发、商务会客、产品销售等业态，推出游客竹编体验课程等产品，打造精品竹编产品高质量消费场景，推动流量变现（图8-15）。

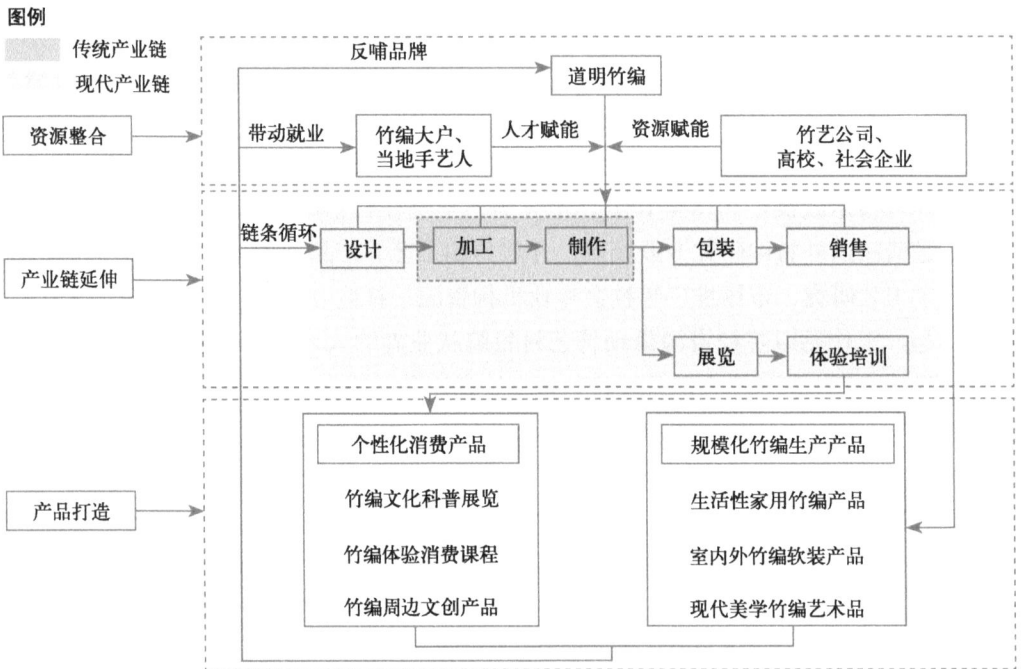

**图8-15**　竹艺村"竹编非遗"产业发展示意

（3）"融入绿道+场景营造"，打造公园城市乡村驿站

在对林盘的产业、建筑进行保护利用的同时，竹艺村依托重庆路和无根山的资源优势，融入成都天府绿道建设，坚持以绿色田园为本底、以自然山水为映衬、以天府文化和竹编文化为内核，形成林在田中、院在林中的公园城市乡村驿站[1]（图8-16）。

一方面，打造闲逸雅致的自然场景。竹艺村对全村道路、水系、林木、农田等环境要素进行了整体设计和修整，并通过竹构件与竹景观的打造，提升环境要素的

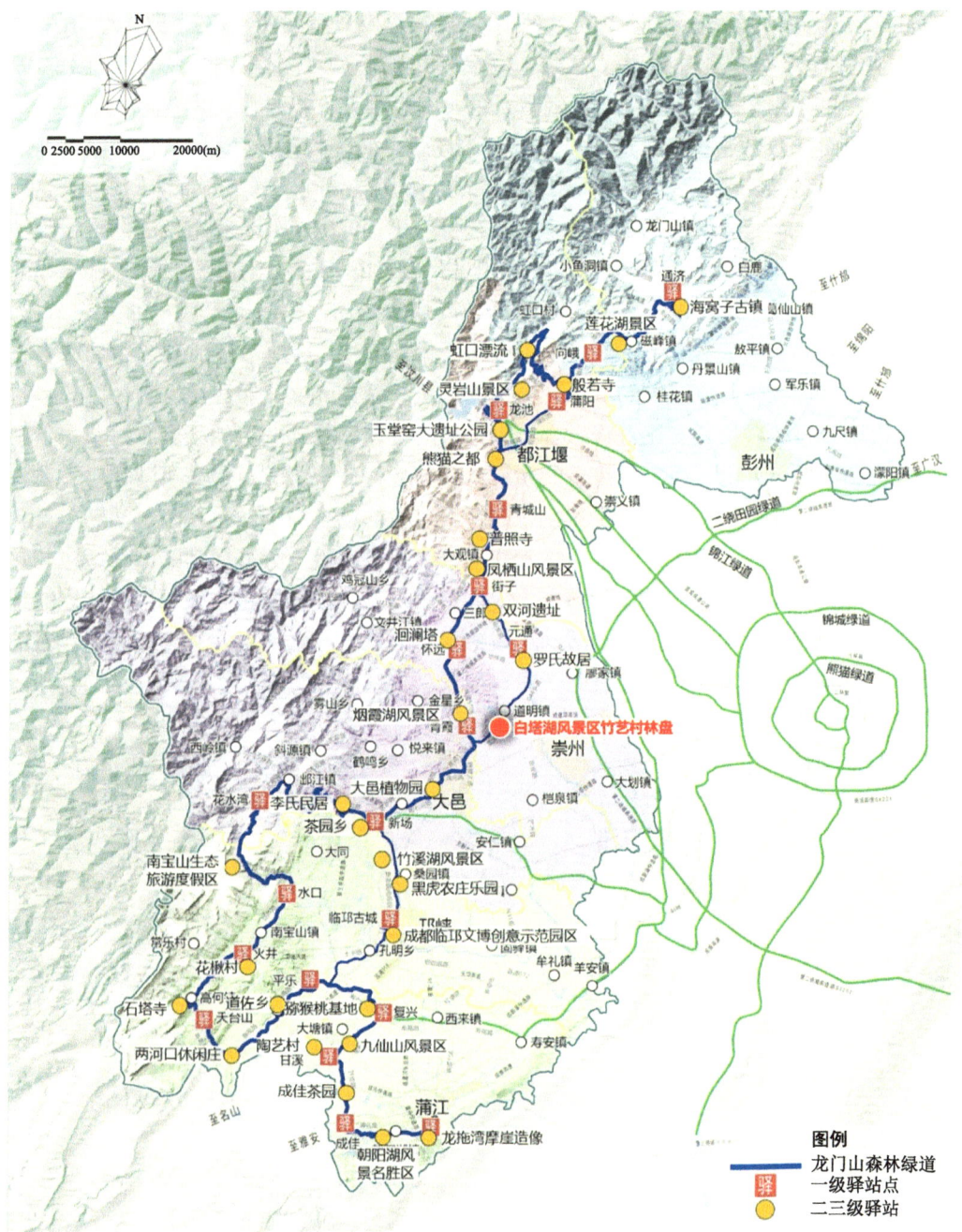

**图8-16**　竹艺村与成都市区域绿道的区位关系
资料来源：成都市风景园林规划设计院.龙门山森林绿道总体规划（2019—2035）[Z].2019.

观赏性与体验感。如稻田景区中的"种出幸福"景观节点（图8-17）、路边农田中的"翅""簸""浮云端"景观装置（图8-18）、竹林里的"仲夏之梦"景观节点（图8-19）等，成为人们感受竹林、乡间休憩、观赏月色、闲暇聊天、拍照嬉戏的绝佳场地。

　　另一方面，融入绿道，打造乡村驿站节事场景。竹艺村修建了50km长的绿道，串联了周边的白塔湖景区、无根山竹艺公园等节点和城市绿道，以"节事活动"为抓手，打造成都市域天府绿道上的重要驿站。如竹艺村一年一度的"非遗集市"活动，云集了周边林盘的廖家木雕、怀远藤编等众多四川省代表性非物质文化遗产；竹艺村举办的"道明国际竹文化节"活动，不仅是乡村自身策划的活动，也联动了城市的文化节日，成为成都国际非物质文化遗产节的乡村分会场（图8-20）。这些节事活动，作为城乡资源流动的窗口与载体，将城市的流量、城市的品质与城市的文化服务注入乡村，与乡村的乡土化场景与地域竹编文化进行融合，通过人的参与和活动的组织凝聚乡村节事氛围与场所基调，配套可玩可买可赏可看的乡村产品与乡村休闲服务，提升了游客对竹艺村竹文化与竹空间的消费认同与文化肯定。同时，乡村的场景与空间也在节事活动中得到升华，在固定集中的时间段，通过田林水院要素、场景建设、人群活动的磨合适应与转变，原有的竹艺村空间从林盘场景转变为人们追求自然、体验文化的理想生活状态的补偿空间，在绿道、城市设施、城市活动等城市资源的补充与融合中，成为充满蜀风雅韵的成都公园城市空间内核的乡村表达（图8-21）。

图 8-17　竹艺村的大地场景
资料来源：崇州市人民政府。

农田景观装置——"翊"

农田景观装置——"浮云端"

农田景观装置——"簸"

**图8-18**　竹艺村的竹编场景
资料来源：崇州市人民政府。

竹林景观昼景

竹林景观夜景

**图8-19**　竹艺村竹林的"仲夏之梦"场景
资料来源：崇州市人民政府。

道明国际竹文化节

道明国际竹文化节

非遗集市

非遗集市

图 8-20    竹艺村的节事活动场景
资料来源：崇州市人民政府。

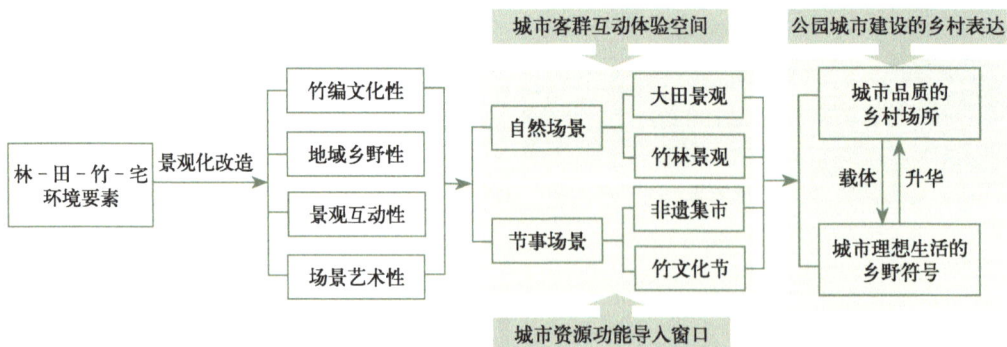

图 8-21    竹艺村的场景营造路径

　　总体而言，在成都公园城市理念的指引下，竹艺村紧紧围绕"非遗竹编"的特色产业，通过高品质空间建设，推动传统竹编的产业转型，成为城市功能的乡村载体。同时，妥善保护改善"田林水院"的林盘传统要素，以景观化自然化的设计手法与竹元素场景的多元利用，重新诠释了非遗文化和川西林盘的魅力。

## 8.3　以"陶艺+文创"助力林盘发展——蒲江县甘溪镇明月村林盘

明月村位于蒲江县甘溪镇，地处蒲江、邛崃、名山三区（市）县交汇处，距离成都市区90km，村口有108国道经过。现明月村是2020年由原明月村与新民村合并而来，面积11.38km²，户数1383户，人口4086人，主要经济产业为茶叶、雷竹种植业，此外还有少部分的猕猴桃、耙耙柑水果种植。明月村生态条件良好，全村森林覆盖率46.2%，明月渠、凉山渠从村中穿流而过，村内有3000亩生态茶园、7000亩生态雷竹[1]。

蒲江县的制陶业始于唐代，兴盛于明清时期，产品名扬川西南一带。明月村的制陶古窑始建于清康熙年间，历300余年而不衰，被称为"活着的邛窑"。新中国成立后，古窑改名"张碗厂"，主要烧制土碗、油灯、花盆、泡菜坛等产品。在2008年"5·12"汶川地震中古窑受损，甘溪镇及时按古窑原貌进行保护性修复。古窑出品的陶瓷器淳朴自然，保留了浓郁的地方特色和隋唐陶瓷的文化特征，极具四川本土陶瓷文化的魅力和发展潜力，是非物质文化遗产的宝贵财富，是中华民族传统文化的重要载体[2]。

2013年明月村受7.0级芦山地震的影响，部分林盘院落受到严重破坏。震后，明月村开始进行灾后重建，在全域范围内实施土地综合整治，引导183户村民、640人拆院并院，修建了占地77亩的明月新村小区，验收节余建设用地指标378.4亩，并集中建设成片的3000亩生态茶园和7000亩生态雷竹园。与此同时，明月村在推动灾后重建的基础上，启动明月国际陶艺村项目，围绕张碗厂陶艺资源盘活，规划了明月村陶艺手工艺文创园区，利用芦山地震灾后重建政策，提供150亩建设用地指标用于支撑陶艺手工艺文创园区的发展，与成都南方丝绸之路公司合作，将土地综合整治中协调出的37亩集体建设用地用于张碗厂老窑的活化（图8-22）。2013年4月，成都南方丝绸之路公司完成明月村旧窑口的恢复重建和实验窑的试运行，并将其更名为"明月窑"。2014年，明月窑举办了开窑仪式，正式对外开放，开始接待陶艺爱好者和游客[3]。2015年起，明月村在全域进行"五区一环线"的整体规划部署，除了陶艺手工艺文创园区外，还包括入口文化中心、谌塝塝瓦窑山微村落农民创业发展区、乡村旅游环线林盘民居创客院落区、环村茶山竹海林盘保护区和8.8km旅游环线（图8-23）。截至2017年年底，在明月窑的陶艺文化带动下，明月村通过林盘院落改造建成开放了15个文创项目，包括博物馆、艺术家工作室等，并配套建设了18km旅游环线、1个占地4000m²的综合文化站、3个公共停车场等。

[1] 王健庭，侯新渠，刘剑. 四川蒲江明月村乡土景观的变迁与传承[J]. 城乡规划，2017（1）：97-105.
[2] 成都市非物质文化遗产保护中心. 邛陶烧造技艺（明月窑陶瓷制作技艺）[EB/OL]. (2023-12-20) [2023-12-30]. http://www.cdich.cn/newsdetail.html?id=2395x.
[3] 苏乾. 乡村振兴背景下文创引导的乡村发展模式研究——以成都市蒲江县明月村为例[J]. 乡村科技，2019（25）：50-52，55.

图 8-22　明月村陶艺手工艺文创园区林盘区位
资料来源：根据四川测绘地理信息局公布的成都市标准地图［审图号：图川审（2016）018号］绘制，底图无修改。

图 8-23　明月国际陶艺村策划总平面
资料来源：明月村村委会。

2018年，随着公园城市建设理念的提出，明月村积极探索乡村振兴新场景的营造路径，示范公园城市建设的乡村表达。明月村以陶艺手工艺文创园区林盘为依托，紧密围绕原住村民、新村民、市民游客需求，打造公园式文创项目，营造多样功能场所，继续办好"春笋艺术月"等丰富的节庆活动，以凉山渠、明月渠绿道串联，构建诗意栖居、妙思农创、畅游颐养的美丽乡村田园公园场景，带动本地村民以出租房屋、本地创业、村内就业等方式加入到林盘发展建设中（图8-24）。

图8-24 明月村陶艺手工艺文创园区林盘平面

截至2022年，以陶艺手工艺文创园区林盘开发为主的10余个公园式文创项目已基本建成开放，累计开展了11届春笋艺术月活动，明月村农民人均可支配收入近3万元，比2012年增长约200%，林盘生态价值转换效果显著。为此，明月村还获得了"中国传统村落活化最佳案例""2019年中国美丽休闲乡村""全国乡村旅游重点村""2018年十大中国最美乡村""中国乡村旅游创客示范基地"等称号，被中央电视台、人民日报、四川日报等主流媒体及多家知名新媒体专题报道，成为特色产业型林盘发展的一大样板（图8-25）。

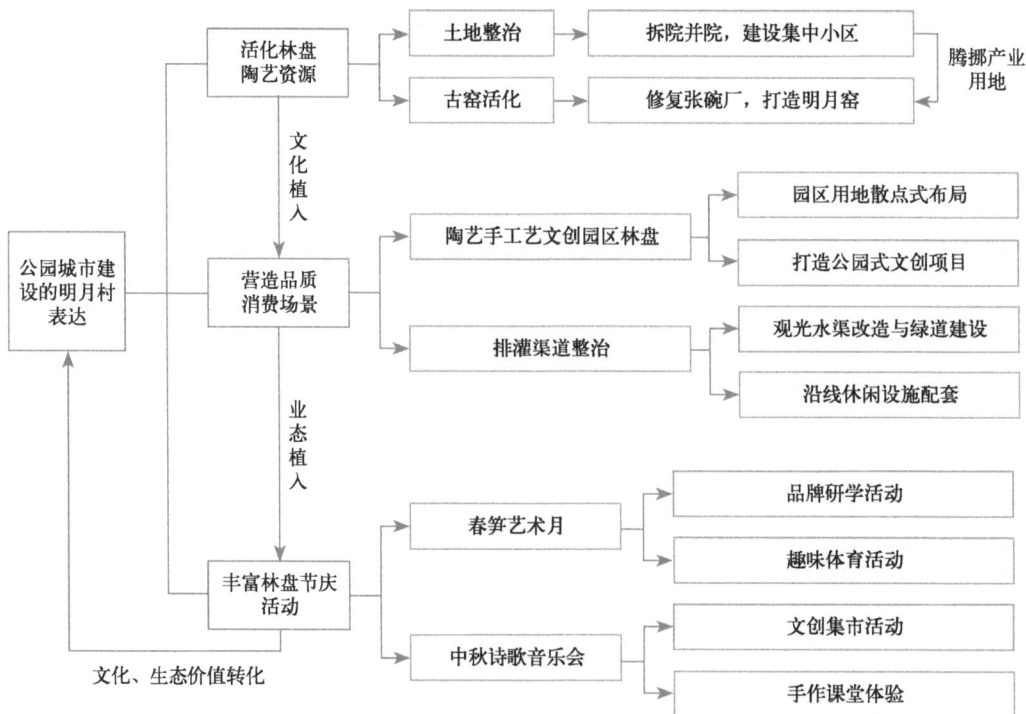

**图 8-25**　公园城市建设背景下明月村林盘的重塑

（1）围绕陶艺手工艺文创园区林盘，打造公园式消费场所

陶艺手工艺文创园区林盘占地187亩，围绕明月窑周边进行更新改造，是明月村依托陶艺发展文创产业的核心载体。该林盘以市场化的运作方式，利用150亩国有建设用地（40年产权的商业用地）引进陶艺工作室、剧场、美术馆、书院、酒店、餐厅、手工艺体验馆、博物馆、自然教育学校等文创项目以及配套公共服务设施。与传统的文创园区开发不同，明月村陶艺手工艺文创园区林盘较早采用了点状供地的模式，在保留当地良好地形、马尾松林的基础上，将150亩建设用地分组团划分为大小不等的17个地块，按照大（15～17亩）、中（9～12亩）、小（3.5～7亩）分成3种类型，不连续地嵌入明月村茶田竹林的生态基底之中，使得各种文创建筑项目沿着主要的乡村干道散落在田间山林中，园区与乡村生态环境和谐地融为一体，漫步园区犹如漫步在乡村公园之中。

在具体的文创项目打造上，陶艺手工艺文创园区林盘内的文创项目摒弃传统封闭式的消费场所设计，通过营造公园式的消费场景，增强文创项目的功能性、游憩性及艺术性，每一个引进项目自身就是一个微型公园。在该设计理念引导下，自2018年起，陶艺手工艺文创园区林盘已陆续建成开放呆住堂艺术酒店、云里艺术咖啡馆、余光堂美学生活馆、樱园文艺餐厅、明月剧场、篱下、青木、善本学堂、明月远家文创园、乡香明月坊、生活世界、邂逅别舍、晓得精品度假酒店、乐毛家乡土自然教育学校等10余个项目（图8-26）。

**图8-26** 陶艺手工艺文创园区林盘文创项目
资料来源：蒲江县人民政府。

以明月远家文创园为例，该项目是四川卫视前主持人宁远创立的远家品牌的美学践行之地，坐落于一片松林竹海间，占地13.5亩，其中三分之二空间为公共区域，整体空间包括了书店、卖场、展厅、餐厅、咖啡厅、剧场、手工教室、茶室、多功能空间、生态菜地与露天花园等，还有作为配套的28间客房及青年旅舍。该项目凭借公园式的消费场景设计被评为2022"最成都·生活美学新场景"。明月远家文创园中，餐厅和咖啡厅不仅可以喝咖啡、用餐，其中还专门打造了一个可供亲子玩耍的儿童乐园；书店推出了"打卡十次赠送一块蛋糕"的活动，吸引村里的小孩前往阅读；卖场专门陈列着远家品牌的服饰，包括草木染系列衣物、应季服饰、手工包袋等产品；展厅是远家生活美学的分享空间，举办的第一场展览便与草木染相关，呈现了草木染的含蓄典雅和制作过程的趣味；多功能空间则用于一月一更的主题艺术展览，展厅空间不大，但可以根据艺术家的实体作品自由切换构造；手工教室给人们提供了体验草木染等各种手工艺课程的机会，浸泡着板蓝叶的染缸、各类染色工具和布料应有尽有，可以同时开展20人左右的活动；位于二层屋顶的茶室是一间充满禅意的玻璃房子，供人看书、品茗、瑜伽、和朋友聊天等；屋顶还设置了一个露天剧场，作为分享音乐、电影和戏剧的场所。

（2）依托排灌渠慢行绿道建设，营造文艺特色品质空间

为进一步放大陶艺手工艺文创园区林盘内文创项目的辐射带动效应，明月村通过明月村排灌渠道综合配套工程，对凉山渠、明月渠进行改造，建设了"凉山渠绿道-茶竹游步道-明月渠绿道"临河慢生活步行道体系，通过营造便捷、有特色的品质生活空间，增强陶艺手工艺文创园区林盘与周边地区的联系。明月村排灌渠道综合配套工程

于2018年8月开工，2019年6月完工，完成了明月村灌区9条渠系的整治，整治总长度11.4km，新建绿道5.2km、黄砂石板步道2.7km，新修驿站2座（图8-27）及渠系绿化工程，完成工程投资3000万元。

图8-27　观光水渠边的驿站
资料来源：成都市公园城市建设领导小组. 公园城市：成都实践[M]. 北京：中国发展出版社，2020：192-193.

在沟渠改造方面，为了与明月村的生态文创氛围相结合，明月村在凉山渠、明月渠的渠底部采用天然河床模式，以大卵石或景观石堆砌形成阶梯状起伏的河床，使水流动时形成跌水，起到净化水质和增加水生生物栖息环境的功效。同时，河道两侧用鹅卵石进行装饰，对两岸原有的乔木进行保护性保留，并在两岸种植草坪和利用彩色陶罐进行装饰点缀，融入了具有文艺气质的明月窑元素，起到既保护乡土元素又提升沟渠景观的效果（图8-28）。改造后的观光水渠还植入了富有趣味的休憩景点，包括许愿池、水管凉亭、兔儿凳子等，供人们拍照打卡留念。

在完成水渠生态修复的基础上，明月村还将水渠两岸道路打造为石板路和健身绿道，绿道建设融入公园城市所倡导的以人为本和空间统筹的理念，有机嵌入互动性、体验性、趣味性等人本化设施与活动，沿线打造了明月主题公园、生态网球场等空间，营造休闲健身、生态游览等游憩场景，进一步完善陶艺手工艺文创园区林盘的休闲运动等配套功能，全面丰富居民生活的游憩体验[1]。

---

[1]  曾九利，唐鹏，彭耕，等. 成都规划建设公园城市的探索与实践[J]. 城市规划，2020，44（8）：112-119.

**图8-28**　改造后的观光水渠
资料来源：明月村村委会。

（3）结合林盘传统节庆活动，植入文化创意业态

陶艺、茶叶、雷竹、手工艺都丰富了明月村林盘的业态链，充实了当地的文化底蕴和历史厚度，而以文化创意业态为代表的新鲜文化载体正逐渐成为明月村林盘的内核和灵魂，由此衍生出的产业和服务都为明月村林盘的价值转化提供了有效路径。2012年，明月村将茶叶、雷竹笋种植等林盘传统农事活动与文创产业发展优势相结合，举办了为期一个月的明月村首届春笋艺术月，意在打造明月村特色文化品牌，扩大明月村雷竹笋品牌的知名度和美誉度，全方位展示明月村作为成都市最大雷竹种植基地的成果，展现农业与文创结合带动产业发展的可能性与实施路径。

随着2018年公园城市理念的提出以及陶艺手工艺文创园区林盘项目的呈现，后续的春笋艺术月活动借助陶艺手工艺文创园区林盘文创项目聚落初步发展成果、明月主题公园等新生活场景营造成效，进一步促进了"文创＋农创＋乡村旅游"深度融合，提升了明月国际陶艺村品牌的知名度和影响力。以2022年第十一届春笋艺术月为例，一方面，本届春笋艺术月继承了往届春笋艺术月中以陶器陶艺、手工艺、茶、雷竹为主题的各种活动，包括依托林盘院落改造引进外来文创项目开展的茶器展、"明月陶"展览、诗歌音乐会、"守望明月"音乐会，以及依托本地村民自主改造林盘院落从事经营项目的明月手工体验、明月雷竹笋品鉴等活动（图8-29）；另一方面，本届春笋艺术月依托明月主题公园内

**图8-29**　明月手工体验活动
资料来源：成都市公园城市建设领导小组. 公园城市：成都实践[M].
北京：中国发展出版社，2020：192-193.

的体育运动空间，植入"明月杯"足球友谊赛和"明月杯"篮球友谊赛等趣味体育活动，拓展了春笋艺术月活动的业态类型，通过体育运动的方式实现林盘生态价值的转化。

而随着陶艺手工艺文创园区林盘内各文创项目陆续建成开放，以明月远家为代表的文创项目开始利用自身文创资源、文创消费场景积极融入春笋艺术月活动，为春笋艺术月增添了更多新场景、新消费、新体验。在第十一届春笋艺术月中，明月远家举办了为期4天3晚的品牌研学营活动，实现研学活动与明月村茶田、竹林以及其他文创项目的联动，进而提高了林盘农业、农创、文创和旅游产品的附加值。

除了明月村春笋艺术月，明月远家更是结合明月村传统的"月是故乡明·明月村中秋诗歌音乐会"文化活动，利用陶艺手工艺文创园区林盘内营造的公共开放空间，联合举办了热闹的"双手做工"市集。通过该市集活动，全国各地近50家小而美手工品牌齐聚明月村；在参与市集的品牌方里，来自明月村的当地品牌也占有一定的比例，包括樱园、平静月、无名简居、火痕工坊、天成农场、翩翩小院、旅游合作社、守望者乐队等明月村的文创、农创经营性项目。村内外文创、农创项目齐聚明月远家，以集市的方式相互交流，带动了明月村林盘具有特色的明月笋、明月染、明月陶、明月酿等系列农创产品的销售[1]，提升了明月村林盘农产品的附加值。

## 8.4　小结

针对特色产业型林盘拥有的优越的产业资源与面临的发展困境，在成都市公园城市建设理念的指引下，林盘重点围绕特色产业资源的价值转化，充分把握特色产业的"产品""生产要素""环境条件"三大属性，将产业资源优势"嫁接"于有形的商品与场景上，并依托灵活的体制机制，推动资源资产化、资产资本化，充分发挥产业资源的经济、社会、文化等综合价值，走出了特色产业型林盘的保护利用路径。基于此，本章选取严家弯湾、竹艺村、明月村3个特色产业型林盘保护修复利用的典型案例，介绍了以资源资产化推动产业发展、以场景营造打造优势产业集群、以品牌化打造提升产业附加值、以文创为核心拓展特色产业链的四种特色产业发展模式。

第一，特色产业的激活与发展，需要搭建集体主导的产业发展组织载体，破解小规模、碎片化难题，推动资源要素的整合与流通。一方面，通过创新产业资源盘活机制，实现资源资产化。部分林盘利用成都市城乡融合试验区、农村土地改革试点、农村集体产权制度改革等政策窗口，启动了确权颁证、生态资源价值核算等一系列工作，为产业资源财产权利的权属明确与权利流转奠定基础。另一方面，以村集体为主体搭建平台，对内整合分散资源，形成规模经济效应，激活产业资源的投资需求；对外则申请与对接多渠道的发展资金，与投资业主洽谈交易、建立合作机制，推进产业资源的有偿使用，

---

[1]　沈概. 乡村文旅品牌传播实践与思考——以四川省浦江县明月村为例[J]. 文化产业，2020（32）：131-133.

保障了产业发展进程的顺利推进和对乡村发展主导权、收益权的控制[1]。如竹艺村前期构建的村集体主导的资源收储机制，通过村集体与村民签署资源流转协议，村民以房屋、土地、特色手艺入股集体产业，为产业发展提供了整合基础与发展空间，实现了集体经济组织更有效率地主导林盘产业资源利用的基本目标。

第二，以"多方合作"模式，优化产业经营方式，实现特色产品的人才与技术赋能。一是积极构建"集体经济组织＋专业化企业＋村民"的政企农合作模式与利益联结机制，引入专业化企业进行人才技术服务与产业经营管理，提升特色产业的发展水平。如竹艺村通过构建"村集体＋高校＋设计师联盟"的合作机制，整合本地和外来的高校人才、设计机构和手艺能人注入乡村，打造产业品牌，推出精品产品，提升产业附加值，并通过村民培训，搭建产业发展的人才矩阵。二是保证村集体与村民搭上产业发展快车，持续分享产业发展红利，避免产业资源流转中的"一锤子"买卖。集体经济组织通过联营、入股等多种方式参与特色产业的发展，并以"保底分红""33211"[2]等多种分红机制设置，释放产业发展效能。如严家弯湾林盘村集体，通过生态系统生产核算入股川派盆景等特色产业发展。

第三，通过场景营造的手法，构建生产型、景观型、体验型等多元乡村产业场景，植入可观可玩可赏的场景功能与场景活动，推动特色产业的多元价值转化。在生产型产业场景的打造上，注重对原料产品因地制宜的保护与利用，通过创意性的造型设计、休憩设施的铺设等方式，推动产地变景区。在景观型产业场景的营造上，推动林盘林木、水系等生态要素保留，保护传统林盘的空间结构，鼓励和引导林盘中竹材料、青砖黛瓦等乡土材料的使用，传承川西林盘的乡村栖居模式，打造特色林盘产业的背景。如明月村依托7000亩雷竹林与3000亩茶园重点推出的"竹海茶山"秀美生态景观场景、竹艺村通过改建和新建建筑营造的"乡愁竹韵"民居场景，为林盘营造了安逸闲适的总体意境，搭建了极具乡土美学与乡野魅力的林盘生产生活场景，使人们在林盘的观光与体验中移步换景、拥抱自然。在体验型产业场景的营造上，充分利用产业生产链条上的各类空间要素、产品要素、文化要素，以文化地标、艺术造景、网红打卡点等方式进行引爆性创意设计和差异化打造，打造可进入、可体验、可观赏的乡村体验-消费空间，并积极策划相关产业主题的自主IP活动，植入乡村旅游、体育赛事、商务展览、文化创意等绿色消费业态，推动产业链的延伸拓展，吸引城市关注，推动流量变现。如竹艺村的非遗集市、严家弯湾林盘的摄影文化艺术节等活动，打造了个性化的乡村"竹编""盆景"等场景品牌，起到了推动品牌持续运营，加快品牌效应扩散，推动场景功能与市民、游客、产业需求精准匹配，不断释放林盘吸引力的作用。

---

[1]　贾晋，刘嘉琪. 唤醒沉睡资源：乡村生态资源价值实现机制——基于川西林盘跨案例研究[J]. 农业经济问题，2022（11）：131-144.

[2]　"33211"即村集体分红30%，合作社分红30%，农户分红20%，保障基金账户分红10%，公益事业账户预留10%，从而实现"一份土地，五份收益"，以保障村民增收和助力乡村发展。资料来源：陈忠娟. 龙城区召都巴镇召都巴村党建引领描绘乡村振兴美丽新画卷[N]. 朝阳日报，2022-05-26(002).

# 第9章
# 综合聚居型林盘典型案例

综合聚居型林盘一般依托原有林盘按规划新建而成，主要是对土地整治、土草房改造和偏远社区的住户进行集中安置的新建聚落。这类新型林盘也吸取了传统林盘的建设经验，注重环境景观的培育，在满足现代人居住功能需求的同时，也促进带动相关产业的发展。本章选取成都市郫都区战旗村、郫都区青杠树村、温江区幸福村3个林盘为典型案例，阐述综合聚居型林盘的土地盘整、空间营造和业态植入过程，具有较强的示范效应。

## 9.1  "示范带动+区域统筹"优化林盘聚落格局——郫都区唐昌镇战旗村林盘

战旗村隶属郫都区唐昌镇，地处郫都区、彭州市和都江堰市3区（市）交界处，距离成都市中心城区45km，位于成都市1小时交通圈范围内。战旗村拥有柏木河、柏条河，有着深厚的历史和良好的生态本底，是沙西线休闲农业与乡村旅游的重要节点（图9-1）。战旗村原名集凤大队，1965年在兴修水利、改土改田活动中成为一面旗帜，故改名战旗大队，后改为战旗村。在与金星村合并前，全村面积约2.06km²，耕地面积1930亩，总人口约1700人。2020年初，因村建制调整，战旗村与金星村合并，现在全村面积5.36km²，耕地面积5441.5亩，辖16个村民小组，1445户4493人。

战旗村是川西平原地区较早发展集体经济，实施土地流转，实现林盘土地价值转换、发家致富的典型示范村。2007年，战旗村被列为"全国统筹城乡综合配套改革试验区"试点后，开始开展土地综合整治与"拆院并院"。2009年，将原先35个分散的村庄居民点，整合为一个占地约16hm²、配套设施完善的现代社区林盘，安置了全村96%的人口，助推全村建设用地的集中[1]（图9-2）。

随着"拆院并院"腾挪出大量的可利用土地空间，自2010年起，战旗村利用自然

---

[1] 李和平，贺彦卿，付鹏，等. 农业型乡村聚落空间重构动力机制与空间响应模式研究[J]. 城市规划学刊，2021（1）：36-43.

图9-1　战旗村区位

资料来源：根据四川测绘地理信息局公布的成都市标准地图[审图号：图川审（2016）018号]绘制，底图无修改。

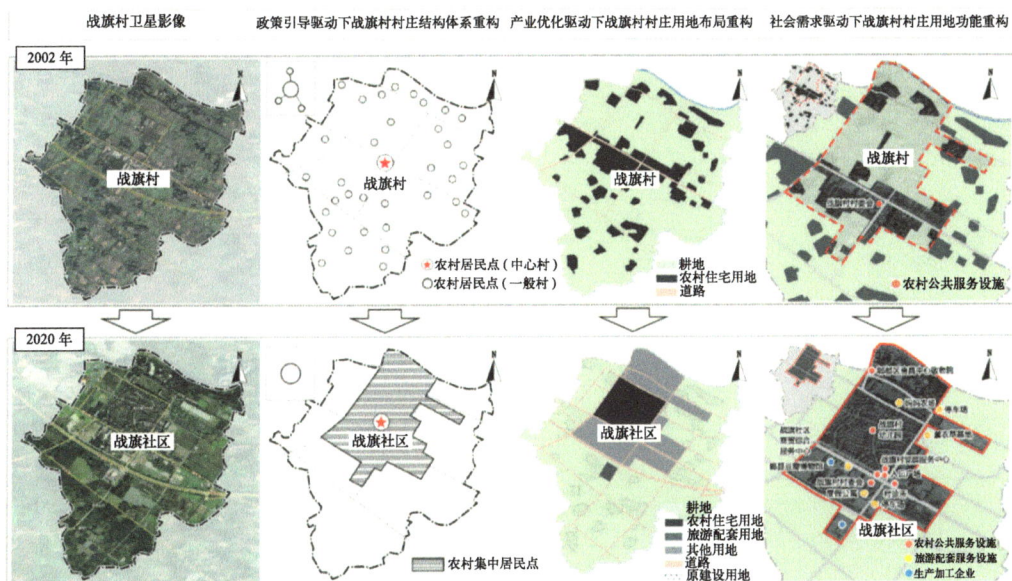

图9-2　战旗村林盘空间重构

资料来源：李和平，贺彦卿，付鹏，等. 农业型乡村聚落空间重构动力机制与空间响应模式研究 [J]. 城市规划学刊，2021（1）：36-43.

风景优美、临近成都市区等区位优势，开始通过土地出租的方式，引进了多个农业旅游体验项目，发展乡村旅游经济，推动战旗村一二三产联动发展。2012年，战旗村与成都第五季投资有限公司合作打造了郫都区第一个4A级创意农业观光景区——妈妈农庄，打造了四川省第一家规模化薰衣草种植基地；2013年，引入四川蓝彩虹生态农业有限公司，流转了160亩土地发展蓝莓基地；2014年，引入成都裕祥农业科技有限公司，流转了合作社土地60多亩，用于打造冬草莓园。2015年，战旗村将村集体所办复合肥厂、预制厂和村委会老办公楼占用的闲置集体经营性建设用地13.447亩挂牌拍卖，成功敲响了四川省集体经营性建设用地入市的"第一槌"[1]。同年，战旗村注册成立郫县唐昌镇战旗资产管理有限公司，并于2016年与四川迈高旅游资源开发有限公司[2]合资成立四川花样战旗旅游景区管理有限公司，投资7000余万元打造"第五季香境"商业综合体[3]，该综合体于2018年4月正式启动运营（图9-3）。

图9-3 战旗村综合聚居型林盘平面

[1] 谢小芹. 调适型政策试点：基于"行政控制-社会动员"视角下的试点分析——对四川省战旗村"集体经营性建设用地入市"的田野考察[J]. 南京农业大学学报（社会科学版），2021，21（3）：159-166.
[2] 四川迈高旅游资源开发有限公司是成都市郫都区一家专门从事村镇发展服务的企业，从区域策划、设计、建设到落地运营全链条参与。
[3] 宋绍繁，杜锁平，曾浪. 与时代同频共振走改革兴村之路——战旗村农村土地制度改革的经验与启示[J]. 资源与人居环境，2019（2）：10-14.

随着2018年公园城市建设理念的提出，战旗村坚持先行先试，探索林盘生态价值多元转化新路径（图9-4），自主修建了"乡村十八坊"特色商业街项目。该商业街营造了"可进入、可参与、可游玩"的新消费场景，展现了川西林盘深化农商文旅体融合发展的生动实践。

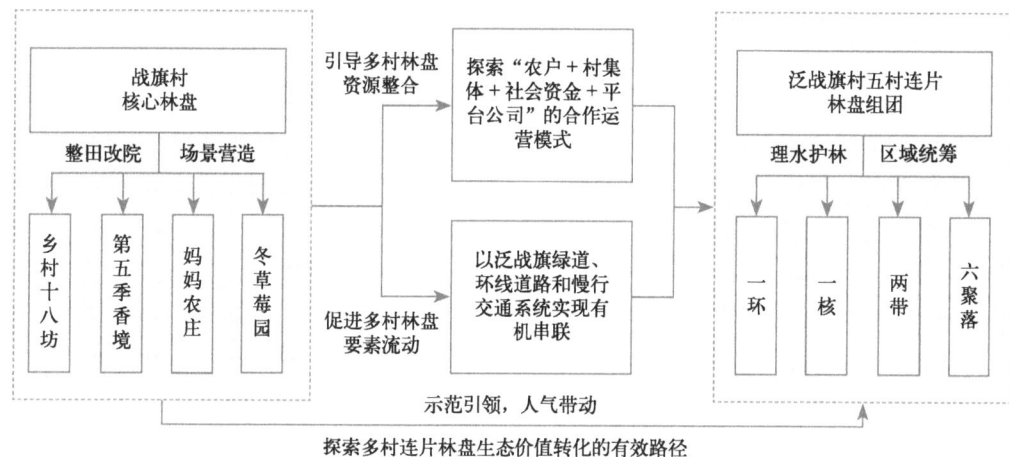

**图9-4** 泛战旗村的林盘片区统筹发展模式

2018年底，战旗村开启了全国乡村振兴多村连片发展的先河，联合横山村、火花村、西北村、金星村等周边共2.6km²区域打造泛战旗村五村连片林盘组团，在林盘生态本底基础上，陆续植入了吕家院子、四川战旗乡村振兴培训学院等乡村旅游及教育培训业态，造就了宜居、宜业、宜游公园城市的乡村表达，进一步发挥着战旗村林盘在新时期乡村发展中的核心示范引领作用。2021年，战旗村接待游客106万人次，实现旅游收入4669万元，较2017年分别增长160%、133%，先后被中央组织部、农业农村部等授予"全国文明村""全国乡村振兴示范村""全国先进基层党组织""中国美丽休闲乡村"等荣誉称号。

（1）营造公园式新消费场景，推动农商文旅体业态融合

2018年8月8日，总占地面积约80亩的战旗村农商文旅体综合示范项目"乡村十八坊"正式运营，标志着战旗村林盘从发展农业旅游，走向农商文旅体跨界融合发展的新阶段。"乡村十八坊"是战旗村利用林盘闲置空间，由村集体经济股份合作社自主出资、自主设计开发的林盘农商文旅体项目，不仅丰富了战旗村林盘业态，也让村集体增收途径更加多元化，是推进乡村振兴的生动实践。

"乡村十八坊"曾经是村里关闭的养猪场、酱菜厂等废旧厂房聚集地，内部手工艺小作坊云集，随着时代发展，这些小作坊大多由于环保问题而面临关门歇业。为保护传统工艺，为传统工匠提供继续就业的去处，战旗村村委会主动承担并设计建设"乡村十八坊"，其消费场景营造手法与业态植入策略，为公园城市建设理念下的林盘生态价值多元转化提供了示范样本。

在消费空间营建方面，战旗村通过腾退林盘老院落、文化大院和养猪场，整理出50余亩闲置集体建设用地用于打造乡村十八坊。乡村十八坊的打造尽可能采用原先在拆迁改造、古建修缮中保留下来的砖瓦木头等材料，将村民闲置的猪圈、柴房、鸡鸭舍、烂水沟等区域进行环保利用改造，以期最大程度还原川西林盘的传统风貌，配合以回廊蜿蜒、小桥流水等生态要素，营造了一个典型的拥有川西民居风格和传统乡村景致的公园式乡土整体空间。

公园式消费空间建成后，乡村十八坊采取店家出产品、村集体出固定资产的方式联合经营，按照"免租+押金+10%营业额分红"模式公开竞拍、择优选取入驻店家，第一年免租金，一年后经营收入按比例分成，成功吸引了村内外乡村工匠入驻，将原本散落在战旗村及周边林盘里的小作坊集中起来，建成了豆瓣坊、酱油坊、陶艺坊、榨油坊、布鞋坊、蜀绣坊、竹编坊、布染坊、酒坊、账房、文创坊、豆腐乳坊、蜜味坊、酱菜坊、朱花坊、石磨坊、辣椒坊、板鸭坊等传统工艺作坊，主要展示布鞋制作、郫县豆瓣加工、榨油、蜀绣刺绣等多项传统民俗工艺。后期，乡村十八坊还将进一步扩建，用于发展餐饮、亲子体验等项目。

乡村十八坊采用"前店后坊"的川西作坊模式，坊内大多店铺都是集销售、展示和生产于一体，都有相应的生产或者展示空间，游客既可以游览参观每个坊的工艺产品生产过程，又可以参与工艺产品制作的互动体验，现场感受浓郁的川西传统文化风韵以及一丝不苟、精益求精的工匠精神，还可以购买传统工艺产品。如郫县豆瓣博物馆，被划分成了"前店"与"后坊"，一边销售豆瓣商品，一边通过收藏的2000多口传统晒坛和还原的70多个古窖池，展示豆瓣制作工艺和文化，让游客亲自参与制作过程。而唐昌布鞋坊直接把制作车间搬到乡村十八坊，所有制作工序原原本本呈现，集生产、销售、互动于一体，既让大家知道布鞋的制作过程，也让大家了解小小的布鞋背后蕴含的传统文化。在此场景内，乡土自然人文设施组合成了典型的传统乡村空间，在游客参与的具体实践中，传统乡村生产空间得到完美呈现；加之传统节庆民俗活动的有效开展，游客得以在乡村十八坊这一场景中直观地感受和参与乡土实践，最大程度地领略这一场景所展示的传统文化价值观[1]（图9-5）。

（2）打造泛战旗村林盘组团，实现多村连片协同发展

为进一步发挥战旗村在新时期乡村发展中的示范引领作用，以战旗村为核心，整合周边横山、金星、火花、西北4个村共2.6km²区域，形成五村连片区域，合力打造全国乡村振兴多村连片发展示范区[2]。

根据泛战旗村五村连片示范区发展规划方案，泛战旗村五村连片示范区按照"一村一风格、一片区一特色"的思路，以战旗村为核心，依托山、水、田园、林盘等资源要素，规划布局"一环、一核、六聚落"的功能结构，将周边火花、金星、横山、西北4

---

[1] 陈姝颖. 基于场景理论的文化动力型乡村振兴模式探析[J]. 大理大学学报，2021，6（7）：93-99.

[2] 范颖，苟建汶，李果. 城乡融合引领下乡村空间生产与"乡村+"发展路径探讨——成都公园城市城乡融合乡村振兴典型案例的启示[J]. 农村经济，2021（7）：136-144.

战旗村的"乡村十八坊"

村进行"一盘棋"统筹规划。其中，"一环"以环村绿道、锦江绿道、战旗-横山绿道、柏木河绿道为依托，串联功能核心和各功能组团；"一核"依托战旗社区作为战旗旅游服务核心，结合乡村振兴学院、乡村十八坊等项目，引领并服务区域发展；"六聚落"依托并提升现有资源，形成6个主题鲜明、各具特色的林盘聚落，即归源林、百花林、清音林、农科林、流香林、竹轩林，分别承载田园主题乐园、创意文化体验、户外休闲运动、农林科创研发、特色美食民宿、农事科普教育功能（图9-6）。

（3）以战旗村林盘为核心，引导周边林盘资源要素有序高效流动

随着战旗村创新土地经营、发展集体经济的示范效应显现，慕名而来的游客日益增多，在贯彻公园城市建设理念的新时期背景下，战旗村林盘凭借先行先试的示范引领作用和较高的游客流量，积极与周边林盘空间联动，引导资源要素有序高效流动，探索多村连片的林盘生态价值转换路径。

以金星村吕家院子生态休闲主题林盘改造为例。战旗资产管理有限公司探索"农户+村集体+社会资金+平台公司"的合作运营模式，通过创新"保底+溢价分红"生态分红方式，战旗村将林盘空间生态资源作为集体资产进行包装策划，引入社会资金合作开发，合理确定村民、村集体和企业分红系数，实现集体资产增值、企业增效、

农民增收。2019年，战旗村在金星村村民自愿互惠基础上，通过租用方式流转了金星村吕家院子现有住户的宅基地、林地、农用地以及闲置房屋，随后引入国有平台公司，对林盘进行外部风貌打造，整体提升了吕家院子的林盘风貌，并吸引社会资金注入火锅、烧烤、民宿等休闲旅游业态。每个进驻吕家院子的业态运营企业，与战旗村按照"保底租金+营业额分红3%"的模式合作，即在支付月租金的基础上，约定每月给战旗村村集体月营业额3%的分红，用于生态环境与公共空间品质的维护改善，实现多方共赢。

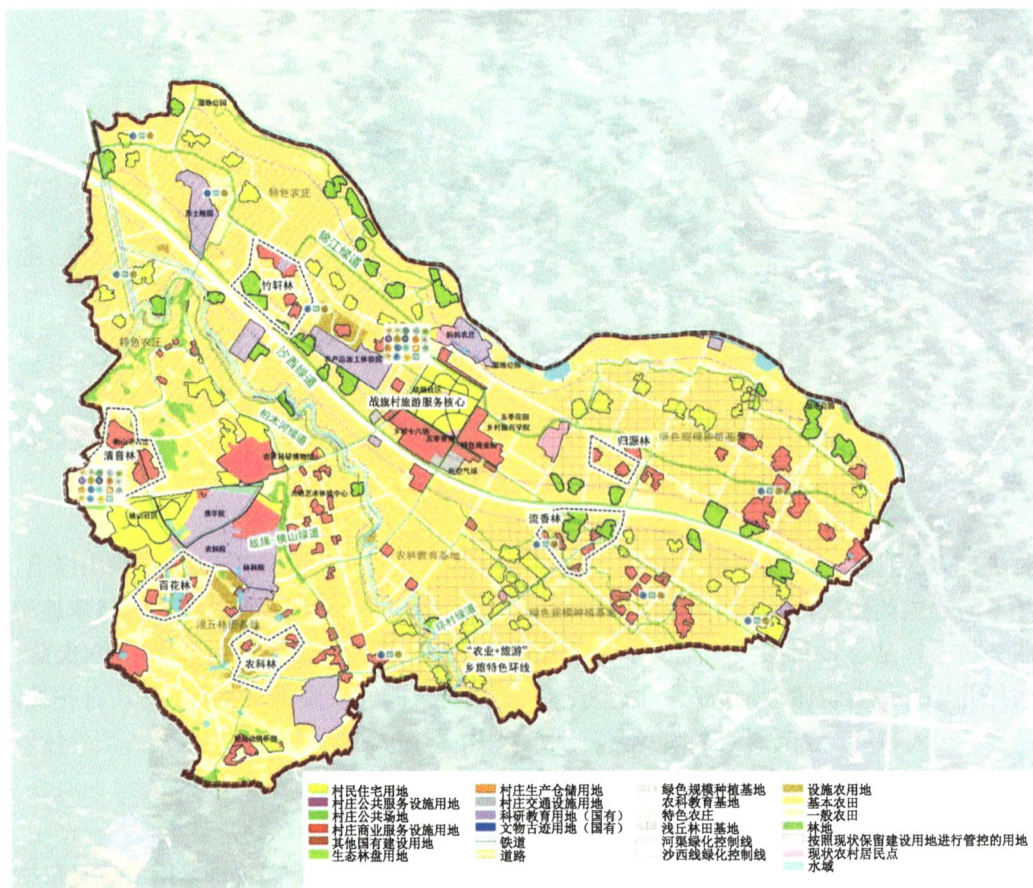

**图9-6  泛战旗村五村连片示范区规划布局**

资料来源：刘欣，周姝雯，谢超.乡村振兴战略下的实用性村规划编制——以战旗五村连片村规划为例[C]//中国城市规划学会.面向高质量发展的空间治理——2020中国城市规划年会论文集（16乡村规划）.北京：中国建筑工业出版社，2020:170-180.

战旗村成功带动盘活金星村吕家院子林盘等闲置资源，有效利用集体土地70余亩，打造了唐宝路特色商业街等，鼓励村民利用闲置房屋资源发展民宿、茶馆，进一步拓宽增收渠道，集体资产增加1000余万元（图9-7）。

图9-7　吕家院子

　　同时，战旗村主动融入五村连片林盘组团建设，坚持公园城市建设理念，全面梳理区域的土地、房屋、林盘等资源，将农村道路、田间耕作道路和四级绿道有机串联，建设全域林盘大公园，共享战旗品牌。目前，五村连片林盘组团已建成1km锦江绿道（战旗村段）（图9-8），连通战旗村、金星村，并建成大田景观、生态湿地等，是泛战旗村五村连片景区建设中的重要一环。除已建成的锦江绿道（战旗村段）外，战旗村未来将以泛战旗村片区4.8km锦江绿道为主轴，建设环线道路和慢行交通系统，实现周边火花村及西北村特色林盘、柏条河和柏木河湿地、横山村和战旗村田园综合体的有机串联，带动泛战旗村片区居住型林盘院落整治。同时，建设"横山花湖"湿地项目，建设1000亩高标准农田，实行水旱轮作稻鱼共生；打造5000亩大田景观，塑造"田成方、树成簇、水成网"的乡村田园锦绣画卷，构建天然的大景区、生态的大公园（图9-9）。

图9-8　锦江绿道（战旗村段）

**图9-9**　泛战旗村片区大地景观
资料来源：叶华. 建好堡垒 在乡村振兴中走在前列、起好示范——四川省成都市郫都区战旗村"战旗飘飘，名副
其实"[J]. 乡村振兴，2022（7）：43-45.

## 9.2　土地重划推动林盘适度集聚发展——郫都区三道堰镇青杠树村林盘

　　青杠树村位于徐堰河与柏条河之间，隶属郫都区三道堰镇。现青杠树村是2020年
由原青杠树村和原程家船村合并而来，是三道堰镇所辖村中到成都市区最近的村，与成
都市区距离约17km，车程约20min，沙西线从村落的西侧穿村而过，交通条件优势突出
（图9-10）。

　　长期以来，我国农村土地存在产权主体不明晰、产权边界不明确等问题，造成了土
地分散、零碎经营的困境[1]，不仅损害农民利益，也极大地限制了乡村的建设与发展[2]。
现代产权学派认为，通过明确产权，可以降低交易费用，实现在市场机制下的资源配置
优化。基于此，中央政府近年来陆续出台了多项改革措施，各地政府纷纷开展了围绕农
地产权的农地制度改革创新，出现了"山东枣庄模式""宁夏平罗模式"等多种农地产

---

[1]　郭晓鸣. 中国农村土地制度改革：需求、困境与发展态势[J]. 中国农村经济，2011（4）：4-8，17.

[2]　阮建青. 中国农村土地制度的困境、实践与改革思路——"土地制度与发展"国际研讨会综述[J]. 中国农村经济，
　　　2011（7）：92-96.

**图9-10** 青杠树村区位
资料来源：根据四川测绘地理信息局公布的成都市标准地图［审图号：图川审（2016）018号］绘制，底图无修改。

权改革模式[1]。2014年，郫都区成为全国33个新土改试点之一，开展了"三块地"试点工作（即农村土地征收、集体经营性建设用地入市和宅基地制度改革），为畅通土地流转机制进行了积极探索。原青杠树村启动了土地综合整治行动，运用"小规模、组团式、微田园、生态化"理念进行土地整治，为综合聚居型的林盘建设提供了经验。综合整治建设后，青杠树村的林盘特色得以恢复，并获得了"成都市乡村旅游特色村""中国美丽休闲乡村""四川省乡村旅游创客基地""国家4A级旅游景区"等称号。

（1）通过土地整治重塑传统川西林盘

首先，土地整治为林盘空间重构提供了外部机遇。从2008年起，青杠树村（本节下文的"青杠树村"，均指"原青杠树村"）作为成都市和郫都区（2016年撤县设区，由郫县改为郫都区）的试点地区，进行了一系列的农地改革。2008年，成都市推行"确权颁证、还权赋能"土地改革，青杠树村在此轮土改当中完成了全村土地确权颁证。2012年，青杠树村被纳入郫县重点打造的3个小规模、组团式、微田园、生态化（以下称为"小、组、微、生"）示范村之中。2013年，青杠树村启动了土地综合整治行动，按照"农民主体，政府引导，市场运作"的原则，运用"小、组、微、生"理念进行土地整

---

[1] 杜朝晖. 我国农村土地流转制度改革——模式、问题与对策[J]. 当代经济研究，2010（2）：48-52.

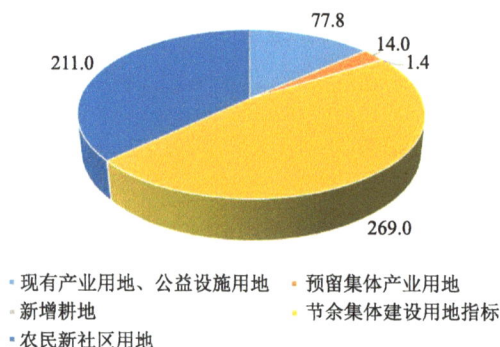

- 现有产业用地、公益设施用地
- 新增耕地
- 农民新社区用地
- 预留集体产业用地
- 节余集体建设用地指标

**图9-11**　青杠树村土地产权流转整理土地情况（单位：亩）

治。青杠树村在土地整治过程中，一是以村为单位，将零散闲置的土地（主要是宅基地）进行集中整理并复垦，将原来的11个自然村及其他相对分散的建设用地合并，建设相对集中的居住组团；二是在摸清全村建设用地总量后，对全村573.2亩的建设用地进行统筹安排（图9-11）；三是通过流转农地经营权的方式，将集体经营性建设用地入市。目前，青杠树村已将97.48亩集体经营性建设用地挂牌出让，获得了5848.8万元的土地出让收入，并吸引社会资金上亿元[1]。

通过土地整治，青杠树村实现了对低效建设用地的盘整，在减少低效建设用地的同时，将农村居住、产业、农业、生态用地进行集中，极大改善了原林盘建设用地分散、占用农田较多、乱搭乱建情况突出、林盘风貌受到破坏等问题，有效恢复并凸显了川西林盘的地域空间特色。

青杠树村将原有的11个分散的居民点集中为9个农村社区，腾退了被占用的农田和生态用地，并将一部分节余出来的建设用地改为农业用地，有效地恢复了川西林盘的传统风貌（图9-12、图9-13）。同时，对林盘的生态空间进行改造和整治，新建农民社区把水系串联到每一个聚居点，并将连片低槽田改造成生态湿地，打造"香草湖景区"。此外，在建设过程中，该村有意识地保护林盘周边的林木资源，在9个农村社区规划中，所有的房屋、道路建设，都必须遵循一条铁的规定——不改变田园肌理，不破坏河流沟渠，不砍伐成型竹木。

在土地整治后，青杠树村林盘的传统空间特征更加显著，林盘周边的生态环境也得到了较大的改善，传统的林盘风貌正在逐步恢复（图9-14）。

其次，多元社会资金提供了林盘空间重构的内生动力。在进行土地整治后，青杠树村通过引入多元社会资金促进林盘产业快速发展。一方面，建立起以村民为主体的村落内部社会网络，成立青杠树村集体资产管理公司、青杠树村经粮合作社等村民组织发展林盘产业；另一方面，通过接入外部社会资金，引入社会企业、高校资源、社会能人等外部力量，为林盘经济发展注入活力。

村民筹建了青杠树村集体资产管理公司，由村民议事会制定组建集体资产管理公司的方案，经村民会议表决通过后，各村民小组通过会议选举股东代表来保障每位村民的

---

[1]　汪越，刘健，薛昊天，等．基于土地产权创新的乡村规划实施探究——以成都市青杠树村为例[J]．小城镇建设，2018（1）：26-32.

利益，被选举的股东代表和小组内村民达成协议；小组选举的股东代表开会讨论形成公司章程，进一步选举公司的董事会和监事会。而对于一般村民而言，村民以土地入股，参与组建青杠树村集体资产管理公司。在成立了集体资产管理公司后，青杠树村引进外部专业管理人才，共同成立了香草湖景区管理有限公司，对香草湖景区进行运营

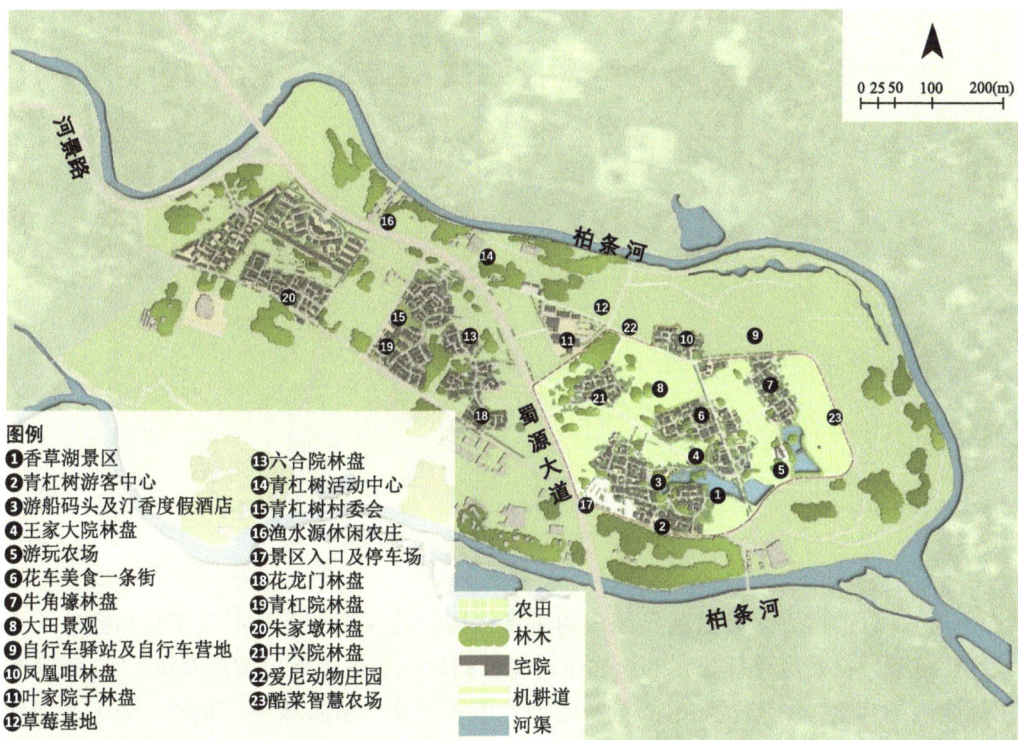

**图例**

❶香草湖景区
❷青杠树游客中心
❸游船码头及汀香度假酒店
❹王家大院林盘
❺游玩农场
❻花车美食一条街
❼牛角壕林盘
❽大田景观
❾自行车驿站及自行车营地
❿凤凰咀林盘
⓫叶家院子林盘
⓬草莓基地
⓭六合院林盘
⓮青杠树活动中心
⓯青杠树村委会
⓰渔水源休闲农庄
⓱景区入口及停车场
⓲花龙门林盘
⓳青杠院林盘
⓴朱家墩林盘
㉑中兴院林盘
㉒爱尼动物庄园
㉓酷菜智慧农场

农田
林木
宅院
机耕道
河渠

**图9-12**　青杠树村整治后总平面

2012年建筑分布

2017年建筑分布

**图9-13**　青杠树村土地整治前后建筑分布对比

资料来源：敬丹. 成都市边缘社区发展模式与规划设计研究——以郫县青杠树村社区为例[D]. 成都：成都理工大学，2014.

**图9-14** 青杠树村香草湖景区风光

（图9-15）。目前，香草湖景区已经成为了青杠树村的核心景点，形成了较为完整的文旅产业链条。在景区管理公司的运作下，青杠树村已引进"酷菜智慧农场""汀香（乡村）度假酒店""水上高尔夫""汽车营地"等乡村文化旅游项目。此外，景区依托新建设的新型农民社区，在田地间、沟渠边、河畔修建了慢行道，强化了农业观光功能（图9-16）。

在香草湖景区管理有限公司成立后，村集体资产实现了有效的保值增值，村民按股份分红获得的收益也不断增加。2016年，香草湖景区管理有限公司采用多种经营方法，

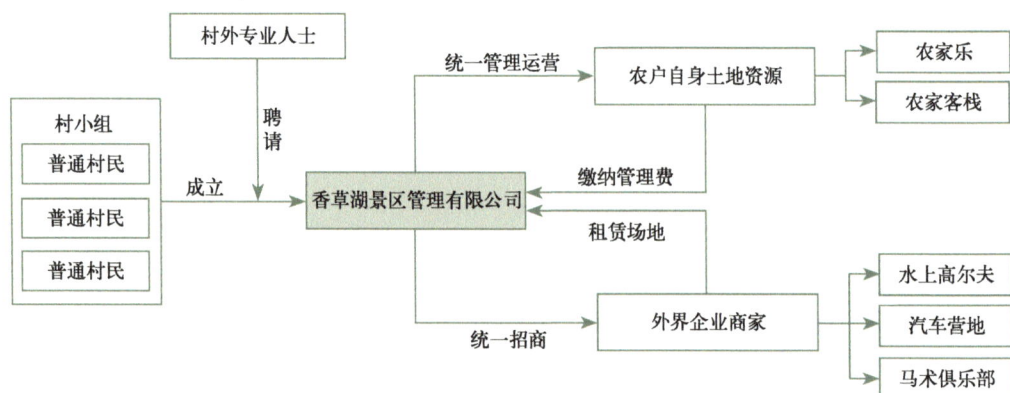

**图9-15** 青杠树村香草湖景区管理有限公司运营模式

香草湖景区游客中心　　香草湖景区乡村会客厅酒店

香草湖景区公厕　　香草湖景区配套停车场

**图9-16**　青杠树村香草湖景区基础设施配套

如土地出租、房屋出租、停车场经营、商业设施运营管理等，实现盈利234万元，村民股东平均增收300元。2017年，青杠树村全年接待游客60万人，带动就业800余人，农户增收600余万元。

除了打造香草湖景区外，青杠树村通过农用地经营权流转，引导适度规模经营，建立了1000亩的优质粮油和"稻鱼共生"种养基地，打造了"香草湖"农产品品牌，并且按照"互联网+"的思路与电子商城合作，构建了完善的线上线下销售渠道。其中最为成功的是引进了广东电商"向果"，启动了700亩优质粮油和花卉种植基地建设，以旅助农，农民收入大幅增加（图9-17、图9-18）。

此外，近年来随着青杠树村与程家船村合并，专业文旅企业实力集团被引入林盘建设。利用郫都区作为全国首批33个农村集体经营性建设用地"入市改革"试点的政策机遇，村庄与企业共同打造了诗里田园文化旅游项目。项目总占地约1830亩，利用交通优势，以"农业+创意+旅游"为核心，打造宜商、宜居、宜办公的新型田园度假区，提供集农事体验、休憩度假、文化寻根、宜居商圈为一体的度假生活场景，满足全周期、全时段、全年龄段的田园生活体验需求。项目开发坚持保护和发扬林盘特色，构建了7个点状林盘组团，提供建筑面积45～182m²的多种叠墅小院居住空间。项目较好地保留了建筑组团与大田、水系、道路和林木的关系，体现了川西平原的自然与人文特色，是川西林盘传统聚落空间与乡村旅游新业态的完美结合。诗里田园文化旅

香草湖自行车俱乐部

九乐儿童乐园

爱尼动物庄园

军事野营俱乐部

图9-17    青杠树村香草湖景区外界商家经营业态

图9-18    青杠树村香草湖景区农户经营业态

游项目在2020年被评为成都市乡村振兴重点示范项目，获得2020年产业运营项目优秀品牌称号（图9-19、图9-20）。

**图9-19**　诗里田园项目设计效果
资料来源：诗里田园售楼部。

**图9-20**　诗里田园项目新林盘（上）及核心景区（下）实景照片

（2）"小、组、微、生"理念优化林盘聚落结构

在进行土地整治后，青杠树村将原来的11个自然村以及其他一些零散的建设用地整合成9个农村社区，按照"小、组、微、生"（小规模、组团式、微田园、生态化）的原则进行建设，妥善处理大田、水系、林木、道路和院落的关系，力图体现传统川西林盘的特色与风光。

"小"——控制人口规模，还原林盘特色。"小"是指"小规模聚居"。在控制林盘规模方面，青杠树村坚持"小规模"模式进行规划建设，严格控制每个林盘（农村社区）的规模大小（表9-1）。从人口数量上看，小规模体现在户数少，大部分新建林盘的户数控制在100户以下，户数最多的不超过150户，单个新建林盘总人数最多只有300余人；从空间方面看，小规模即体量小，要实现"聚居适度""一户一宅"，避免一味追求大体量、村民盲目上楼的状况。

表9-1 青杠树村改造后的农村社区规模

| 新社区名称 | 安置户数 / 户 | 安置人数 / 人 |
| --- | --- | --- |
| 青杠院 | 139 | 336 |
| 六和院 | 109 | 322 |
| 花龙门 | 84 | 257 |
| 朱家墩 | 78 | 198 |
| 中兴院 | 61 | 148 |
| 凤凰咀 | 46 | 116 |
| 牛角壕 | 71 | 172 |
| 王家院子 | 98 | 250 |
| 窦章堰大院 | 145 | 374 |

"组"——改院修道，优化林盘组团空间布局。"组团式布局"是在林盘组团设计时，充分考虑利用原有的林盘水系、山林、农田，并考虑农民生产生活半径，以"院落"为组合单位，以村民小组的中心或交界点布局聚居组团，恢复"院在田中、院田相连"的传统川西林盘风貌。在院落改造方面，青杠树村的新组团布局强调院落组团间留有足够的生态距离和空间，在整体规模既定的基础上，合理设计内部各部分的布局，形成自然有机的组团布局形态。即便是新开发的诗里田园项目，也较好保持了林盘的组团式空间布局，力求居住组团与自然环境的协调融合。同时，在林盘道路优化方面，青杠树村除了提升道路品质，增强林盘可达性外，还通过适度的景观化打造，将林盘乡村道路营造为风景长廊，将农户庭院、农事设施等塑造为特色景观节点；并结合成都市天府绿道建设，充分利用现有村道、组道、机耕道、河堤道、园林道进行绿道改造，形成相互贯通的绿道网络体系。经过道路改造提升，林盘的可达性与景观性都得到了优化（图9-21、图9-22）。

"微"——筑庭建院，满足农家生活需求。"微田园"理念就是在相对集中的民居中，规划出前庭后院，让农民在房前屋后因地因时种植，形成"小菜园""小果园"，保持房前屋后的田园风光和农村风貌。在每户民居前后都留出一定的前庭后院，使村民可以在自家庭院内种植蔬菜瓜果花卉，打造自家的小菜（花）园，或是接待游客。院落和民居设计充分考虑了村民的农家生活习惯，在保留了原有川西林盘民居特色的基础上，与现代新兴产业的需求进行有机融合，较好满足了村民的实际生活需求。除此之外，在相对集中的民居建设中，房屋样式与建筑材料也因地制宜地体现蜀地特色与地域文化。在建筑形态上，以川西民居为主基调，融入现代生活的功能需求，聚居点内房屋高低错落、疏密有致，采用坡屋顶、冷摊瓦的建筑样式，建筑色彩以灰色、白色为主要色调，与传统川西民居一脉相承。同

图9-21　诗里田园项目局部平面示意
资料来源：诗里田园售楼部。

图9-22　改造后的青杠院林盘道路（左）和窦章堰大院林盘道路（右）

时，在民居组团内部，通过景观节点、农耕博物馆等重现青杠树村昔日水陆码头的繁华景象，将清代老垸子、百年古井等文化遗迹加以改造和景观化处理，在拆旧过程中对有价值的房屋构件、生产器具等进行收集保护，为传承水乡文化留下珍贵的资料（图9-23）。

图9-23　改造后的农房与前后院落

"生"——整田护林理水，维育林盘生态空间。"生态化"建设主要体现在整田、护林和理水等方面。首先，对林盘周边的田地进行保护整理，通过土地整治，农田得到了有效整合，农地的破碎化程度下降，为农业统一经营和保护农田的生态功能提供了保障。其次，在林木保护方面，林盘建筑要尽量减少对生态环境的破坏，新的林盘建筑应融入自然环境之中。青杠树林村委会规定严禁私自砍伐破坏居住区的树木、竹林，尤其对于胸径在0.15m以上的树木要登记造册予以保护。在林盘建设过程中，尽量保留原有的大型林木，依树建房，让房于树，并在每个建筑组团周边都新种植了不少的林木，新建的林盘组团能较好地体现出川西地区独特的"田园风光"。再次，对于水系的处理，青杠树村依据"生态化"原则，严格保护河流水系的水质与水岸。在建设过程中，提出要加强保护沿河岸生态环境，对沿河景观进行生态化设计，禁止在主要河道和周边河流挖沙取土，保持村域内河流水系的自然走向和自然形态。此外，对香草湖驳岸的设计也以生态性原则为主，在湖泊的边缘种植美人蕉、荷花等适宜在水环境下生长的植物。同时，在建设中还适当地加入了具有乡土特色的景观小品，在美化环境的同时，也突显了地域文化特色（图9-24）。

图 9-24　改造后的农田、柏条河及其河岸

## 9.3　空间格局重构赋能林盘价值转换——温江区万春镇幸福村林盘

幸福村隶属于温江区万春镇，村域面积3.1km²，辖12个村民小组、880户、2379人。幸福村地处生态大道与成都第二绕城高速交界处，距离温江城区仅6km左右，距离成都市区不足20km。幸福村位于成青旅游快速通道上，该快速通道不仅可以串联起都江堰和青城山等温江区外的著名旅游景区，还可串联起国色天香、陈家栀杆、鱼凫国故址等温江区内的旅游景区，地理和资源优势明显（图9-25）。

幸福村是成都市农村产权制度改革和土地综合整治试点区域，是较早完成了农村新型社区建设，在保护利用传统川西林盘的基础上实现农村经济转向、村集体经济内生循环的典型示范村。在成都市实施城乡综合配套改革、公园城市建设、乡村振兴的一系列政策引导下，幸福村通过重构村落空间结构，以花卉产业为基础、生态资源为本底，着眼于川西林盘特色，培育农商文旅体综合体验场景，探索出了一条幸福美丽新村建设新路径，成为具有川西林盘民居风格的"幸福田园新农村综合体"。幸福村先后获评"中国乡村旅游模范村""中国最美休闲乡村"等称号，成为中国乡村产村融合发展的标杆，为综合聚居型林盘的发展提供了可借鉴的经验。

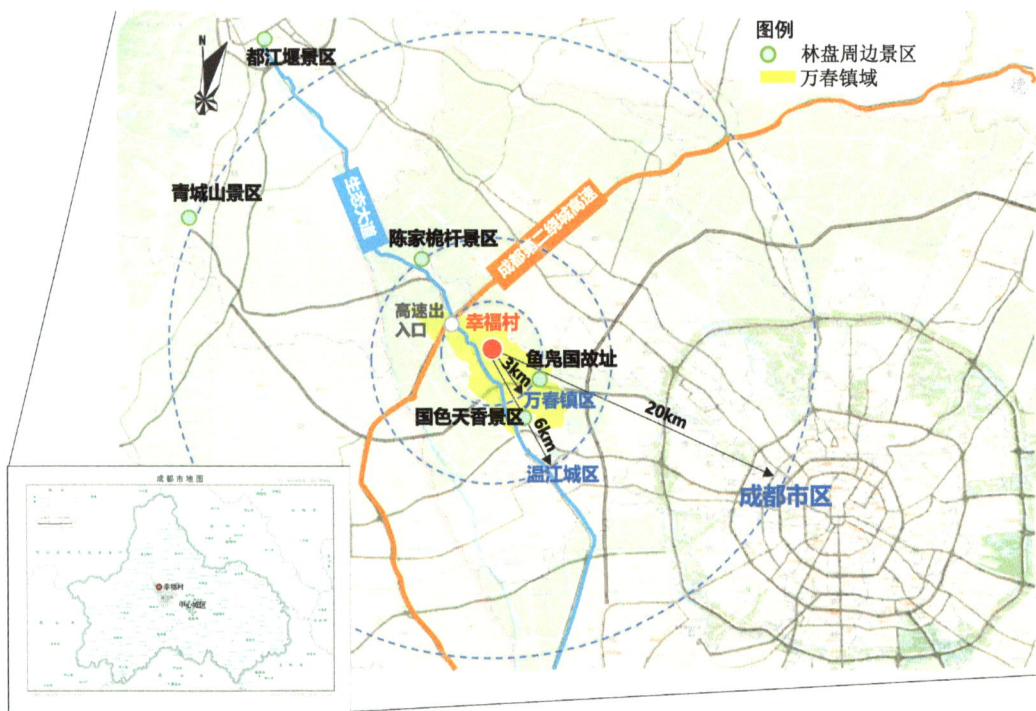

**图 9-25** 幸福村林盘区位
资料来源：根据四川测绘地理信息局公布的成都市标准地图[审图号：图川审（2016）018 号]绘制，底图无修改。

（1）以生态化理念重构林盘聚居空间

幸福村生态本底优越，苗木、竹林、水系等资源丰富，是典型的川西林盘聚落。但原来的幸福村林盘由于布局较为分散，村庄结构和功能都不够合理，无法满足村民的现代居住生活要求。同时，由于缺乏合理的规划与引导，新建的宅院缺乏管控，生态林木资源缺乏保护和利用，幸福村的林盘居住环境与设施品质逐步降低。以"幸福田园小、组、微、生综合体"项目为带动，以农村土地综合整治为抓手，幸福村开展了两期土地整治项目，为村落环境优化重构奠定了良好的空间载体基础，也为林盘的高品质更新提供了机遇。

2009 年，幸福村率先开展农村产权改革工作。幸福村深入推进股份化改造，将所有集体资源、资产精细量化，界定集体经济组织成员 2341 人，并由 12 个村民小组各自成立集体经济股份合作社，幸福村成立集体经济股份合作联社。基于此，幸福村策划实施"幸福田园"项目，分两期（即幸福田园一期项目、幸福田园二期项目）开展农村土地综合整治[1]。以"拆院并院"、土地整治为抓手，幸福村共整理建设用地 313.8 亩，统

---

[1]　农村土地综合整治项目是指以土地整理复垦开发和城乡建设用地增减挂钩为平台，统筹规划，聚合资金，集中连片开展田、水、路、林、村综合整治，以加强耕地保护和利用，优化土地利用结构与布局，推进社会主义新农村建设和城乡统筹发展。

规统建占地125.6亩的现代农民集中居住区，节约集体建设用地188.2亩。其中，一期土地综合整治涉及幸福村村民236户707人，整理宅基地面积142.1亩。其中，节约出来的42.5亩宅基地以每亩35万元的价格，将建设用地指标流转给温江区土地储备中心用于城镇和工业规划区使用；在其余99.6亩宅基地中，原址分4个组团建设农民集中居住区，占地面积58.5亩，剩余41.1亩农村建设用地用于本村发展乡村度假旅游产业（表9-2、图9-26）。通过幸福田园一期项目的示范引领，村民自主组建的幸福田园投资发展有限公司（以下称为幸福投资公司）作为建设主体，成功向农商银行融资4770万元，并启动幸福田园二期项目，涉及幸福村村民236户650人，整理宅基地面积171.6亩。其中，新建农民集中居住区5个，占地面积67.1亩，节约集体建设用地104.5亩，规划建设了具有川西民居典型特色的建筑面积4.14万$m^2$（其中住宅3.69万$m^2$、商业用房0.45万$m^2$）。

表 9-2　幸福村幸福田园项目土地整治情况

| 周期 | 涉及范围 | 整理宅基地/亩 | 节约建设用地/亩 | 新建聚居林盘用地/亩 |
| --- | --- | --- | --- | --- |
| 一期 | 6个组 236户 707人 | 142.1 | 42.5 | 58.5 |
| 二期 | 4个组 236户 650人 | 171.6 | 104.5 | 67.1 |

资料来源：李渊. 乡村振兴视域下幸福美丽乡村实践与问题研究——以万春镇幸福村为例[D]. 成都：四川农业大学，2019.

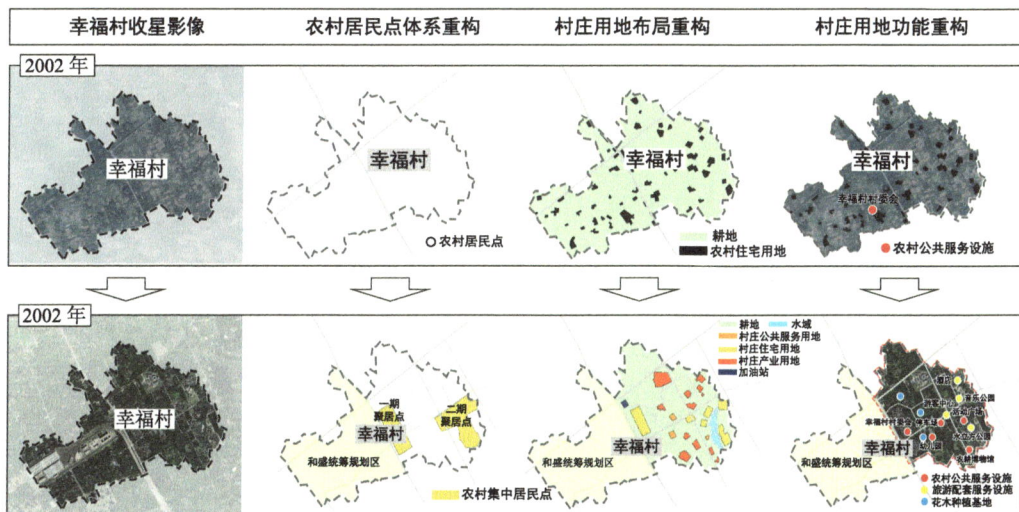

图9-26　幸福村聚落空间重构

　　基于两期土地整治项目，幸福村以"小规模、组团式、微田园、生态化"理念，通过统一规划设计村民新居，建设现代社区林盘，重塑川西林盘风貌。其中，幸福田园一期项目新居点建设较早，其运用传统川西林盘布局的意境和理念，依托原有田园、水系、道路、林地布局，形成了"一轴四组团"的现代生态林盘居住区。新居点在保留原风俗、原风貌、原生态的基础上，让林盘风貌更具现代化特色。幸福田园二期项目新居点更加注重"小、组、微、生"的建设指引，制定了适宜乡村生活的建设规模，在保留原有林盘布局的基础上，在原址规划建成了围绕湿地的5个林盘聚落。相比于一期新居点，二期新居点更加生态化，其在建设上力求建筑形态自然，顺应湿地水体的自然形态布局林盘聚落，并且在融入现代生活元素的同时，尽可能保留大型竹木，依水建房，依托原有林盘和田园建设道路，展现传统林盘生态风貌。幸福村新居点在尊重自然、顺应自然的基础上，保留林盘传统格局，按"乡土化、现代化、特色化"的原则改造和建设林盘建筑，打造具有现代川西农居风貌特色的现代林盘院落（图9-27、图9-28）。

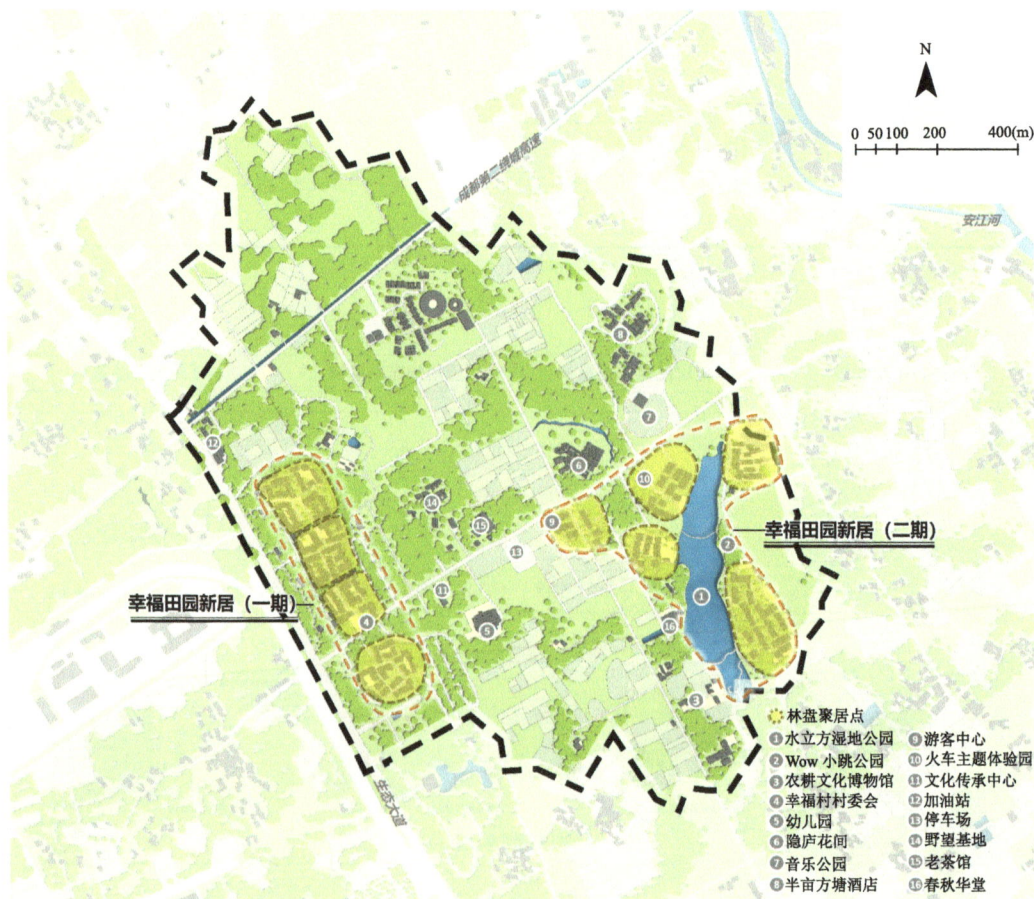

**图9-27**　幸福村聚居林盘平面

图 9-28 幸福村幸福田园新居林盘组团

为保障林盘风貌与环境的整洁，幸福村预先设立了共同约定，即农户在同意缴纳新村物业管理费用后才准许参与项目；同时，经过农户自主商议，在全村开展"幸福积分"激励活动，主要内容包括环境卫生、道德诚信、公益参与、家庭文明、邻里和睦等分项，积分较高的农户可获得荣誉激励和新村内部分商户优惠。这些做法促使村民自觉形成了"自我管理、自我服务"的氛围和共识[1]。新居点建成后，由幸福投资公司联合社会企业组建服务管理公司，实施专业化、高水准的物业管理。在村民自我约束与物业公司专业化管理的条件下，幸福村探索充分发挥群众主体作用的公共管理机制，营造良好的乡村社会氛围，使林盘院落环境保持可持续整洁（图 9-29）。

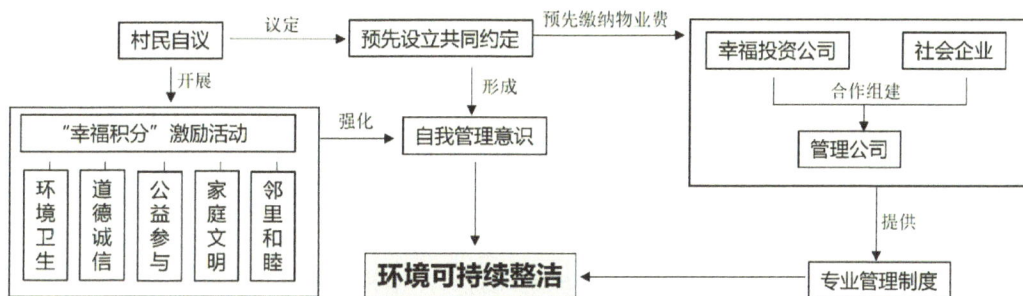

图 9-29 幸福村社区林盘环境整治模式

（2）以"林盘+景区"模式重塑林盘特色

在建设新型社区林盘之后，幸福田园二期项目充分利用 170 亩湿地资源打造了水立方湿地公园，并利用节余建设用地引进社会资金建设休闲旅游项目，依托湿地、花木、慢行道等资源形成"林盘+景区"的模式，呈现"林水相依、景居相融"的新型林盘风貌形态。

2014 年，温江区与万春镇、幸福村区镇村三级联动打造了水立方湿地公园，利用原

[1] 刘婷. 温江区"幸福田园"基层治理的案例研究 [D]. 成都：电子科技大学，2021.

有的沟渠滩地和部分苗圃林园，营造了河道湿地、净化湿地、滩涂湿地等区域。此外，幸福村围绕湿地公园打造亲水景观与特色亲水溪流，并通过水洞、水闸、水车灌溉设施的展现，充分展示农耕文明，彰显天府水文化（图9-30）。

图9-30　水立方湿地公园景区

幸福村依托花木产业优势，保持原有乔木，在部分地段适当点缀灌木，并搭配景观石，结合新建内部铺设道路，在道路两旁种植、移栽植被形成景观；以"一簇林一处景"的点位营造策略，使花木生态化、景观化，并通过建设可进入、可观赏、可消费的场景，增强吸引游客驻足观赏的能力。同时，依托花木企业与花农新种植花木9400株，在花木林盘间设置静心亭、休憩椅，精心培塑"推窗见田，开门见绿"的观景点位，并新建乡村骑行道、慢行道，培植运动草坪，打造"幸福田园乡村走廊"健身通道，丰富林盘的现代功能特色。

在保持林水相依、鸟语花香的乡村旅游风貌时，幸福村通过现代化建设，完善服务设施配套，植入现代功能，营造新时期宜居宜游林盘景区。按照成都市城乡统筹发展和公共服务设施均衡化的要求，幸福村新规划建设超市、幼儿园、卫生室、农家书屋、活动场所、银行、快递网点、邮政等生活配套设施，建立健全涵盖教育、文体、卫生等方面的城乡一体的公共服务共享体系，让幸福村村民享有与城市一样的基本公共服务。

（3）以综合体验场景营造赋能林盘多元化发展

依托花木资源优势以及林盘自然生态、人居文化及景观美学等多重复合价值，幸福村强化功能植入和业态提升，赋能林盘因地制宜植入"宜游宜购宜娱宜宿"新场景，培育以满足市内居民乡村休闲、节日度假为重点的旅游休闲区，在推动农商文旅体融合发展的同时，赋能林盘经济多元化发展。

温江区素有"金温江"之美誉，其花木产业全国闻名，是全国四大花木主产地之一。幸福村的花木产业在20世纪90年代逐渐形成规模，是该村农业发展的支柱产业、农民增收的主要渠道，同时也是林盘的重要景观、生态本底的坚实支撑。但是，幸福村除少量以家庭为单位的农民分散经营苗木外，未形成具有规模的花木产业形态，缺乏现代化运营模式，花木产业销售渠道单一、商品价值不高，农民无法利用林盘的环境资源提高经济收入。

为破解传统花木种植产业的困境，增强花木产业的效益，幸福村采用了四种方式打造花木经济。一是构建现代化经济运营模式：依据作为农业农村改革创新试点的政策优势，幸福村村民自筹150万元，成立了幸福田园花木营销专业合作社，通过"专合组织+龙头企业+家庭农场+基地+农户"模式，整合花木产业链，组建花木企业联盟，选举成立理事会，做大做强做优花木产业。二是推进花木标准化种植：村里成立幸福田园花木营销专业合作社党支部，将支部建在产业链上，并发挥其优势，指派支部党员到田间实地指导农户种植花木，带动区域范围内花木标准化种植进一步发展，形成特色品牌。三是以"互联网+"丰富销售渠道：充分利用花木营销专业合作社平台和幸福田园远程教育站点功能，在全镇范围内率先强化智慧产业发展功能，整合幸福村花木交易网络资源，在村活动中心完善花木网络营销数字信息中心建设，并建立苗帮手电子商务有限公司，通过"互联网+"手段实现花木电子商务交易有机互动，顺应市场化需求实现花农在线售卖。四是延伸花木产业链条：在推动全村花木规模化种植、标准化生产、市场化营销的同时，争取全国生态文明论坛等重大项目落户幸福村。最终，在幸福村形成一个集休闲观光、高端花木展示和销售于一体的以高端服务业和商贸业为核心的产业集群，配套植入花木的研发、展销、电子商务等第三产业功能，并引入打造了蓉欧盆景园、紫薇博览园等项目，实现了由花木种植到花木经济的产业升级，丰富了林盘的经济价值。

在延续传统花木产业发展优势的同时，凭借自身的生态资源优势和良好的区域资源优势，幸福村林盘依托现代化管理运营[1]，坚持农旅、农创、农养一体发展，深入推动一三产业互动，营造综合消费空间场景。

做优农旅融合产业。幸福村以发展乡村度假旅游产业为重点，依托产业林盘引进乡村酒店、主题民宿、特色餐饮等旅游项目，包括建成半亩方塘、隐庐花涧等酒店项目；在聚居林盘内引入九斗碗、万春卤菜等13个中式餐饮店以及酥糖、手工醋、大蒜等16种旅游商品，并依托林盘周边闲置用地建设火车主题文化体验园，用3节绿皮火车车厢打造了集娱乐、品茶、用餐于一体的远近闻名的文化主题餐厅（图9-31）。

做实农创融合产业。在成都市建设"三城三都"（三城：世界文创名城、世界旅游名城、世界赛事名城；三都：国际美食之都、国际音乐之都、国际会展之都）的背景下，幸福村作为歌曲《在希望的田野上》的创作源泉地，大力发展文化产业，塑造幸福村林盘的文化特色。主动加强与四川音乐学院、四川职业艺术学院合作，打造出农创教

[1]　为实现现代化管理运营，幸福投资公司与上海星域集团联合组建成都富新文化旅游资源开发有限公司，负责幸福村的管理、运营、招商。

育、音乐绘画创意、青少年教育等实训培育基地，并与香港优盟国际集团合作打造"音为幸福"歌舞文化品牌。在浓厚的音乐氛围吸引下，林盘内汇聚了万山红、陈彼得等一批知名音乐人，同时培育了一批本土的音乐爱好者，带动群众学习文化、共享艺术，推动文创业态蓬勃发展。

图 9-31  火车主题文化体验园（左）和亲子乐园（右）

做精农养融合产业。依托良好的生态环境，幸福村林盘还打造医养康复、健康养生、休闲养心的医养健康场景，在林盘内建成春秋华堂中医养生馆以及悦满中心、水韵春和等康养项目，并结合太极健身园等活动场所、"幸福田园乡村走廊"等健身通道开展日常健身活动，营造全民健康生活的场景。

在积极招商与配套政策的全面互动下，幸福村围绕聚居林盘建立了集特色餐饮、商务会议、文化体验、乡村民宿等于一体的乡村休闲旅游目的地。以林盘特色赋能产业发展，以旅游产业带动林盘保护利用，在项目带动下，林盘品质得到极大提升，同时也实现了可持续的内生循环发展。通过引导农户参与项目经营、构建合理的利益联结机制、合理分配集体经济利益[1]，村民的住宿环境、就业机会和生产结构发生了根本性改变。2021年，幸福村集体经济固定资产达到2.23亿元，集体经济收益422万元，村民人均实现多元化总收入3.7万元。在人居环境质量得到极大提升的同时，当地居民既可以方便地从事生产服务，又可以在美丽的具有川西特色的现代林盘中生活，推动产村融合发展，实现了林盘的多元价值转化。

## 9.4  小结

在川西平原地区，川西林盘式的农村居民点虽然独具特色，但仍然是一种较为分散

---

[1]  内容包括：（1）以"租金+分红+返租"利益联结机制，引导农户参与项目经营；（2）村集体公司每年收入的纯利润，其中60%作为公积金用于合作社发展壮大，30%作为公益金用于社员培训、困难救助、公益事业等，剩余10%全部分给全体村民。

的聚居模式，土地利用不够集约。成都市自2003年启动城乡统筹改革试验以来，对农村新型社区的规划建设进行了积极的探索，引导农民向城镇和新型社区集中，从而形成新时期的综合聚居型林盘。本章通过对郫都区战旗村、青杠树村和温江区幸福村三个综合聚居型林盘案例进行回顾与总结，分析其建设农村新型社区的经验，进而提出农村新型社区布局模式的优化策略，为未来的新农村建设提供参考。

在战旗村案例中，通过资源整合，战旗村改变了原来林盘建设用地分散、林盘风貌受到破坏等问题，在未增加建设用地的前提下，促进耕地集约化发展，满足现代农业生产的需求，并在新型社区建设中留有充足的集中建设用地用于拓展乡村相关产业。目前，战旗村已建成规模种植基地1100余亩，集聚企业16家，吸纳就业1300多人。同时，战旗村引入数家乡镇龙头企业和大型旅游度假项目"妈妈农庄"，为聚居后农村劳动力的非农就业提供了机会，有效地依托农村资源发展乡村旅游，实现村庄内部功能的联动发展[1]。

青杠树村在土地综合整治过程中，充分利用原有的林盘水系、山林、农田，采用"小规模、组团式、微田园、生态化"的布局，以"院落"为组合单位，依据村民小组的中心或交界点布局聚居组团，同时保留了现有的产业、公益性用地77.8亩，预留了14亩未来集体产业用地、269亩未来集体经营性用地（节余集体用地指标）[2]，成立了香草湖景区管理有限公司，引进"酷菜智慧农场""汀香（乡村）度假酒店""蜀绣民俗博物馆"等诸多乡村文化旅游项目，为林盘的可持续发展提供了重要的空间保障。

幸福村以农村土地综合整治为抓手，深入推进股份化改造，统规统建现代农民集中居住区125.6亩，节约集体建设用地188.2亩，并以花卉产业为基础，利用节余建设用地引进社会资金建设休闲旅游项目，依托湿地、花木、慢行道等资源形成"林盘+景区"的模式，因地制宜植入"宜游宜购宜娱宜宿"新场景，在推动农商文旅体融合发展的同时，赋能林盘经济多元化发展，探索出了一条建设"幸福田园农村综合体"的新路径，成为中国乡村产村融合发展的标杆，为综合聚居型林盘的发展提供了较好的经验借鉴。

[1] 李和平，贺彦卿，付鹏，等. 农业型乡村聚落空间重构动力机制与空间响应模式研究[J]. 城市规划学刊，2021（1）：36-43.
[2] 汪越，刘健，薛昊天，等. 基于土地产权创新的乡村规划实施探究——以成都市青杠树村为例[J]. 小城镇建设，2018（1）：26-32.

# 第10章
# 公园城市建设新时代川西林盘建设的若干思考

　　新时代的公园城市理念是生态文明时代人居环境建设的重要发展理念，拥有绿水青山的生态价值、诗意栖居的美学价值、以文化人的人文价值、绿色低碳的经济价值、健康宜人的生活价值及和谐公平的社会价值六大价值。通过科学合理配置生态资源、社会资金、行为主体等发展因素，实现川西林盘生态、美学、人文、经济、生活和社会价值的多维度整合与裂变，是一个集民生性与系统性的工程。要着眼于强化公园城市建设的乡村表达，把握林盘显著的生态性、人文性、宜居性等特征，构建"人、城、境、业"和谐统一的可持续空间形态。

　　公园城市建设新时代川西林盘建设的思考主要包括以下五个方面：第一是从生态文明引领的角度，将生态本底作为逻辑基点。保护"开窗见田、推门见绿"的田林风光，维护保育川西林盘的生态基底；第二是以筑巢引凤为契机，营造水、路、宅、院的高品质场景，吸引助力社会资金投入林盘建设；第三是从城乡融合的角度，积极植入多元城市功能业态，促进川西林盘的多业态融合发展；第四是从天府文化传承的角度，形成文态生态耦合模式，传承与水相依、农耕川西的文化脉络，巩固公园城市天府文化发展格局；第五是从人才振兴与治理的角度，建构新型治理逻辑与手段，构建引才聚才、共建共治共享的人才振兴格局，与新时代林盘建设的人才需求相适应。

## 10.1　护基：保护"开窗见田、推门见绿"的田林风光，维护保育川西林盘的生态基底

　　（1）保护田林生态风光，形成"公园城市之乡村聚落"格局

　　自2018年2月习近平总书记提出成都"要突出公园城市特点，把生态价值考虑进去"之后，成都市积极进行公园城市规划建设的系列谋划，并鲜明指出公园城市既包括城市，也包括乡村聚落。2019年成都市出台的《成都市川西林盘保护修复利用规划（2018—2035）》，强调要打造体现新发展理念的"山水相融、田林交错、城园一体"的

林盘格局，实现川西林盘差异化协调发展[1]。筑牢成都公园城市高质量发展的生态基底离不开乡村助力[2]，乡村地区是公园城市的重要组成部分，而川西林盘是川西平原地区特有的生态聚落，是成都市乡村地区重要的空间要素，拥有多种重要的价值[3]。川西平原生态条件良好，唐代大诗人李白赞美其"水绿天青不起尘，风光和暖胜三秦"，原因之一是川西林盘起到了基础性的生态支撑作用[4]。林盘以田野为基底，宅院掩映于林木景观之中，田园、林木、宅院、水系构成了林盘核心的景观要素，人工与自然巧妙结合，生产、生活、生态、景观融为一体，形成了川西平原广大农村独特的林盘聚落[5]。丰富的生态资源为林盘的建设奠定了优厚的自然生态本底。

田野和林木作为林盘生态基底的核心骨架，对于锚固川西林盘绿色生态基底、统筹山水林田湖草生态要素具有根本性的作用。第一，田、林是林盘聚落的外部景观主体，代表着林盘聚落的整体性，展现的是全国具有唯一性的川西田园风光。在垂直空间分布上，错落有致、层次丰富的立体景观空间，构成修竹成荫的居住和体验空间场景，成为林盘村民赖以生存的基础，具有川西农耕的原生态特色。第二，田、林是林盘聚落大多数动植物的载体，蕴含着林盘聚落的生物多样性。在水平空间上，高大的乔木和葱郁的竹木茂密生长，水系通过沟渠灌溉农田，"山水林田湖草"各种类型的生态资源相互依存、密不可分，为鸟类等许多动物提供了适宜的生存环境，构成了一个稳定、多元化的林盘生态系统。此外，乔木和竹木还具有涵养水源、改善水质、防风固沙、保持水土、改良土壤、净化环境等作用。第三，田、林是林盘居民生产生活的重要场所和物质来源，标志着川西平原传统农耕文明的高度稳定性。在长期的生活生产过程中，川西居民与自然之间逐步形成一种和谐的相处方式，林盘正是这种维系人地和谐、融合农业生产与居住生活为一体的景观形态。在传统小农经济发展模式下，田、林等自然与生态资源所构成的生态空间成为林盘居民生产生活的重要场所和物质来源，生产活动也以林盘周边的传统农田种植、林下作物采摘、苗木花卉种植、竹艺编织等为主。例如，崇州市道明镇竹艺村的发展以竹林为主题，竹林为其具有优势和特色的竹产业提供了原材料，融合其竹编非遗资源打造了高附加值的林盘产业。又如，郫都区德源街道东林村通过"并小田改大田"，形成椪木河蒜稻种业示范田与油菜花田，"大蒜绿"与"菜花黄"构成东林村休闲观光的农业"底色"。同时，川西林盘还是川派盆景园林和高大乔木品种培育和比选的场所，通过多年的精心培育形成了影响甚大的川派园艺文化流派，对于川西生态文明价值提升有着重要作用[6]。

[1]　蒋蓉，李帆萍，刘亚舟，等. 公园城市背景下成都川西林盘保护与利用规划探索与实践[J]. 城乡规划，2021（5）：72-80.

[2]　陈明坤，张清彦，朱梅安. 成都美丽宜居公园城市建设目标下的风景园林实践策略探索[J]. 中国园林，2018，34（10）：34-38.

[3]　蒋蓉，李帆萍，刘亚舟，等. 公园城市背景下成都川西林盘保护与利用规划探索与实践[J]. 城乡规划，2021（5）：72-80.

[4]　蔡竞. 乡村振兴视域下川西林盘保护性发展的调查与思考[J]. 农村经济，2018（12）：56-61.

[5]　陈明坤，张清彦，朱梅安. 成都美丽宜居公园城市建设目标下的风景园林实践策略探索[J]. 中国园林，2018，34（10）：34-38.

[6]　蔡竞. 乡村振兴视域下川西林盘保护性发展的调查与思考[J]. 农村经济，2018（12）：56-61.

以保护田、林核心骨架为抓手，维持林盘生态网络系统。川西林盘作为川西平原上典型的农耕文明自然村落，农业开发历史悠久，耕地集中连片，随田而居的空间分布、与林为伴的生态环境的基本特点，使得林盘与"田""林"的关系密不可分。应充分遵循川西林盘"田、林、水、院"的空间格局，以"林在田中、院在林中"为保护的核心骨架，保护林盘完整的生态基底形态，坚决反对因追求经济价值而破坏林盘生态价值的行为，突出构筑山水林田湖草生命共同体的生态观。要保护林盘"开窗见田、推门见绿"的田林风光，维持林盘环状网络化生态空间结构，使林盘成为人与自然和谐共生的"公园城市之乡村聚落"。在树立生态保护理念的前提下，应科学地分析林盘的田林、植物群落特征，并综合提出生态修复、生态优化方案，改善林盘聚落人居环境微气候。科学地分析林盘聚落田、林生态空间结构特征，有机结合传统的园林手法，加强林盘聚落"田园化"的导向，增强田林风光的艺术性、功能性、游憩性。同时，维持农田生态系统的关键在于保护农田生态环境的可持续利用，应根据资源禀赋、区位条件和产业基础等，推动农田的集中化，提高农田质量，为后续的三产融合联动发展打下良好基础。公园城市建设深入践行"绿水青山就是金山银山"理念，为让绿水青山的"底色"更亮，应建立全面保护、系统恢复、用途管控、权责明确的林木保护修复体系，维护天然林生态的原真性、完整性。

（2）锚固生态底色，推动川西林盘生态空间打造，助力形成"绿网千园"的生态格局

就如何塑造城市与自然和谐相融的关系而言，我国先后在山水城市、园林城市、森林城市等方面进行了探索实践，而其基本对象均以"城市"为主体，具有城市中心主义的倾向。区别于过去的诸类实践，在建设中国特色社会主义新时代，公园城市深入贯彻绿色、生态、可持续理念，城市与乡村并重，以宜居宜业、人与自然和谐为价值取向。形成人与自然和谐共生的新格局是建设公园城市必须面对和回答的问题，而保护与发展是贯穿于生态文明建设始终的一对矛盾。一方面，不搞大开发并不是无作为，而是不以牺牲生态环境和资源为代价搞开发；另一方面，应打破固有的观念束缚和路径依赖，区别于过去的财政型投入等方式，以"保护"为抓手，倒逼区域经济走上生态优先、绿色发展的道路。城市与农村在公园城市建设中都是不可或缺的，而农村地区又是生态优先、绿色发展的难点。林盘作为生态良好的典型乡村地区，也是公园城市郊野公园的重要组成部分，是川西平原生态本底地区，更是城市的水源涵养地、污染物消纳地、自然生态保护地，是川西平原地区城市生态安全的关键地区。对于川西林盘的生态基底保护，应做到城乡统筹、协同推进，体现出乡村与城市的高度关联性。

协调推进林盘生态环境保护，一是要坚持从林盘的实际情况出发，避免林盘聚落出现"千村一面"的情况，保留每个林盘聚落的原始生态风貌。如崇州市小罗村林盘借助建设北溪湿地公园的契机，依托白马河衍生的原始生态景观，进行生态整治与保护；又如都江堰市朱家湾林盘，侧重于对全域林木的保护修复，打造出最具代表性的"轻建设"森林绿道。二是要保护稀缺的高质量耕地资源。习近平总书记曾嘱咐四川省要擦亮

农业大省金字招牌[1]，挑大梁、做贡献。林盘是川西平原地区农业发展高度稳定化的代表，要珍惜和保护林盘耕地资源，提高农产品供给保障的能力，为推进农业现代化打好根基。自习近平总书记在成都首次提出"公园城市"理念，成都市大力厚植绿色生态本底，致力于塑造公园城市优美形态，让"推窗见绿、出门见园"成为广大群众的生活日常。林盘聚落作为公园城市建设的乡村表达，只有协调城乡，凸显郊野公园田林交错的特色，共同保护田林的生态基础，守护好"开窗见田、推门见绿"的田林风光，才能更好地融入到市域形成的"绿网千园"的生态格局中。

川西林盘聚落的生态保护不仅关系到林盘村民的环境权益以及提升农民对美好生活的获得感，也直接关系到了乡村、城市的发展，关系到了成都市公园城市建设的全局。从满足人类需求的主观角度出发，生态资源不仅提供了人类赖以生存的物质基础和空间载体，也是能够产出生态产品的重要生产要素[2]。锚固田林生态底色，不仅可以满足人民日益增长的对优美生态环境的需要，而且可以推动实现林盘的生产方式、生活方式、消费模式的绿色转型与升级，从而全面提升林盘治理体系和治理能力的现代化水平。由此可见，林盘聚落的田林等生态资源具有满足林盘村民生存发展需要的社会价值与经济价值。应以"田、水、林、宅"等林盘一体化要素为川西林盘打造的着力点，积极引进新的经济形态，整合各类资源，充分激发林盘的内在生命力。"良好生态本身蕴含着无穷的经济价值，能够源源不断创造综合效益，实现经济社会可持续发展。"[3]生态资源具有满足林盘居民生存发展需要的社会价值与经济价值，应保护好以田、林为核心的自然生态要素，实现乡村资源要素化。川西林盘聚落的生态保护，从良好的生态本底到形成"绿网千园"的生态格局，再到持续促进公园城市生活品质的焕然一新，让金山银山的"成色"更足，从而最终实现乡村生态资源的生态效益、经济效益与社会效益等多目标动态平衡。

## 10.2 筑景：营造水、路、宅、院的高品质场景，吸引助力社会资金投入林盘建设

（1）结合"整田、理水、护林、改院、植业"等理念，增强公园城市建设在乡村发展中的多元场景表达

公园城市作为全面体现新发展理念的城市发展高级形态，是"人、城、境、业"高

[1] 任硙，高健钧，卢宥伊. 擦亮农业大省金字招牌[EB/OL]. 四川在线，2020-11-23. https://sichuan.scol.com.cn/dwzw/202011/57960881.html.

[2] 贾晋，刘嘉琪. 唤醒沉睡资源：乡村生态资源价值实现机制——基于川西林盘跨案例研究[J]. 农业经济问题，2022（11）：131-144.

[3] 习近平. 共谋绿色生活，共建美丽家园——在2019年中国北京世界园艺博览会开幕式上的讲话[EB/OL]. (2019-04-28)[2023-07-21]. https://www.gov.cn/xinwen/2019-04/28/content_5387249.htm.

度和谐统一的现代化城市形态，是新时代可持续发展城市建设的新模式[1]。公园城市不仅包括城市地区，也包括乡村地区，要运用景观设计的理念，把乡村规划建设成为一座座美丽的公园。在保护田林生态基底、提高城市生态功能的基础上，构建"山水林田湖草生命共同体"，从量变到质变，实现城市绿色高质量发展。应跳出局限于城市建设用地范围的思路困境，借助林盘聚落去构建城乡空间结构协调的"大公园"格局，最终将"山水林田湖草生命共同体"融入到"自然—城市—乡村"的全域公园城市综合体系中。在新时期公园城市建设的目标下，对于林盘的空间营造也有了更高的标准和要求。首先是内容要素的转变。"山、水、林、田"作为林盘聚落的空间景观要素，一直是林盘保护与修复的重点。然而，统筹生产、生活、生态空间共同发展，以公园城市的理念去推动林盘未来的发展，"路、宅、院"等生产生活空间同样不容忽视。从单一地保护"林、田"生态元素进阶到综合提升"水、路、宅、院"等生活元素的品质，更有效地为林盘聚落的招商引资、产业生态化发展提供可持续的空间载体。其次是目标导向的转变。公园城市建设是一项具有人民属性，突出"公园"的公共特性的民生幸福工程。"良好生态环境是最公平的公共产品，是最普惠的民生福祉。"[2]公园城市理念改变了以往美化城市的思维，从以"景观"为中心转变为以"人民"为中心。因此，对于不同的林盘聚落，应该因地制宜，充分尊重差异化的空间营造和未来发展，建设展现川西特色性、林盘生态性、形态美学性的高品质空间，增强公园城市在乡村发展新场景与新形态中的多元表达。

（2）通过碧道、绿道、宅院空间等微改造，营造高品质空间场景

林盘作为川西平原的典型乡村聚落，"水、路、宅、院"构建出了林盘生生不息的生产生活场景，这些景观构成要素和布局形式使得林盘具有较高的辨识度，每一个元素的存在都蕴含着独有的智慧。应当注重对林盘整体景观氛围的营造，强化"水、路、宅、院"为核心的地域景观环境，营造浓郁的川西乡村之美。水系与道路是联系林盘内部与外界环境的纽带，农宅与院落是川西林盘住区价值丰富性的体现。将水系生态经济、绿道健康经济、宅院生活经济与林盘综合经济串联起来，从而产生乡村振兴的原动力，激发林盘的原始生命力。

重塑林盘水生态空间格局，形成多样的滨水空间脉络。公园城市景观风貌营造以城市山水资源为基础，注重山水景观的保护与修复，营造"显山、露水、透绿、添彩"的城市景观画卷[3]。林盘位于川西平原地区，正是纵横交错的水系，孕育出了生机勃勃、星罗棋布的林盘。良好的水系条件为花卉苗木、特色农作物的生长及其他动植物的繁衍生息提供了良好的栖息地，为人们的生产生活营造了良好的小气候环境。以水为纽带，结合不同林盘"山、水、林、田、湖、草"等特色，塑造出各具特色的碧道，形成碧水长

[1] 陈明坤，张清彦，朱梅安. 成都美丽宜居公园城市建设目标下的风景园林实践策略探索[J]. 中国园林，2018，34（10）：34-38.
[2] 彭楠淋，王柯力，张云路，等. 新时代公园城市理念特征与实现路径探索[J]. 城市发展研究，2022，29（5）：21-25.
[3] 彭楠淋，王柯力，张云路，等. 新时代公园城市理念特征与实现路径探索[J]. 城市发展研究，2022，29（5）：21-25.

流的安全行洪通道、水青岸绿的天然生态廊道、休闲共享的文化健康步道等集水安全、水环境、水生态、水景观与水游憩于一体的高质量发展的生态活力滨水空间。滨水空间是川西林盘的活力点，依托都江堰、玉溪河等自流灌溉水系，修复林盘内部受损水系，改善水系两岸景观环境，有利于营造亲水的活动空间。推进硬质驳岸生态化修复，形成公园城市自然生态、功能复合、开合有致、特色鲜明的滨水空间[1]。加强水系建设，提升水系空间的功能性、文化性，如游憩、骑行、娱乐、休闲等，进而吸引文旅产业入驻。如崇州市小罗村林盘以白马河、北溪湿地绿道为蓝色脉络，提升水系两岸的景观效果，通过生态价值转换，构建蓝绿交织的公园体系，进而激活文旅业态发展。

立足"天府绿道"区域特色，打造多样化主题的乡村绿道。为构建支撑公园城市的生态廊道体系和全域公园游憩体系，按照"景观化、景区化、可进入、可参与"的理念，成都市构建了"一轴两山三环七带"的天府区域绿道系统[2]。而在川西林盘，乡村绿道基于绿道的概念产生，以林盘村落的路网等线性空间为对象进行保护修复与建设，构建出林盘各级道路相互贯通的绿道网络体系。充分保护和修复林盘的乡村道路，秉持原真性、完整性原则，进行景观化的打造和提升，植入观赏性植物、景观小品等，丰富乡村道路的体验感，提升道路的舒适性和观赏性。例如，崇州市观胜镇联义村严家弯湾林盘，结合本地盆景产业基础，利用原生花卉苗木和盆景、竹编等工艺品对道路进行景观化提升，打造出步步皆景、步移景异的体验式绿道空间，进而打造体量适宜的林间栈道，结合策划的体验项目形成活动节点，打造衔接公共建筑及农田区域的观景平台，增强林盘间的整体性和联系。

传承川西韵味，打造传统与现代相融的川西林盘民宅。川西林盘聚落的民宅是在一定的历史背景下、在长期的历史沉淀中形成的建筑形式，已经演化成为林盘聚落的一种象征性文化符号，烙印于川西平原的广袤土地上。林盘中的建筑作为典型的川西民居，木质结构小巧，门窗以雕花装饰，房屋屋顶以青瓦铺装。在乡村发展建设过程中，"城镇化"和"同质化"同样出现在林盘的乡村聚落中，川西元素在建筑形态上的丢失问题日趋严重。保留并创新地传承乡村传统特色，让传统与现代并存，构建出具有地域特色的高品质生活、生产环境空间至关重要。对于保存完好的传统建筑，应进行科学化、系统化的梳理和保护；对于无法再居住的空间，应依照传统川西民居的形态、布局、材料进行改造或重建。例如，天府新区正兴街道官塘村林盘，借助城乡融合的会展接待及旅游发展项目进行土地整治，集中安置村居，在盘整出的较大规模的集体经营性建设用地上，以高度契合川西韵味和风貌特色的建筑营造手法进行项目建设，推动官塘村林盘环境修复与景观多元化提升。

承载乡愁记忆，延续林盘院落空间的生命力。川西林盘聚落以层级式空间秩序布

[1]　陈明坤，张清彦，朱梅安. 成都美丽宜居公园城市建设目标下的风景园林实践策略探索[J]. 中国园林，2018，34（10）：34-38.
[2]　彭惊. 成都市公园城市建设管理局：建立全域公园体系 描绘"绿满蓉城、水润天府"大美图景[N]. 成都日报，2022-04-07（002）.

局，房舍、菜地、林木、田地等等，呈现出内敞外封的空间形态。庭院空间作为林盘空间布局的核心，由房舍、院墙、篱笆等围绕而成的院坝，既是承载林盘村民生产生活需求的物质空间，也是承载当地原村民乡愁记忆的精神空间。在时代变迁中，需注重维持林盘聚落的院落组团式的空间结构，促进林盘院落空间的整体保护，延续川西林盘居住空间的生命力。庭院空间作为建设用地可承载类型丰富的产业业态，应注重保留传统院落的格局和风貌，挖掘独特的建造材料，着重院落形式和自然共生的关系，以维护林盘面貌的原真性。例如，都江堰市石羊镇（原柳街镇）川西音乐林盘的猪圈咖啡项目对院落空间重新梳理，在原汁原味的林盘院落中植入咖啡、中餐、火锅、表演、民宿、运动和儿童游乐等业态。

（3）制造场景营销爆点，吸引社会资金及组织参与林盘保护开发

营造多功能承载、多元化活动植入、满足多层次人群需求的高品质场景，塑造消费空间，吸引各类人群的关注，为后续产业的植入和林盘的可持续开发创造先决条件。对林盘水岸空间、道路空间、宅院空间等进行微改造和提升，应注重从长远考虑，匹配未来产业植入的空间需求，提高新型复合的产业空间与林盘聚落空间整体形态的协调性。如崇州市道明镇竹艺村，立足于当地的竹编文化和竹编手工业，改造林盘原村民的民居，让传统民居拥有"竹韵"，营造众多可体验可消费的竹编文化场景，为文旅公司的后续投资和新型城市业态的植入提供了宝贵空间。又如蒲江县甘溪镇明月村，修复村落内的多个窑厂空间，以古窑的活化利用，打造"明月国际陶艺村"，营造出陶艺创意的特色林盘场景，为陶艺手工艺文创园区产业链的形成、拓展与整合提供用地空间。再如崇州市隆兴镇徐家渡林盘，践行崇州市川西林盘修复"3456"守则（详见前文）进行整治和更新，以"返璞归真"为主题，通过集体彩绘记录历史传统与生活趣事，增强公共空间的情感凝结，营造出童趣研学的特色林盘场景，同时也成为吸引社会资金、企业进入徐家渡林盘投资乡村旅游业的切入点。复如崇州市观胜镇联义村严家弯湾林盘，依托"北游南农"过渡区的区位特点，通过规划先行的方式，将林盘原村民安置于新居，升级改造原有民宅院落，植入盆景文化元素，营造出生意盎然、置有川派盆景的特色林盘场景，吸引了四川省蜀州书院文化产业发展有限公司等多家企业来此进行项目投资建设，同时亦吸引了许多年轻人回乡创业，通过电商渠道销售和宣传盆景。

## 10.3 植业：植入多元复合、特色彰显的城市功能业态，促进林盘农商文旅体的融合发展

林盘作为典型的复合型农村居住环境形态，广泛地分布于广袤的川西平原。在成都市建设公园城市的大背景下，要实现林盘聚落各类资源的价值和乡村振兴高端化发展，必须充分利用大都市资源，通过政策引导、外来业主、专业团队等共同作用，改变依靠单一的传统农耕社会的生产方式，植入城市功能，打造功能复合、空间复合、业态复合

的特色彰显的新型业态；植入商务、会议、博览、度假、双创、社团组织等都市服务型现代功能业态，提升土地资源的社会价值与经济价值。作为全国统筹城乡综合配套改革试验区，成都市在总结以往理论研究和建设实践的基础上，提出了"城乡融合发展单元"的概念，并将其作为重塑城乡空间布局、推动城乡融合发展的核心空间载体[1]。在公园城市理念的要求下，城乡发展应该突出生态的社会、经济、景观等全方位的价值，以全域公园体系建设引领功能产业、资源利用、文化景观、生活服务等各方面的发展。城乡融合发展单元的内涵与公园城市理念一脉相承，而川西林盘作为成都市乡村的特殊表达形式以及公园城市理念在乡村地区的全面体现，对其的保护与更新行动也借助城乡融合发展单元得以推动。因此，城乡融合发展单元是融合乡村振兴与公园城市建设等重大战略的实施抓手，其以交通路径和配套设施为依托，以特色镇（街区）为核心，以绿道串联镇村、链接城乡，从而带动农村新型社区、林盘聚落建设，在林盘的保护与利用中起着关键作用。

（1）围绕城乡融合发展单元，植入城乡互补产业功能

做为推动城乡融合发展的基本空间单元，城乡融合发展单元需要突破行政边界，考虑资源禀赋、邻近区位、功能互补、水平相当等因素，组合打包"镇—林盘"的多层级空间，重塑空间格局，以镇带动林盘发展，以林盘完善单元功能，承接城镇服务外溢。

成都市围绕66个产业园区、9个主要风景区等形成了97个城乡融合发展单元[2]，包括"特色镇+林盘+农业园""特色镇+林盘+产业园""特色镇+林盘+景区"、综合型4种主要模式，不同模式的城乡融合发展单元通过深入挖掘川西林盘的价值，在完善服务设施的基础上植入"商务会议、文化博览、民俗度假、创客基地、社团组织"等现代产业功能，实现林盘宜居、宜业、宜游。其中，"特色镇+林盘+农业园"单元中，林盘以规模化农业为主导，推动加工、观光、体验等产业发展。如郫都区唐昌镇单元，围绕"天府田园小镇"项目，坚持以"田园生态"为本底、"田园文化"为灵魂、"田园产业"为核心，从"天府田园小镇"的山、水、田、林、湿地、城郭、院子及人等全要素发力，打造"天府田园小镇"新经济，并带动周边49km²区域内的林盘发展，布局特色民宿、帐篷露营、乡愁旅游、农业体验等旅游项目。"特色镇+林盘+产业园"单元中，林盘依托产业园区，在科技、文化等要素引领下形成研发、文创等新业态。如大邑县安仁镇单元中，围绕安仁古镇国家级历史文化名镇的"中国博物馆小镇"项目与建川博物馆特色园区、安韩产业功能区2个产业组团，通过聚集文博资源，打造文博旅游产业链，打包带动南岸美村林盘组团发展。其中，南岸美村林盘组团通过发展乡村生态博物馆的主导功能，完善以"文博"为核心的产业单元主题，并修建安仁景观绿道，将锦绣安仁花卉公园、乡苑酒店与南岸美村核心林盘片区连接起来，初步形成小规模旅游带，同时

[1]　郑玉梁，李竹颖，杨潇. 公园城市理念下的城乡融合发展单元发展路径研究——以成都市为例[J]. 城乡规划，2019（01）：73-78.

[2]　辜波. 建设"公园城市"让绿色成为成都最优质的资产[N/OL]. 成都商报，2018-02-28. http://e.chengdu.cn/html/2018-02/28/content_618499.htm.

通过植入主题院落、特色民宿，配套相应的餐饮、活动等功能，完善整个"中国博物馆小镇"的乡村旅游服务配套[1]。"特色镇＋林盘＋景区"单元中，林盘依托自然景区发展旅游服务，最大程度实现生态价值转化。例如，崇州市怀远镇单元中，依托4A级旅游景区怀远藤艺古镇旅游资源，在保护利用的基础上优化古镇"四门""四大街"街区格局，整体遵循以有机更新为主的场镇老区、以现代建设为主的南部新区、以藤艺文化为主的东部景区的规划建设理念，传承藤编文化，挖掘三国文化，打造"山、水、藤、文"四位一体的康养旅游目的地，并带动古镇核心区周边 $1km^2$ 范围内林盘整合用地，以招商50亿元投资打造2200亩可开发区域，带动林盘发展。

（2）整合乡镇生产资源，推动生产要素合理流动，完善林盘现代功能

通过城乡融合发展单元促进乡镇生产资源有效整合、生产要素合理流动，统筹产业经济发展、文化体系构建、基础设施建设等一系列工作，推动林盘现代功能的完善，从而实现公园城市理念下的林盘保护与利用。

实施城乡融合发展单元需要突破传统镇村定位、打破小散乱格局，以城乡融合发展单元作为未来资源投放、公服配套、产业培育的重点片区，并构成成都市林盘发展的核心单元。在城乡融合发展单元内，根据区域内的现状经济及地理条件、产业发展现状和相关规划，对区域内的未来产业发展指引等基础资料进行分析，以此确定区域的产业功能体系；然后在明确主导产业发展方向的基础上，从横向产业合作和纵向产业链构成两个维度入手，进一步确定该区域未来重点发展的细分产业环节，并将其落实到具体的乡镇与林盘。以新津区天府农博园城乡融合发展单元为例，其依托中国天府农业博览园重点发展农业博览、农商文旅体融合产业，选取承担农业会展博览职能的兴义镇、承担新型农业体验职能的安西镇作为特色镇，整合带动周边董井、方兴等8个新型社区及20余个林盘聚落发展，形成文井－新平精品粮油区和方兴优质果蔬区等多个优质农产品生产与加工区[2]。

区别于以镇村行政区划为边界的标准化基本服务设施体系，城乡统筹发展单元内的生活服务设施突破传统的行政边界进行统筹考量，根据各镇村在产业环节上的分工关系，确定重要生产基础设施的落位，并通过交通网络、信息网络、物流网络等的建设，以特色化、差异化服务设施保障高品质生活环境。同时，充分考虑林盘居民的生活所需是随时代进步而变化的，从而增加品质化的生活性基本服务设施，如新型职业农民互助中心、少儿托管所等社区类服务设施及乡愁纪念馆、流动书店等文化服务设施，形成城乡融合发展单元内基础设施的共建共享。以郫都区都市农业城乡融合发展单元为例，在单元内的战旗村林盘配建了辐射周边多个行政村的人民医院、小学和幼儿园等服务设施，同时还设立了便民服务中心、居家养老服务站、幼儿托管站、金融服务站、卫生服务站等服务设施，当地村民在村内即可办理百余项服务事项。

---

[1]　林宇楠. 基于乡村振兴战略的规划实践探索和思考——以成都安仁镇南岸美村为例[J]. 城市建筑，2020，17（3）：26-27.

[2]　李竹颖，吴欣玥. 试论公园城市理念的乡村表达——以成都市为例[J]. 四川建筑，2020，40（4）：4-8.

（3）以土地制度改革为契机，推动林盘的集约利用与产业植入

成都市进行的土地制度改革有利于促进林盘集约土地资源，有利于林盘的产业植入。首先，以土地制度改革为突破口实现赋能发展。盘活闲置宅基地、农村集体建设用地等，通过整合农民闲散资金和闲置农房，规范引入国有资金或社会资金等，对土地资源进行优化配置，发展民宿、康养、度假等新产业新业态。其次，以农村集体产权制度改革为基础保障有序发展。锁定农村集体经济组织成员和资产，建立农民股份经济合作社，赋能新型农村集体经济发展，以集体经济组织整合收储闲置资产，从而保证在整合分散资源、保护农民利益、衔接外来资本的过程中具有基本的组织载体。如温江区岷江桂雨小镇、邛崃市茶兰林盘、蒲江县花开麟凤林盘等推动用地模式创新，进一步规范集体经营性建设用地入市，鼓励通过自行开发运营、联营、入股等方式开发利用集体建设用地，鼓励集体经营性建设用地和宅基地集中，进一步加强产业用地保障。

破解林盘资源零散化难题，需打破区域界限、主体疆界、产业边界，完善林盘产业链配套，推动林盘资源综合化、整体式保护与利用。一是探索林盘开发空间协同机制。探索林盘群落集群式开发模式，采取"公司+集体"的合作方式，收储由集体控制和农民自愿有偿流转的土地、房产等，形成资源"蓄积池"，实现"分散收集、整体开发、精准配置"，做到开发节奏有序、项目布局合理。同时，充分发挥产业功能区服务指导作用，强化功能区规划编制、业主招引、项目投促等功能，突破林盘产业小规模和单一化的制约。二是构建林盘开发主体协同机制。鼓励龙头企业、中小型企业、村集体、农民合作社等共建林盘开发的产业联盟。推动龙头企业向平台生态型企业转型，引导其在产业联盟中发挥引领功能，促进中小企业发挥产业发展专长优势以及村集体和农民合作社发挥联农带农、整合资源、组织统筹优势，形成分工协作的开放组织系统。推动产业联盟内各成员相互入股、组建新的开发主体、共同开展经营业务，形成利益共享、风险共担的共同体。

（4）商业化运营，以城市赋能带动林盘产业发展，积极融入市域产业生态圈

坚持"政府主导、市场主体、商业化逻辑"的思路，强调城市资源助力乡村发展。资本进入乡村是实现乡村振兴的重要元素，是实现以城带乡、城乡互补的重要抓手。近年来，成都市引进社会资金参与川西林盘保护修复和发展建设已有初步成效，2018年以来，成都市共引进华侨城集团、蓝城集团、绿城集团、四川发展等140家大型企业投资川西林盘保护修复，开展川西林盘保护修复项目803个，将符合要求的项目纳入"项目清单+城市合伙人"机制，通过民间投资推介发布会等方式面向社会进行推介。

构建以林盘聚落为核心的产业生态圈需要多元主体参与、多种要素进入和多类产业元素配套。林盘的保护与利用需要注重多元主体间的分工与协作，实现分散资源的整合，推进林盘产业升级。一是构建政企社农合作机制。在"政府主导、市场主体、商业化逻辑"的原则指导下，由政府负责制度供给与要素保障，市场主体负责项目开发与场景运营，集体经济组织负责整合资源、提供有关服务，农民参与和分享产业开发，从而

推动林盘高效化开发运营。例如，崇州市白头镇大雨村村集体自筹资金1120万元，鲜道餐饮公司投资近1000万元，两者共同对大雨村下属的幸福里林盘实施"鲜道·幸福里"林盘开发项目，引进职业经理人进行项目运营，对当地农民开展职业技能培训，引导农民参与就业，形成集音乐餐饮、民俗居住等于一体的林盘娱乐度假综合体。仅运营第一年，"鲜道·幸福里"的营业额就达到3000万元，村集体实现收入135万元，农民人均增收460元，企业实现利润400万元。二是构建人才联盟合作机制。崇州市道明镇竹艺村采用"天府文化+设计师联盟+集体经济组织"方式，联动国内外知名设计机构，整合本地非遗传承人和外来文创团队、驻村大师等优质人才，建成"竹里""丁知竹"等一批精品新中式建筑，为传统川西民居植入竹韵之美、乡愁意境，并开发了3000余种竹编特色旅游商品。

（5）挖掘本地产业资源，促进林盘农商文旅体等产业的融合发展

在物质空间特色挖掘的基础上，强调产品为中心的多业态复合联动。深入挖掘生态资源、民俗文化资源，促进农商文旅体业态融合，提高产业型林盘发展韧性。植入商务、会议、博览、度假、旅游、双创、社团组织等现代功能业态，塑造"中国川西林盘聚落"，在川西林盘逐步呈现"蜀风雅韵、百村百态、安居乐业"的锦绣画卷，逐渐成为展示天府文化的地理标识和休闲度假旅游的靓丽名片。以优质绿色生态资源招引培育绿色生态产业，创新打造"公园+""绿色+"新产业体系、新经济业态和新消费场景，依托生态场景，叠加生态体验、文化创意、生活美学、体育运动等新兴消费功能，着重发展资源消耗少、附加值高、可持续发展动能强的绿色低碳产业。以农商文旅体融合发展为路径，围绕营造高品质生活场景、新经济消费场景，塑造特色林盘文化IP，让林盘成为承载现代消费与乡村生态对接的多元业态的载体和连接都市与田园的第三空间。目前，林盘中的农业从规模上难以作为农民及农村地区的主要生产资料与经济来源，而要实现农村地区产业结构升级，实现一二三产业融合发展，需要着力差异化发展林盘功能，有效规避同质化竞争。应充分挖掘林盘的多元价值，优化与凸显林盘资源禀赋，定位乡村资源的特色比较优势，如充分发挥城乡要素优势，结合区位特色、产业市场、消费人群需求、市场条件等，培育有本地性的产业业态；或是挖掘农耕文化、非遗、节庆文化、民间手工技艺、民族风情、田园风光等特色资源比较优势，重点发展林盘文化产业、特色文化产业、文化旅游产业等，从而推动乡村地区经济发展与产业结构的优化升级。

## 10.4　承文：传承与水相依、农耕川西的文化脉络，巩固公园城市天府文化发展格局

（1）延续川西地域文化，弘扬天府文化，展现林盘人居魅力

天府文化是成都地区的"根"与"魂"，同样也是林盘聚落的生命底色。延续天府

文脉、涵养林盘文化底蕴，是保护与整治林盘聚落的题中之义，也是推动林盘文化复兴、乡村聚落高质量发展的一大要点。川西林盘地处天府之国腹地，在生产活动、日常生活、社会组织、民间观念等多个方面都体现着独特的文化价值。从文化渊源来看，"蚕丛及鱼凫，开国何茫然！"的历史典故源于此地，农耕文明的起源可以追溯到4000多年前；从文化演进来看，作为道家文化发源地，"道法自然""天人合一"等思想观念深刻作用在民居的选址用材、宅院的空间营造以及当地居民的生活行为习惯等方面；从文化传承来看，历史悠久的林盘聚落体现了历史上文官武将的传统家宅文化。众多文化名人的故居散落在星罗棋布的林盘聚落中，体现出川西林盘深厚的历史底蕴和文化氛围[1]。

保护水文化，营造依水而生的传统文化景观格局。川西林盘因水而生、因水而兴，首先形成山环水抱的生态空间格局。同时，依托都江堰、玉溪河等自流灌溉水系所衍生出的水文化，不仅营造了优越舒适的生产生活环境，更从某种程度上影响着林盘居民的人生态度和价值追求。"水旱从人、不知饥馑"的美誉，述说着天府之地的富饶美好。在千年的历史演进中诞生的川系饮食文化，其最具代表性的川菜、川酒成为林盘居民日常饮食的主要内容，川茶是农人农耕劳作之后放松解乏的饮品，也是文人骚客吟诗作赋必备的饮品，日渐月染，形成了林盘人也是天府人及时行乐、享受生活的闲适性情与人生观。在公园城市建设的指引下，强化都江堰水网、沱江水网的生态修补，应不忘对水系衍生出的文化的珍视，完整地保护和延续都江堰核心灌区的林盘文化景观遗产。

传承风景园林文化，营造园林化的美丽宜居环境。川西平原作为天府之国，擅园林、兴绿化的传统自古一脉相承，从唐代的东湖到宋代的罨画池，从明代的桂湖到清代的望江楼等，这些传统园林呈现出"自然飘逸、文秀清幽"的总体风格[2]，与广泛分布的林盘聚落一起共同形成了"水绿交融、文园同韵"的成都园林文化。建设公园城市不是建设城市公园，但仍需要一个系统完善的公园体系，才有可能建设成功公园城市。林盘聚落作为川西平原上公园城市建设的乡村表达，每一个林盘聚落都是系统较为完善的微型公园城市模型。在系统保护和整治川西林盘聚落时，应加强林盘聚落"园林化"的导向，增强林盘聚落的人文底蕴与内涵，充分展现川西园林的特色与魅力。

（2）紧密结合川西生活文化，明晰文化消费群像，驱动林盘文化创新

在公园城市建设的背景下，林盘聚落的建设旨在守护"绿水青山"的本色，量变引发质变，促成提升"金山银山"的成色。在保护、激活已有文化景观层面，要尊重、延续城市已形成的历史文化内涵及文化意象，可以通过综合保护、文旅融合等方式激发历史文化景观活力，延续城市历史文脉[3]。"乡土社会"的中国乡村不仅拥有丰饶富足的自然生态资源，同时也传承着多彩多姿的地方戏曲、民俗礼仪、民间手工艺等民俗文化遗

[1] 蔡竞. 乡村振兴视域下川西林盘保护性发展的调查与思考[J]. 农村经济，2018（12）：56-61.
[2] 彭楠淋，王柯力，张云路，等. 新时代公园城市理念特征与实现路径探索[J]. 城市发展研究，2022，29（5）：21-25.
[3] 彭楠淋，王柯力，张云路，等. 新时代公园城市理念特征与实现路径探索[J]. 城市发展研究，2022，29（5）：21-25.

产。在快速城镇化背景下，在依托历史文化进行人文景观打造的同时，城乡融合发展单元还以文化发展为目标，结合不同林盘空间的规模和特征，植入不同类型的文化创意、文化研究、文化交流的特色功能载体，推动林盘历史遗迹的保护利用和非物质文化遗产的传承发展。在政府与市场的推动下，成都市文化产业逐渐形成定位清晰、各有特色的"三圈层"空间布局。第一圈层位于老城区与市中心，第二圈层位于高科技文化企业云集的高新区，第三圈层主要在自然景区、文化古镇、特色乡村。日趋成熟的一二圈层文化产业逐渐向第三圈层辐射，流量和市场需求逐渐延伸，文化产业的消费空间得到拓展，也引领文化产业继续转型升级。如崇州市优质粮油城乡融合发展单元充分利用其林盘文化资源，构建了涵盖林盘保护与发展研究、林盘文化传承展示等在内的文化功能体系，同时依托创意建筑设计，建设形成了集文化交流、休闲住宿等功能于一体的特色林盘。

精准定位消费群像，因地制宜打造特色鲜明的地域文化产业。乡村与文化产业的整合发展既不是简单的"砸钱"，也并非是一厢情愿的"创意"，乡村有自己独特的文化审美，也有运营资本的特殊要求[1]。道法自然的都江堰水网彰显了古代中国人的生态智慧，浸润了川西平原的每一个生产生活细胞，涵养积淀出"思想开明、生活乐观、悠长厚重、独具魅力"的天府文化特质[2]。川西平原土地富饶、气候宜人，几千年的文化凝聚出"乐活"的文化氛围和生活气息，喝酒、打麻将、吃美食等也成为成都的文化标识。乡村地区文化产业覆盖的主要消费群体是城市及其周边的民众。一方面，打造乡村文化产业要充分结合川西地域文化消费的典型特征进行，需打造特色鲜明的产业，提供专业精准的文化服务。成都市乡村文化产业中长盛不衰的典型代表——"农家乐"休闲旅游产业，就是基于成都人的生活天性，针对城市居民对农家小院、田园风光、采摘食宿的生活体验需求，打造出一大批"小而精"的文化项目，并进而在成都市城区周边特色村镇形成不同类型、不同主题的文创小镇，形成"人无我有、人有我精"的差异化发展。另一方面，在充分满足消费者的感官认知和文化猎奇的同时，要谨防落入"乱花渐欲迷人眼"的发展困境。林盘的特色文化资源是不可取代的竞争优势，但往往也会成为发展的桎梏。以单一观光休闲业态吸引消费人群的短暂停留，后续会陷入仿古镇、伪特色项目增多的恶性循环。在乡村文化产业的"突围"发展中，蒲江县甘溪镇明月村，以具有300年历史的古窑"明月窑"为突破口，围绕陶文化主题，浓缩凝练出一个小而精而全的文化产业集聚区，通过打造多功能承载、多元化活动植入的文化产业链，以多方位的文化服务满足了多层次的人群需求，实现了林盘文创经济的自生动力与效益循环。

[1]　黄益倩，刘晓婧，向平. 乡村振兴战略背景下成都文化产业发展新动能研究[J]. 保定学院学报，2020，33（3）：1-7.
[2]　陈明坤，张清彦，朱梅安. 成都美丽宜居公园城市建设目标下的风景园林实践策略探索[J]. 中国园林，2018，34（10）：34-38.

## 10.5 聚人：构建引才聚才、共建共治共享的人才振兴格局，以适应新时代林盘建设的人才需求

（1）创造林盘发展的外部推力，发挥乡村规划师的桥梁与润滑剂作用

成都市作为全国首批统筹城乡综合配套改革试验区，在2010年首创了"乡村规划师制度"，为乡村规划与管理起到先行先试的带头作用。从重城轻乡转向城乡并重，10年的实践探索，成都市构建了"1573"的乡村规划师模式[1]，旨在为建设全面体现新发展理念的美丽乡村贡献力量。乡村规划师作为区（市）县政府按照统一标准招聘选拔、定期支付薪酬的乡镇专职规划负责人，"受任于村民，上承于政府，下诉于企业，居各方协调"，是乡村管理的润滑剂和重要链条，参与到了规划编制、审批、实施、核对等乡村规划建设的各个环节。通过收集村民意愿、征求村民对规划设计方案的意见等方式，在规划部门、设计单位、基层政府、农村群众之间架起沟通的桥梁。据统计，10年间，成都市乡村规划师参与规划审查的项目将近1800项，提出建议2000多份；代表乡镇政府组织编制规划1565项，完成灾后重建、易地扶贫搬迁、土地整理等聚居点建设项目783个，参与指导乡村振兴产业项目建设1217个，向当地政府提出改进规划工作的建议和措施2590条[2]。

乡村规划师为林盘建设带来新思路、注入新动力，持续提升林盘规划水平，实现城乡发展共同繁荣。一是充分当好乡村规划师在林盘规划编制中的把关角色。如郫都区三道堰镇青杠树村林盘被评为全国"一村一品"示范村、中国十大最美乡村、中国美丽休闲乡村、四川省乡村旅游创客示范基地，乡村规划师全程参与了其新农村规划，牢牢抓住林盘极具地域特色的传统居住形态和建筑风格，保留其"院在田中，院田相连"的川西平原田园风光。村民是林盘发展建设不可或缺的活力元素，但却受到自身认知的限制；乡镇政府对林盘有丰富的管理经验，但却缺乏规划领域的专业知识和对新理念的敏锐嗅觉；而乡村规划师在充分了解村民诉求与政府期望的前提下，对设计单位的规划编制提出要求，对规划进行更理性的审查。二是充分发挥乡村规划师在规划实施中的协调作用。规划是对人类社会文明机制的一种规范与谋划，理想模型与现实碰撞难免有火花。针对林盘规划成果与实施效果脱节的问题，乡村规划师发挥协调作用，协调解决基

---

[1] 所谓"1573"，即包括"1个定位、5大渠道、7大职责、3大保障"的乡村规划师成都模式。"1个定位"即乡村规划师担任乡镇规划技术负责人的定位，乡村规划师要就镇村发展定位、整体布局、规划思路及实施措施等提出意见与建议，协助镇政府完成镇村规划的制定、实施和监督检查，协助土地综合整治项目的方案论证与验收复核等工作；"5大渠道"是乡村规划师来源于社会招聘、机构志愿者、个人志愿者、选调任职和选派挂职等渠道；"7大职责"是乡村规划师要承担乡村规划决策、组织规划编制、把关规划初审、指导实施过程、提出规划建议、协调基层矛盾和研究乡村规划；"3大保障"为从运行、管理、资金三大方面为乡村规划师提供所需保障。该模式从整体层面上明确了成都乡村规划师制度的"为什么做、谁来做、做什么、怎么做"等顶层谋划。

[2] 赵蕾. 成都乡村规划师十年 [N]. 中国自然资源报，2021-05-17（003）。

层矛盾922项，协助区（市）县规划和自然资源主管部门编制规划管理文件13项，形成了一批特色鲜明的镇村规划成果[1]。三是充分发挥乡村规划师的研究职能。乡村规划师深入基层，围绕林盘生态稳定、特色塑造、产业提升、文化传承等方面展开工作，在工作中摸索适应成都市乡村规划的技术路线与方法；并且利用所掌握的第一手资料，充分发挥自身具备的研究能力，在深耕乡村规划的同时产出高质量的研究成果，发表乡村规划有关论文139篇，为成都市以至其他城市地区提供创新理念。

（2）培育林盘发展的内生动力，强化村民、村集体在产业发展中的主体地位

在林盘产业运营中注意尊重农民主体地位、保护农民利益以及促进新型农村集体经济发展。一是创新集体主导的资源盘活机制。村集体对内整合分散资源，形成规模经济效应，对外则与投资业主洽谈交易、建立合作机制，保障了开发进程的顺利推进和对乡村发展主导权、收益权的控制。崇州市道明镇竹艺村探索由村集体主导的资源预收储制度，由村集体与有承包地、宅基地和农房流转意愿的农户签订预流转协议，归集分散资源形成"收储池"，并暂时在未开发阶段保留农户的使用权，一旦新的林盘产业项目启动，预流转协议立即生效，从而在保护农户利益的基础上实现了集体经济组织更有效率地主导林盘资源利用的基本目标。二是促进农民分享林盘经济价值增值。在林盘开发中力避资源资产简单转让的"一锤子"买卖，力避单纯将原村民迁移出产业区域，而是引导农民以闲散资金、闲置农房等，通过入股、务工、创业等形式，以合理的利益联结机制设计，促进农民参与产业开发，分享产业收益。邛崃市大同镇马湖村采取"政府引导+群众主体+项目带动+社会投入"的开发模式，将集体建设用地折资33.9万元入股民宿项目"我们的院子"，每年获得占收益12%的固定分红。村集体对分红按照"433"模式进行分配使用，即40%作为发展基金，投向村集体产业发展，30%用于村内民生工程，30%用于环境治理和维护[2]。

积极探索"专业化企业+集体经济组织+村民"的项目联建、利益共享机制，鼓励和引导集体经济组织和专业化企业进行合作。如温江区岷江桂雨小镇、邛崃市茶兰林盘、蒲江县花开麟凤林盘等创新实施了农户以土地、房屋等资源入股，集体经济组织负责配置资源，专业化企业负责经营管理的模式，鼓励村集体为林盘新经济发展提供资源支撑和配套服务支持，帮助林盘居民在家门口就业与创业，让农民从新产业新业态中充分持续受益。又如在大邑县"稻乡渔歌"林盘青农创业孵化中心的孵化下，董场镇村民创办"妈妈厨房"农家乐，把做泡菜的手艺植入"稻乡渔歌"林盘景区的产业生态链中；在都江堰市川西音乐林盘带动下，都江堰市石羊镇（原柳街镇）"七里诗乡"、水月民宿等特色旅游资源得到盘活，带动村民就近增收。

（3）构建人才联盟合作机制，吸引多元人才参与林盘建设，构建共建共治共享格局

川西林盘的建设离不开人才支撑，应结合林盘保护与利用的实际，健全林盘人才培

[1]　赵蕾. 成都乡村规划师十年[N]. 中国自然资源报，2021-05-17（003）.
[2]　张耀文，卿明梁，郭晓鸣. 川西林盘保护与利用：进展、挑战与突破选择[J]. 中国西部，2022（1）：56-65.

育体系，搭建交流平台，多层次、多方式地培养林盘建设人才。"以人为核心"的理念是林盘建设发展的关键。在保持田林生态本底、营造特色消费场景、植入城市微功能、传承川西文化的基础上，实现川西林盘生产、生活、生态的共荣，对林盘的规划水平和管理人才提出了更高的要求。

一是建立乡村振兴的人才智库。由多元主体构成林盘的人才库，发挥多元主体的高度参与性与互补性作用。一类主体是中央政府的代理人与农民诉求的代表，追求生态效益、社会效益、经济效益三者的平衡，如地方政府和村集体，其中包括发挥重要作用的乡村规划师；一类主体是林盘资源占有者，关注经济收益与资源可持续利用，如村内民间匠人、外出务工人员以及被吸引定居的新村民；一类主体是外来社会化主体，以临时占有者身份开发利用乡村资源，行为相对独立且以经济收益为目标，如社会投资企业、外来公司等。应确保人才智库的专业性、可靠性、多元性，以期促进持续更新、不断进步的团队精神的形成。

二是形成共建共治共享的核心机制。拥有不同利益与需求的人群集结在一起，对于林盘资源的认知有差异。在人才的内部推力与外部拉力双重作用下，实现川西林盘的共同治理，促进利益共享，是实现共同富裕的必要前提。典型案例如崇州市观胜镇联义村严家弯湾林盘，由村集体牵头，形成"接政策、引主体、搭平台"的基本思路，通过宣传、劝说、民主会议等多种方式，和村民一起进行林盘旧宅整治，引入大量外来主体投资开发项目。一方面，以村集体为中介，构建良好的沟通平台，促成互信关系的建立与集体行动的达成；另一方面，综合考量多元主体的利益诉求，有效解决利益分配的平衡，才能持续健康地推进集体行动与共同治理。

三是充分发挥现代科技的驱动力，将数字化等现代化技术逐步作为治理手段，高质量高效率地构建协作共享的治理网络。运用大数据、人工智能等数字技术，汇集、存储和运用各领域数据资源，解决数据共享不及时等问题。